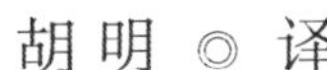

大城市中的影子经济与有组织犯罪

[俄] 伊尔杜斯·萨伊多维奇·纳菲科夫 ◎ 著

Shadow Economy and Organized Crime in Big Cities

中国法制出版社
CHINA LEGAL PUBLISHING HOUSE

“一旦有适当的利润，资本就胆大起来。如果有 10% 的利润，它就保证到处被使用；有 20% 的利润它就活跃起来；有 50% 的利润，它就铤而走险；为了 100% 的利润，它就敢践踏一切人间法律；有 300% 的利润，它就敢犯任何罪行，甚至冒绞首的危险。”

——［英］托．约．登宁

致　谢

笔者感谢以下机构和个人的意见以及向本书中国版发行给予的支持和帮助：

- （俄）国立管理大学俄中项目；
- 关贵海，北京大学国际战略研究员执行副院长；
- Fanis Sharipov，国立管理大学俄中项目主任；
- Oleg Timofeev，国立管理大学俄中项目专家；
- Anton Rodionov，国立管理大学俄中项目专家。

目　录

附录

导　言

现代条件下的影子经济与有组织犯罪已经达到了可观的规模，而且公然威胁着社会安全。在全球化的背景下，影子经济与有组织犯罪相互勾结，正强烈改变并影响着社会进程。影子经济与有组织犯罪出现了整体化趋势，也越来越深入到社会经济的各个领域中，对社会生活的健康发展造成损害并破坏社会发展的基础。

根据国际著名的防范全球金融犯罪问题专家比杰尔·李利的评估，当今世界的影子经济成分出现急剧扩张。而世界经济与金融统计显示："全球从事国际犯罪的公司成为二十世纪最顺利的贸易公司，这些公司的贸易回避了可能存在的和不可能存在的问题，它们建立基金会，并对全世界施加影响。它们使用最新的技术为自己谋取利益，它们建立稳定的关系，并不断寻找新的机会。"[①] 根据联合国 1999 年的报告显示，有组织犯罪集团每年赚取 1.5 万亿美元的利润。同时，根据 2000 年 2 月 Fortune 500 公布的资料显示，世界最大的公司 Gener-

① 比杰尔·李利，《肮脏的交易》。世界洗钱、国际犯罪与恐怖主义的秘密真相，顿河罗斯托夫：菲尼克斯，2005 年，第 291 页。

al Motors 的资金周转额仅为 1610 亿美元，而瑞士的国内生产总值[①]为 1910 亿美元。1995 年非法毒品贸易的利润达到 4000 亿美元，占整个世界贸易收入的 8%，超过了汽车、铁、钢的销售利润，接近于石油天然气工业的销售收入。[②]

根据最新资料显示，全球影子经济组织每年创造 8 万亿的附加值。就经济规模而言，全球影子经济可以与创造世界最高国内生产总值的美国经济相比。[③]

这个问题对于处于转折关头的俄罗斯显得尤为迫切，因为俄罗斯选择何种发展模式对于整个国家的未来发展是很关键。根据专家评估，由于二十世纪末俄罗斯存在的有组织犯罪问题，中国在外国投资领域以 20：1 的优势超过了俄罗斯。[④] 西方企业不进入俄罗斯市场，不是由于敲诈勒索的威胁，而是因为无法赚到合法的利润。西方企业无法与有组织犯罪的非法经营活动进行竞争。美国公司进入俄罗斯市场的前提是必须违反美国法律，并且要面临严重的问题。因此，俄罗斯无法与其他国家在合法的投资领域进行竞争。[⑤]

同时，在俄罗斯的影子经济领域汇集了大量的资金，但是这些资金大部分被投资到外国。根据公布的资料显示，在 2008 年年初，仅在伦敦一地就有超过 30 万俄罗斯人购买了价格昂贵的财产（价

---

① 此次及以下均指国内生产总值。

② 比杰尔·李利，专题著作，第 64 ~ 65 页。

③ 参考：乌舍维．米．普．缩小影子经济规模的国家行为：区域观点研究：讨论……经济学副博士，俄罗斯科学院圣彼得堡经济数学研究所，2004 年，第 30 ~ 31 页；拉托夫．尤．弗．，科瓦列夫．斯．尼．影子经济：大学教学参考书/编辑弗．雅．吉科佳，格．米．卡基阿赫梅洛娃，莫斯科市标准出版社，2006 年，第 36 页。

④ 沃洛布耶夫．A. 俄罗斯与腐败：谁战胜谁？//反腐败：国际大会议题．《打击跨国犯罪与腐败的国际合作》/美国司法部，叶卡捷林堡，2000 年，第 26 页。

⑤ 舍利．列．后苏联时代有组织犯罪的国际展望//有组织犯罪研究：俄美对话：文献集/编辑尼．费．库兹涅佐娃娅，列．舍利，尤．格．科兹洛娃，莫斯科市：奥林匹克，1997 年，第 21，28 ~ 29 页。

值一百万英镑及更高)。[1] 这笔投资（大约相当于15万亿卢布）等于俄罗斯国内生产总值的三分之一。当然，这些财产不是在一年之内购买的，也不是仅靠一次影子收入购买的（但事实上多半如此），也许独联体其他国家的公民在西方国家也被视为俄罗斯人。但无论如何，从俄罗斯流出的资金（通常是非法资金）规模是相当可观的。

最危险的问题是：随着影子经济的发展，有组织犯罪集团积极参与这些影子经济，国家的经济出现变化：不依赖于合法的经济活动，而是依赖于非法的经济活动（其中包括占有相当比例的石油及天然气、稀有金属、贵金属、宝石、次等宝石、自然资源及战略物资的非法出口[2])。影子经济提供的商品及服务成为国家参与世界经济的主要部分。这是威胁后苏联时代经济的最大风险。前例是哥伦比亚，这个国家的经济完全依赖于非法毒品的买卖。[3] 专家评估国家走出不稳定经济误区的代价相当于俄罗斯的联邦预算收入。[4]

同时，可以借鉴其他国家打击有组织犯罪、腐败、影子经济的措施，实施这些措施取得的成效十分显著而且现实可行。意大利于1997年采取这些措施后，国家承包合同的平均造价与五年前相比降低了40~50%。城市新机场的建设预算几乎降低了三倍，米兰地铁的施工费用从1991年的每公里2亿2700万美元降低到1995年的9700万美

① 奥夫钦斯基．弗．斯．腐败与危机//有组织犯罪与腐败：犯罪社会学研究结果；第4版/编辑尼．阿．洛巴申科；萨拉托夫，有组织犯罪与腐败问题研究中心，萨拉托夫，附庸国，2009年，第69页。

② 根据公布的资料，在1992~1993年期间从俄罗斯走私出口了不低于20%的开采石油与三分之一的开采金属；见：格林金．斯．普．俄罗斯向市场转型阶段的影子经济发展的原因与特点//有组织犯罪研究：俄美对话：文献集/编辑尼．费．库兹涅佐娃娅，列．舍利，尤．格．科兹洛娃，莫斯科市：奥林匹克，1997年，第264页。

③ 舍利．列．专著文献，第20页。

④ 波洛托夫．斯．弗，普洛亚娃．斯．米有组织犯罪的经济化。体制关系机制：专著．，莫斯科：联合：法律与权力，2008年，第68页。

元，而每公里铁轨的造价从5400万美元降低到2600万美元。[①] 新加坡的例证更明显，采取相应措施后，这个国家在短期内就摆脱了经济困境。由于潜力巨大，俄罗斯取得成功的机会应该会更多。

作为国家体制的基层区域环节，各个地区及城市形成俄罗斯的总形势。大城市在其中扮演了关键角色，因为在大城市中集中了社会主流（最积极的）人士、物质资源与金融资源。在大城市中存在着经济的影子化与在此土壤上有组织犯罪集团的积极活动，它们互相渗透，互相影响，而且嗅觉极其敏锐。

以下专家学者在法律、经济及社会学文献中对影子经济与有组织犯罪活动问题、城市犯罪诱因特点、国家、法律与经济的互相依存问题投入了极大的关注：

（普．弗．阿加波夫，米．米．巴巴耶夫，米．尼．巴扎洛夫，布．弗．巴拉诺夫，弗．米．巴拉诺夫，阿．克．别克利亚舍夫，伊．普．别洛杰洛夫，斯．德．别洛采尔科夫斯基，弗．阿．别尔金，弗．普．比留科夫，奥．阿．波依琴科，斯．弗．波罗托夫，弗．米．贝科夫，利．鲁．瓦久西娜，阿．弗．瓦库林，阿．布．瓦西里耶夫，利．兹．维基洛夫，弗．伊．沃尔科夫斯基，阿．弗．加利亚宁，斯．伊．格拉西莫夫，弗．伊．格拉德基赫，尼．米．果洛瓦诺夫，阿．伊．古洛夫，利．斯．杰米多夫，奥．弗．德米特里耶夫，阿．伊．多尔果娃，奥．阿．叶夫兰诺娃，弗．米．叶西波夫，奥．德．茹克，弗．伊．扎多洛日内，弗．阿．祖布科夫，斯．米．英沙科夫，弗．伊．卡内基，米．普．克列依梅诺夫，伊．米．克利亚姆金，普．尼．克别茨，斯．尼．克瓦列夫，伊．雅．克扎琴科，阿．阿．克尼亚耶娃，尼．普．库普列申科，尤．弗．拉托夫，叶．米．

① 罗基诺夫．叶．利：经济领域的有组织犯罪，第1卷，世界全球化形势下有组织犯罪的变化。莫斯科：国家经济贸易学院，2008年，第80页。

列奥诺夫，叶．利．洛基诺夫，尼．阿．洛巴申科，弗．克．鲁金，弗．弗．鲁涅耶夫，德．格．马卡洛夫，伊．米．马茨克维奇，阿．布．梅里尼科夫，阿．赫．明达古洛夫，阿．米．穆萨耶夫，兹．阿．涅兹纳莫娃，格．普．诺沃谢洛夫，阿．斯．奥夫钦斯基，弗．斯．奥夫钦斯基，斯．斯．奥夫钦斯基，弗．叶．别列基斯洛夫，埃．伊．彼得罗夫，季．弗．宾克维奇，弗．阿．比斯卡列夫，弗．伊．波波夫，尤．尼．波波夫，克．弗．普利瓦洛夫，斯．米．普洛亚娃，尤．弗．拉多斯杰娃，奥．弗．拉德钦科，阿．利．列别茨卡亚，弗．弗．萨乌什金，乌．季．萨依基托夫，普．阿．斯科波利科夫，阿．尤．斯梅塔宁，阿．阿．斯米尔诺夫，奥．阿．斯杰比切娃，米．叶．塔拉索夫，阿．普．杰列申科，列．米．吉莫非耶夫，弗．伊．特列季亚科夫，米．普．乌舍维，弗．阿．法捷耶夫，阿．格．哈比布林，格．普．哈尔奇拉瓦，阿．阿．赫利斯久克，叶．斯．切丘利娜，叶．阿．奇普莉娜，费．伊．沙姆哈洛夫，斯．米．沙赫赖，鲁．沙．舍加布基诺夫，列．舍利，阿．弗．舍斯列尔，阿．阿．什克瓦洛夫，斯．阿．肖特基诺夫，阿．伊．埃尔卡诺夫，弗．叶．埃米诺夫，普．斯．亚尼等)。

专家们特别关注概念与术语的界定、现象及过程的特征、明显特征的区分等，对研究的现象及潜伏等级进行了认真的分析，使用科学注解对定义的规律性、现象原因及条件进行揭示。本书的研究不足以详细解释预防犯罪的各种有效措施。今天，在经济科学领域可以研究影子经济问题。犯罪学研究与刑罚问题的研究及评估属于单独研究的课题。在整体分析中，对影子经济与有组织犯罪的犯罪学相互作用之间的研究还远远不足。

应当指出，对影子经济与有组织犯罪问题的研究是站在全球或者全俄罗斯的角度，即采取广泛的抽象形式进行的。作者对地区范围内的有组织犯罪问题进行了仔细研究。[1] 对于初始（基层）性质的区域单位，即地区及城市范围内，特别是大城市的这些问题未采取这种形式进行研究。现有的城市犯罪特征研究涉及街头犯罪、侵犯人身的罪行、侵犯财产的罪行、未成年人犯罪、道路交通事故、运输枢纽的安全及移民问题等。

在撰写专著的过程中，作者研究了法院、侦查机关、检察院在实际工作中公布的以及未公布的材料，护法机关及其他国家机关的统计资料，研究了 2290 卷中记载的关于犯罪团伙的 30 起刑事案件，933 卷中记载的关于团伙的 34 起案件，253 卷中记载的关于非法武装的 3 起案件，86 卷中记载的关于极端主义者团伙的 4 起案件，269 卷中记载的关于有组织的特殊集团 1980 年至 2012 年期间的 19 起案件（共计 90 起案件）。这些案件代表了本专著研究的特点，同时作者分析了其他侦查机关的信息分析材料及法律组织文件和监督程序。在研究过程中，作者按照卡马河畔切尔内市检察院的要求，借鉴社会学研究结果，对卡马河畔切尔内市的经济及企业发展进行研究。在 2000 年的时候，作者曾在该市担任检察官。在从事研究的一次调查中作者曾调查了 571 位城市未成年居民，并考虑了犯罪集团分布的地域性特点；在另一次调查中作者调查了 575 位城市未成年居民。此外，在 1996 年至 2012 年期间，作者为征询研究专家的评估意见，曾经亲自与 349 位相关人士进行谈话，其中 55 位工作人员来自俄罗斯联邦内务部及联邦安全局的侦查机关，包括鞑靼斯坦及其他地区。鞑靼斯坦各大城市相关部门的 31 位侦查员，来自鞑靼斯坦的城市与地区及联邦其他（9 个）主体中心城市的 42

---

① 赫利斯丘克．阿．阿，打击地区范围内的有组织犯罪：教学参考书，莫斯科：尤尔利金福姆出版社，2011 年，第 176 页；加里莫夫．伊．格，苏杜洛夫．费．利，有组织犯罪：趋势，问题，解决方案，喀山市，1998 年，第 63～75 页。

位检察官，来自共和国最高法院及各个城市的36位法官，9位律师，25位犯罪团伙及团伙成员，16位犯罪受害人，105位经济领域人士（其中包括17位大企业的领导、5位银行家、37位中型企业的领导、46位小型企业的领导和私人企业家），30位社会机关领导（其中包括18位教育机关领导及12位卫生机关领导）。

作者在喀山市、卡马河畔切尔内市及下卡姆斯克市收集了经验主义材料。在写作本专著时利用了个人的实践经验材料（在检察机关的29年工作经验，其中包括全面监督工作、侦查工作，作者最近16年在下卡姆斯克市担任检察官工作、卡马河畔切尔内市及喀山市对犯罪团伙进行侦查的工作经验）。作者应用在下卡姆斯克市担任检察官工作时的实践活动经验要点，联合卡马河畔切尔内市及喀山市共同对2001年－2007年期间鞑靼斯坦共和国卡马河畔切尔内市的团伙及犯罪团伙的组织者及参与者进行刑事追诉及国家法庭公诉，并对2007年－2012年期间喀山市的影子经济现象提出警告。在本专著的写作过程中，作者对提供帮助的人们表示感谢：自己的学术指导者，俄罗斯联邦功勋科学活动家，法律学博士，弗．普．马尔科夫教授；鞑靼斯坦共和国检察官，国家2级法律顾问，俄罗斯联邦功勋法律学家，克．费．阿米洛夫教授；鞑靼斯坦共和国最高法院副院长，法律学副博士利．阿．沙利弗林；自己的工作同事－喀山市的助理检察官，法律学副博士伊．斯．彼得罗夫及利．费．沙依杜林，喀山市瓦西托夫斯基区检察官米．沙．多尔果夫，下卡姆斯克市检察官费．斯．穆斯塔基莫夫；俄罗斯联邦安全局驻鞑靼斯坦共和国安全处副处长，哲学副博士斯．费．加利阿克别洛夫；俄罗斯驻鞑靼斯坦共和国侦查委员会侦查局工作人员，犯罪侦察学家－主任侦查员阿．格．加利耶夫及卡马河畔切尔内市侦查科科长米．格．萨依特加列耶夫；“鞑靼斯坦共和国国家采购、投资及跨地区联系处”下属的国家单一制企业总经理雅．弗．格列尔，俄罗斯内务部及联邦打击毒品交易管理局的工作人员，以及支持作者观点的朋友－米．鲁．努鲁林和叶．阿．舍什卡诺夫。

该专著的研究成果可以应用于护法机关及其他国家机关的工作人员，帮助他们从事科学、教学及实践活动。在修改及补充法律规定时，该研究成果也可以用于立法活动。本专著提供的建议可以将打击有组织犯罪的困难降到最小化，并削弱有组织犯罪活动存在的经济基础。这些研究成果可以：（1）进一步研究影子经济、有组织犯罪及城市犯罪诱因问题[①]；（2）提供关于上述问题的科学实践建议。

① 需要进行单独方向的犯罪学研究，城市犯罪学作为犯罪学的专门领域，其研究对象是城市条件下犯罪的特殊现象，包括犯罪的社会空间及产生环境。

第一章　对作为大城市中有组织犯罪物质基础的影子经济进行研究的法律理论观点

第一节　作为有组织犯罪物质基础的影子经济的概念及其互作用的辩证关系

从20世纪70年代起，“影子经济”这个术语开始出现在世界经济文献及法律文献中。作为选择方案，经常使用其他修饰术语——无法监测的、无法统计的、隐性的、非正式的、隐藏的、被低估的、非法的、地下的、不可监控的、未登记的、无规则的、平行的、秘密的经济等等。每个修饰术语仅仅可以解释所研究现象代表的一种观点，而不能反映其具备的所有观点。今天可以找到更准确的定义，更能经得住科学的检验。在这种情况下，存在着不可避免的模糊性，由于现象的名称与现象的内容并非完全相符，所以在研究文献中往往拒绝使用这些术语。

但是，从科学角度看，影子经济的概念本身同样没有确定。术语的复杂性在于所研究现象的多种计划性、研究方法的多样性、科学目标的多样化，为进行多方面认知研究者必须面对的问题。我们尝试研究分析影子经济现象的主要观点。①

从语文学的角度看，“清洗”这一术语的直接含义是：影子－这是对象的反射。因此影子经济－这仅仅是经济的反射现象，其本质并不是经济。从这个角度看，影子经济属于寄生形式的经济，虚拟的经济。这是虚假的指标，贿赂，用作支付中介费的商品，即不创造补充价值，而仅仅属于福利分配范围。②

其他大部分研究者认为影子经济不仅仅是寄生经济，它还可以衍生商品与服务。

经济学观点：影子经济是经济中具备客观破坏性特点的部分，不属于经济调节范围之内。③ 它研究的焦点是经济活动的社会效益。

统计学观点：影子经济是国家未统计的经济部分，属于非正式经济，其中包括未注册的经营主体的活动、未登记的交易、未核算的经营业务等。④ 研究的方向是确定影子经济的真实规模，与官方报道的国内生产总值（国内总产值）进行对比。

---

① 根据我们的观点，成功预测及系统化研究影子经济概念各种观点的各方面著作如下：库普列申科．尼．普，保证俄罗斯经济安全系统打击影子经济（理论方法）：学位论文……经济学博士，莫斯科市，2008 年，第 19～31 页；普利瓦洛．克．弗，民主国家与集权国家的影子经：理论法律研究：学位论文……法律学博士，圣彼得堡，1998 年，第 19～73 页；斯梅塔宁．阿．尤，俄罗斯国家打击影子经济及保证经济安全机制：学位论文……经济学博士，莫斯科市，2007 年，第 50～61 页。

② 科利亚姆金．伊．米，季莫费耶夫．利．米，影子俄罗斯：社会经济研究，莫斯科市：俄罗斯国家人文大学，2000 年，第 12 页。

③ 科尼亚耶娃．阿．阿，国家打击影子经济的发展战略（制度方法）：学位论文……经济学副博士，莫斯科市，2008 年，第 15、137 页；同时见：乌雷宾．克．阿，熟悉的陌生人//影子经济，莫斯科市：经济，1991 年，第 9～12 页。

④ 最合乎逻辑的和合适的方式是联合国国民账户体系方法基础上的统计核算方法，见：库普列申科．尼．普，上述著作，第 20～21 页。

税收观点：影子经济是经济中逃避纳税的部分（对财政贴息进行研究）。[①]

法律观点：影子经济是非法的经济活动（逃避法律的“影子”活动）。[②]

关于哪些经济活动应被列入影子经济的范畴，存在着各种各样的观点。这些观点的区别在于影子经济活动的范围不同。

很多研究者认为影子经济是未办理许可证、未进行法律登记而生产特许产品，与犯罪组织存在本质的差别。根据他们的意见，犯罪组织的活动不能被划入经济范畴，因为它不是自由交换，而代之以强迫的经济手段，或者是欺负弱者的游戏，以商品及服务满足不属于社会福利的异常需求。[③]

因此，我们认为，社会的经济系统中存在着某些理想化问题，该系统并不总是具备市场及创新的特征。在现代世界的发达经济中，调节经济流程的对外经济因素起到至关重要的作用。

毫无疑问，该方法考虑到研究的具体方向，建议采取一系列措施，可以将打击非法经济的刑事部门工作人员人数降到最少。根据这一观点，如果非法经济通过打造市场环境对经济造成间接影响，

① 马卡洛夫．德．格，组成影子经济的社会危险犯罪现象的基础及界限：根据联邦税务警察局提供的材料：学位论文……法律学副博士，莫斯科市，2003 年，第 23 页。

② 详见：加利亚宁．阿．弗，影子经济系统经济犯罪研究所：形成特性与限制方向：学位论文……经济学副博士，萨拉托夫市，2010 年，第 22 ~ 25 页；叶西波夫．弗．米，市场改革阶段打击犯罪经济的经济组织机制：学位论文……经济学博士，莫斯科市，2004 年，第 37 ~ 38 页；萨乌什金．弗．弗，经济活动范围打击有组织犯罪问题：学位论文……法律学副博士，莫斯科市，2005 年，第 16 页；索茨卡娅．塔．弗，后工业化社会中影子经济的基本研究方案//社会与法律，2010 年，№2，第 301 ~ 304 页。

③ 比留科夫．弗．普．降低俄罗斯影子经济规模的控制过程：学位论文……经济学副博士，莫斯科市，2008 年，第 8、34 ~ 36 页；马卡洛夫．德．格，影子经济与刑法，莫斯科市：尤尔利金福姆出版社，2003 年，第 18 ~ 23 页。

那么应当对犯罪经济采取国家强制措施。① 虽然不可否定研究犯罪经济的不同方法，但是采取国家措施是必须的。今天，大部分研究者建议寻求更适合于犯罪经济的影响措施。② 大部分专著的作者将犯罪（“黑色”）经济视为影子经济的组成部分。③

很多研究者认为犯罪经济总体上属于影子经济的一部分，但是他们将违法犯罪过程中伴生的再分配商品流通及服务排除在影子经济范围以外，以暴力方法或者其他强制性非经济方式（抢劫、敲

---

① 比留科夫．弗．普，上述专著，第34～35页。

② 详见：加利亚宁．阿．弗，上述专著，第93～94页；果洛瓦诺夫．尼．米，别列基斯洛夫．弗．叶，影子经济与犯罪收入的合法化－圣彼得堡市：彼得，2003年，第148页；叶西波夫．弗．米，上述专著，第241页；科尼亚耶娃．阿．阿，上述专著，第138页；特列季亚科夫．弗．伊，影子经济与犯罪收入的合法化：学位论文……法律学博士，顿河畔罗斯托夫市，2009年，第13页。

③ 波贝利．米．弗，格鲁德金．阿．尤，影子经济：对抗的本质及问题//作为俄罗斯国家安全组成部分的经济安全：学术著作合集/总编辑阿．格．哈比布林，第2版，补充及修改，莫斯科市：俄罗斯内务部经济安全研究院，2007年，第105～106页；加利亚宁．阿．弗，上述专著，第22～25页；杰米多夫．鲁．斯，影子经济：犯罪学分析：学位论文……法律学博士，莫斯科市，2003年，第59～60页；叶西波夫．弗．米．上述专著，第42、44～46页；佐洛塔列夫．弗．伊，阿姆布洛西耶夫．斯．弗，确定《影子经济》等级的问题//作为俄罗斯国家安全组成部分的经济安全：学术著作合集/总编辑阿．格．哈比布林，第2版，补充及修改，莫斯科市：俄罗斯内务部经济安全研究院，2007年，第101页；科尼亚耶娃．阿．阿，上述专著，第24～26页；科利亚金娜．塔．伊，影子经济规模的数量评估与影子经济规模发展过程中检察机关的作用//影子经济与有组织犯罪：数学科学实践代表大会，1998年6月9－10日，莫斯科市：俄罗斯内务部莫斯科研究院，1998年，第129页；拉托夫．尤．弗，作为经济历史普遍现象的影子经济//见第323页；拉托夫．尤．弗，科瓦列夫．斯．尼，上述专著，第336页；波波夫．尤．尼，塔拉索夫．米．叶，市场产业系统中的影子：教科书，莫斯科市：事业，2005年，第27～40页；普利瓦洛夫．克．弗，上述专著，第59～62页；列别茨卡娅．阿．利，有组织犯罪。影子经济。俄罗斯犯罪市场，莫斯科市：尤尔利金福姆出版社，2010年，第66～71页；萨乌什金．弗．弗，上述专著，第16页；斯杰比切娃．奥．阿，俄罗斯影子经济调节机制的发展：学位论文……经济学博士，塔姆波夫市，2008年，第23页；塔拉索夫．米．叶，国家对影子经济的影响，学位论文……经济学博士，莫斯科市，2001年，第48页；特列季雅科夫．弗．伊，上述专著，第21～24、28页；乌什维．米．普，上述专著，第41～43页、47～48页、52页，55页；哈尔奇拉娃．格．普，犯罪贸易的经济观点与可能出现的限制：学位论文……经济学副博士，莫斯科市，2003年，第44、46页。

诈、盗窃）将物质财富从一个主体转移到另一个主体上。[①]

我们认为，这种方法源于现代历史背景下对经济的理解，是一种单纯的市场现象。从人类的历史中我们看到：不单单是犯罪及暴力行动，战争甚至都能经常产生某些文明社会主要经济活动部门。因此，我们认为：犯罪及违法行为伴生的物质财富，虽然我们不能认同，但却是影子经济的组成部分，而对于实施犯罪行为的人来讲，这是增加自己收入的一种方法。只有这种方法才可以帮助我们确定潜在有组织犯罪集团所掌握资源的规模，并采取行之有效的打击措施。很多研究者也持有这样的观点：认为自私自利型普通刑事犯罪也属于影子经济的组成部分。[②] 当然，普通刑事犯罪不仅仅属于犯罪，而且是影子经济的虚假变异现象，因为它本身并不创造增加值，而只是进行重新分配。

而且，分配（其中包括变异的重新分配）是经济与生产过程中不可分割的组成部分、它属于一种交换与需求，可以分为三种经济分配方式：国家分配（通过税务预算关系及垄断部门的定价机制）、合法分配（通过需求与供应之间的相互作用）及非法分配（其中包括犯罪活动）。[③] 这些分配方式都具备经济特征，但它们所依赖的经济类型之间的相互关系却各不相同。

有的研究者发表这样的意见：将人们在工作过程中能够对社会

---

① 杰米多夫．鲁．斯，上述专著，第60页。

② 高尔金娜．利．阿，俄罗斯影子经济的结构与规模//贸易安全，2009年，№.2//《顾问+》法律公正系统；耶西波夫．弗．米，上述专著，第44~46页；该观点体现在联合国国民账户体系方法中，见：库普列申科．尼．普，上述著作第22页；普利瓦洛夫．克．弗．上述专著，第65、69页；斯杰比切娃．奥．阿，上述专著，第37页；哈尔奇拉娃．格．普，上述专著，第44、48、56、74页。

③ 马雷科夫．米．阿，俄罗斯经济的犯罪分配//打击犯罪市场、经济犯罪与有组织犯罪的问题：学术代表大会，莫斯科市：俄罗斯犯罪学研究协会，2011年，第67~68页。

造成威胁的行为以及提供生活资料资金主要来源的犯罪行为列入犯罪经济的范畴。[①] 我们认为，将影子经济的子系统定义为狭窄的犯罪经济概念无法全面评估给社会造成的损失，不能统计有组织犯罪的财务潜力，也无法监控那些个人犯罪者。

一些研究者认为：影子经济仅仅存在于生产领域。[②]

其实，影子经济不仅仅包括生产领域，还存在于交换、分配及需求领域。大部分的研究者认为影子经济涉及社会经营管理的所有领域。[③]

同时，我们应当赞同绝大多数研究者的意见：不能将家庭经济和社区经济部门列入影子经济的范畴。[④] 合同以外的家庭劳动（例如：修缮房屋，在菜园里、花园里干活，钓鱼，采蘑菇与浆果等）是社会的正常现象，家庭经济对于统计而言具有封闭性，这是该领域特有的保密特点。人们之间并没有发生经济关系，这些活动可以满足个人的需求。[⑤]

家庭劳动创造的产品通常满足个人需求而并不进入社会流通，不会补充社会资本。我们指的是家庭中的个人劳动，而不是个人参与的社会劳动。经济是属于社会关系领域范畴的概念。

提供产品与亲属朋友以非现金等价物方式进行交换时，家庭经济的发展形式已经超越了家庭界限，但不应当将社区经济划为影子

---

① 斯梅塔宁．阿．尤，上述专著，第60页。

② 比留科夫．弗．普，上述专著，第34～35页。

③ 详见：叶西波夫．弗．米，上述专著，第42页；科尼亚耶娃．阿．阿，上述专著，第5～6页、第14～16页；库普列申科．尼．普，上述专著，第8页；斯杰比切娃．奥．阿，上述专著，第23页。

④ 详见：比留科夫．弗．普，上述专著，第36页；杰米多夫．鲁．斯，上述专著，第34页；高尔金娜．利．阿，上述专著；佐洛塔列夫．弗．伊，阿姆布洛西耶夫．斯．弗，上述专著，第102页；库普列申科．尼．普，上述专著，第37页。

⑤ 比留科夫．弗．普，上述专著，第36页。

经济。如果产品以现金形式进行交换时，则社区经济应当被列入影子（非法）经济。[①] 有些研究者将这一经济活动领域列为非正规经济范畴的合法部分。[②]

与现代科学确定的观点相符，我们认为必须明确提出确定影子经济的方法，这些方法在国际统计方法论中予以阐述。1993 年联合国国民账户体系方法（SNA93）使用了未观测经济（non－observed economy）这一术语。SNA93 将未观测经济定义为隐藏型经济，字面翻译为“地下经济”（underground production），非正规经济（informal sector production）和非法经济（illegal production）活动。这正是我们对影子经济的理解。此外，SNA93 将满足个人需求的家庭经济活动（household production for own final use）和信息收集过程中出现错误而未被统计的经济活动从未观测经济中分离出来（production missed due to deficiencies in data collection program me）。[③]

我们已经指出：我们将未观测经济的三个基础部门列入了影子经济范围。隐藏型经济的特点是可以从事法律允许的经营活动，但却被隐瞒或者被低估，目的是避税及逃避支付其他应付款。这种活动可能存在于所有的经济部门。非正规经济部门与非正规就业的经营管理主体进行合作，在雇主与雇佣工人或者若干个客户之间并未形成法律关系。非法生产或者销售产品及提供服务（生产及扩散武器或者毒品，从事走私，卖淫）属于非法经济。还包括医生、律师、其他自然人、大专院校、银行、其他法人等主体的未许可活动或者未注册活动，以及侵犯个人或者财产的犯罪活动（盗窃，恐怖

① 库普列申科．尼．普，上述专著，第 37 页。

② 乌什维．米．普，上述专著，第 53 页。

③ 斯米尔诺夫．阿．阿，国家打击影子经济的政策，2003 年博士学位论文，第 11～12 页。

活动)。[1]

对于犯罪现象，SNA93 建议将其考虑作为国民账户经济的特殊情况，并反映在专门账户中。[2] 交易涉及的所有经营种类，经过买卖双方的同意被列入生产范围。侵害个人与财产的非法活动（普通刑事犯罪）不属于生产范围，但影响资产的价值，因此必须修正国内生产总值规模及各个机构（政府、金融研究院、非商业组织等）之间收入的分配值。[3] 犯罪行为，甚至无效果的犯罪将导致对于国内生产总值估计不足。例如：工人的盗窃行为将导致产量降低或者中间损耗增加，这样将会以生产方式降低对国内生产总值的评估。但是，根据 SNA93 的规定，这属于偷盗商品进行再销售或者销赃。正常损耗范围的材料、配件及成品偷盗将不会影响增加值。[4]

有些经济学研究者提出 SNA93 未涉及的一系列问题。SNA93 中对盗窃的解释要求考虑个别国家中的特殊情况。例如：在独联体的某些国家，农业合作社社员盗窃产品作为低工资的补偿。有些学者在某些刊物上建议：如果工人盗窃产品，产品的价值从中间消耗费用转变为工人的劳动成本，而且产品属于提高劳动产量与报酬估值的最终产品，则考虑将盗窃的产品作为工人的实物收入。在某些情况下，很难对盗窃与漏算进行清楚的界定。例如，俄罗斯联邦渔船船员经常向国外出售产品（有时从自己的渔船卖到另一艘渔船上），而未将这笔销售收入列入会计报表中。SNA93 未解释的重要问题是：是否考虑到贿赂、勒索、洗钱、欺诈等收入或者其他经济收入；是

---

① 同上。

② 同上。

③ 塔拉索夫．米．叶，上述专著，第 67 页；什科瓦洛夫．阿．阿，现代世界经济关系系统中无法监测的犯罪经济，2006 年博士学位论文，第 14 ~ 15 页。

④ 库普列申科．尼．普，上述专著，第 132 ~ 134 页。

否考虑将贿赂等视为生产及附加值的一部分或者转账收入等。[1]

各国的评估资料存在可比性问题。例如：色情业与生产酒精饮料在某些国家是被允许的，而在另外一些国家是被禁止的。可比性的复杂性在于难以对非法经营活动进行界定。[2]

我们尝试系统化地研究影子经济现象，并提供自己进行研究的依据。

首先，我们需要确定一个普通的概念。从总体上讲，什么是经济？从认知角度讲，经济是人们生存所必需的物质及生活资料的生产、分配、交换及消费。经济活动的内容不仅仅是劳动，还有其他重要的组成部分。这种活动不仅仅是个人活动，而是与很多人、单位、社会组织、国家（多国）及跨国组织发生相互作用的社会活动。发生相互作用的经济常数包括生产力（劳动力及生产工具）、劳动工具、劳动对象、需求对象等。所有上述常数在社会中发生相互作用，通过具体的社会关系予以确定。社会关系预先决定经济存在的必要性——人类试图满足自己对物质生活条件的需求。经济（其中包括影子经济）活动是解决这一需求的方法之一。因此，从本质上看，作为社会关系系统，可以将经济总体上定义为人们为了满足个人需求与社会需求，对必需的物质及其他生活资料进行生产、分配、交换及消费活动。为什么不仅仅需要物质资料，还需要其他资料？因为今天的人们为了保证正常的生活，还需要精神、信息、技术、科学及其他资料等。

从经济角度看，经济的主要本质为两个：生产或者浪费[3]。通常，这两个本质特征同时存在于任何社会的经济中，二者其中之一

① 详见：同上，第134～147页。
② 同上。
③ 见同上：乌雷宾．克．阿，上述专著，第9～12页。

具有优势或者关键的影响。在历史上的一个阶段，这两个本质之间的相互关系不仅反映经济的非生产费用的整体水平，而且表明经济活力的等级或者生产经营的上层建筑机制。而且，社会意义上的浪费不仅仅包括影子经济，而且包括正规经济。例如，对自然资源的掠夺性开采或者考虑不周的处置核废料、化学废料、生物废料及其他废料而对环境造成的破坏。某些种类的影子经济在特定时期具备生产特征。在出现社会需求的历史阶段，可以缓解社会的畸形经济矛盾，并对社会经营活动进行准备。例如，在物质短缺条件下，依靠严厉的行政命令进行生产的时期，经济系统中存在某些影子商品的交换及消费品的生产。

瑞士经济学家 D. 卡瑟尔指出市场经济中的影子经济具备三种正面功能：

1. “经济润滑油”：合法经济与影子经济之间的资源再分配可以延缓市场经济行情的下跌（如果合法经济出现危机，而生产资源并未消失，可以再分配到影子经济中，经济危机结束后生产资源可以重新回到合法经济中）。

2. “社会缓冲器”：缓和激烈的社会矛盾（非正规经营活动可以改善穷人的物质条件）。

3. “内在稳定器”：影子经济使用自有的资源向合法经济提供补充供给。①

---

① 援引以下资料：拉托夫．尤．弗，科瓦列夫．斯．尼，影子经济：教学参考书，第 336 页；同时见：波耶娃．奥．尤，伊德利索娃．斯．费，作为犯罪经济周期元素的“影子”资本//成为俄罗斯经济安全威胁的犯罪收入的合法化：协调国际法及国家对抗机制的理论，实践与技术：论文合集/编辑弗．米．巴拉诺娃，利．利．福图尼，下诺夫哥罗德市：俄罗斯内务部下诺夫哥罗德研究院，2009 年，第 800～801 页。

这些功能可以部分适用于成熟社会生活变化的历史阶段。[①]

我们可以说：影子经济适用于经济存在形式，也就是适用于经济机制，经济调节的上层建筑——国家、其他政治系统、研究所及公民团体的活动，它们之间彼此发生相互作用，并执行法律及其他社会标准。

从这一观点看，在任何社会中的经济存在形式都包括具备社会相应调节机制的正规经济以及非正规经济，这种类型的经济缺乏与正规经济调节机制之间的反馈，而这种经济就是影子经济。

总结关于影子经济各种定义的共同特征[②]就是不合法。某些研究者完全不同意这一观点[③]，他们认为：适用影子经济法律标准的阐释方法不正确，因为该方法的依据存在重复特征：经济权力被重复使用。我们认为，整体经济是最主要的，而不仅仅是影子经济。“没有绝对的区分：影子经济是一个方向，而合法经济是另一个方向。经济过程包括影子组成部分”[④]。影子经济属于重复形式的经济。我们研究各种经济形式，发现可以将重复特征作为区分标准，其特点是经济基础与上层建筑之间发生相互作用。

我们的意见是：为了调整经济生活过程中出现的固定正规化需求，影子经济属于商品货币的生产方式，适用于国家法律社会组织。因为想获取资金而出现了伪币制造者，因为征税而出现了想避税的人，因为海关限制而出现了走私贩子，因为官员有权力而出现了腐败等现象。

---

① 引起作者的关注，研究从事非法活动影子经济的结构，同时探究中小企业的“灰色”活动，并考虑沉重的经济负担和居民的自谋就业，直接关注如何养活自己全家的问题；见：波波夫．尤．尼，塔拉索夫．米．叶，上述专著，第33~40页。

② 无法观察的、无法核算的、潜伏的、非正式的、隐藏的、被低估的、非法的、地下的、不可监控的、未登记的、无规则的、平行的、秘密的等等。

③ 见：斯米尔诺夫．阿．阿，上述专著，第10页。

④ 伊斯普拉夫尼科夫．弗．奥．影子经济：个性，企业活动，犯罪国家//影子经济与有组织犯罪：数学科学实践会议，1998年6月9~10日，莫斯科市，1998年，第70页。

不合法性是影子经济的共同特征，因为缺乏登记的规定，逃避统计监测和经济监督、不缴税，这些都是违法行为。不合法性的概念不能缩减为违反刑法禁令，它还涉及其他方面的法律（行政法、民法、税法、劳动法、移民法；许可要求，注册规定及其他要求等）。多位经济学研究者未考虑这一点。此外，不合法性不仅仅体现在经营活动过程中，还包括存在的主体或者行使职能、利用劳动力等方面。主体的经营活动总体上是合法的，部分经营业务没有反映在统计材料中，因此不符合法律的要求。在这种情况下，影子经济的不合法性仅体现在经济合法主体的部分经营活动中。

不合法性的特点是浮现在表面，其表现很具体，它可以清楚地界定影子经济范围。这一标准容易被理解和使用。在国外的研究中对影子经济的法律理解研究占绝大多数。经济意义可以确定以下明显特征：经营活动存在对社会财富的破坏性，效率低下，产量低等。但区分具体现象时，从评估角度上看经常困难重重。

人们开始欢迎最近流行的自然法。其拥护者将法律与权力予以区分，并使用实证论法律理论进行平衡。在具体历史时期，国家可以采取非标准的规则及非建设性的法律标准。因此，正式违规（不合法）还并不意味着违法，不能将相应的经济活动视为真正的影子经济活动（在健全的建设性影子经济中使用这一术语：影子规则法律部门，用于区别非建设性的影子部门）。影子经济具有两个特点：在具备不合法性特征的同时，它还具备初始的客观特点，即非建设性的经济部分，它影响或者限制人、社会或者自然界的发展。①

① 见：普利瓦洛夫．克．弗，上述专著，第13、22、33～34、59～62页。其他作者也持有类似的观点，建议采取法律手段补充道德约束的不足；见：斯杰比切娃．奥．阿，上述专著，第39～40页；塔拉索夫．米．叶，上述专著，第47页。

我们考虑到：不合法性的特征无疑是确定评判最初标准所必需的，但是这还不够。从这个观点看，我们假设违反安全规定、卫生标准、国标、建筑标准与规则的生产是不合法的，但是，如果不存在其他违法行为，经营主体正常工作，提供会计报表，支付税款，那么这种生产是否属于影子经济呢？当然不属于。为了确定经营活动是否属于影子经济，最重要的是它是否实施违法破坏行为用于获取非法利润（收入），并对社会造成直接或者间接的危害，包括实际发生的损失、未赚取的利润、其他非生产性物质的损失或者某种有害后果，导致其经营活动成为社会生产的寄生活动。为揭示这一危害（及后果）、危害规模及范围、与之相关联的非法利润（收入），必须采取数学统计方法和经济核算方法。相关的经济文献与法律文献提出了社会经济综合方法，该方法采取各种标准（法律、统计、经济、社会学、伦理学标准等）对经济活动的主体地位、经济活动的目的及动机、损失规模等进行评估。①

从表面上看，影子经济存在各种形式（取决于科学研究的不同目的及方法）：未核算型（从统计问题观点）、避税型（从征税观点）、公认调节机制无法调节型（从经济观点）、非法型（从法律观点）等。从实践（实用主义）角度看，不应当试图一劳永逸地“统一地准确地”对所研究的这一概念进行定义从而将其绝对化。这些方法的界定都是灵活的，需要根据实际研究目的而采用各种综合的科学方法。

在本专著中，作者自然而然更多地采用法律研究方法，因为专著作者本人更感兴趣的是影子经济对合法性与法律秩序的影响，以及影子经济与有组织犯罪之间的关系，这些现象相互作用的决定因

---

① 见：斯杰比切娃．奥．阿，上述专著，第40页；列别茨卡娅．阿．利，上述专著，第64～66页。

素与机制是什么等问题。研究现象的内容层面时，最重要的是阐明商品生产、分配、交换与需求及服务的不可控制范围与规模是怎样的，有可能落入有组织犯罪团伙或者已经支持有组织犯罪团伙活动的未核算资金与其他金融资金的数额是多少等问题。

从上述研究角度出发，我们对所研究的概念进行更准确的解释，提供作者本人给出的定义。影子经济是一种特殊类型的经济，它是社会组织及个人以不合法方式从事的单独经营活动，其特点是在经济发展的特殊历史时期从事隐藏型的、非阶级对抗型的经济活动，在物资及其他产品的生产、分配、交换过程中通过变异（常见的是寄生形式[①]）的社会关系，采取不合法（其中包括犯罪）的手段，满足自己的需求，获取非法利润（收入），并对社会发展造成直接或者间接的危害的经济。[②]

我们认为，社会关系的概念是各种主体产生相互作用及进行交往的形式，结构上包括关键要素的相互作用、行为及活动。因此，在我们研究的概念定义中，经济活动未被作为一个单独的元素。下一章的研究目的是确定影子经济的具体规模，研究具体经济活动中表现的社会关系观点。应该指出：在西方研究中，经常借助经济活动的棱镜折射作用原理确定影子经济的概念。采取这样的方法，我

---

① 关于经济关系的寄生特征概念，与正常经营之间的区别详见：斯米尔诺夫．阿．阿，上述专著，第6、15、18～20、25页。我们认为不正当竞争是寄生的一个特征。关于作为影子经济特征的不正当竞争详见：斯杰比切娃．奥．阿，上述专著，第22页；波波夫．尤．尼，塔拉索夫．米．叶，上述专著，第50页。与阿．阿．斯米尔诺夫的区别是：我们认为影子经济的关系大部分具备寄生特征，而不是完全具备寄生特征。除了影响机体的寄生菌外，还存在仅仅能在死尸上生存的有益菌。（衰亡的社会经济系统具备这样的特征）。在成熟经济的转变期影子经济不仅仅起到“细菌”的作用，而且起到可以紧急救助的“有益菌”的作用。

② 影子经济的概念详见：纳菲科夫．伊．斯，影子经济的概念（在研究的上下文中作为有组织犯罪的物质基础）//喀山科技大学公报，2012年第15卷，第277～284页。

们未发现任何对具体现象总体概念的不同阐释。

通过普通等级社会关系的折射作用，很多其他研究者对影子经济下了定义。[①]

除了这一普通定义对概念进行的具体说明外，毫无疑问，复杂的经济现象、社会现象、法律现象也适用于其他研究者的观点。

此外，我们将研究影子经济的主要组成部分。根据影子资本的流动形式、主要经济范畴及影子经济活动的阶段或者范围，可以对其进行区分。

根据影子资本的流动形式可以区分影子商品流通及影子资金流通。

影子经济的主要经济范畴包括以下概念：影子资本、影子生产、影子市场、影子业务、影子流通、影子需求等。在违反刑法时，则这些术语被具体化确定为：犯罪（违法）资本、犯罪（违法）生产、犯罪（违法）市场、犯罪（违法）业务、犯罪（违法）流通、犯罪（违法）需求等。

在科学文献中学者们尝试研究这些概念。犯罪市场被视为核心[②]。犯罪市场包括商品交换范围、固定的犯罪活动种类与结果、报价与需求等。[③]

① 瓦久希纳．利．鲁，俄罗斯的影子经济及其犯罪特征：学位论文……经济学副博士，莫斯科市，2003 年，第 18 页；耶西波夫．弗．米．经济关系的变异与经营主体的经济犯罪行为//有组织犯罪研究：美俄对话：论文合集/编辑尼．费．库兹涅佐娃娅，列．舍利，尤．格．科兹洛娃，莫斯科市：奥林匹克大赛，1997 年，第 292 页；耶西波夫．弗．米，有组织经济机制……第 42 页；萨伊基托夫．乌．季，作为经济范围中有组织犯罪因素的腐败：法律学副博士学位论文，马哈奇卡拉，1998 年，第 67 页；斯米尔诺夫．阿．阿，上述专著，第 6，15 页。

② 特列季亚科夫．弗．伊，有组织犯罪与犯罪收入的合法化：犯罪学的相互关系与预防问题：专著，伏尔加格勒市：俄罗斯联邦内务部伏尔加格勒研究院，2009 年，第 135 页。

③ 列别茨卡娅．阿．利，上述专著，第 72 ~ 110 页。

可以将犯罪市场分为三部分：劳动力、商品及服务。犯罪市场的元素还包括：（1）民间许可流通的商品及服务的非法贸易（无许可证及专门许可）；（2）禁止流通的商品及服务的非法贸易；（3）传统犯罪活动（实施普通犯罪获取的收入）；（4）提供保证犯罪市场发挥作用的服务（犯罪收入合法化占据犯罪服务市场的特殊位置①），抑制竞争和减弱社会监督；（5）非法就业领域（犯罪市场劳动力）。②

犯罪学文献中指出，犯罪市场不仅包括毒品、武器、人口、人体器官的非法贸易；而且还包括与确定人们社会地位相关的职务、选票、权力的非法交易以及其他重大决定。腐败是犯罪市场的固定组成部分。③

影子经济的中心范畴包括影子资本，其最危险的子系统（犯罪经济）是犯罪资本。犯罪资本是犯罪经济的主要建设性因素。为了保证影子经济和有组织犯罪的进一步发展，保证犯罪资本的集中化和犯罪投资的资本化，这些犯罪投资获取了超额利润，随后又扩大了犯罪经济的再生产。

在这种情况下，贸易资本转向高盈利的生产领域、最终的经济目标是创造增加值。犯罪经济的生产部门（而不是黑市）成为零散的非法部门，合并成为统一的一体“火车头”。④

不能低估经济范畴中犯罪消费的重要性。个人消费的增长加强了犯罪经济潜力的进一步发展。毒品消费伴随着疾病的流行，动态价格

---

① 特列季亚科夫．弗．伊，有组织犯罪与犯罪收入的合法化：犯罪学的相互关系，第135～136页。

② 列别茨卡娅．阿．利，上述专著，第81～82页。

③ 多尔果娃．阿．伊，犯罪，犯罪的组织性与犯罪社会，莫斯科市：俄罗斯犯罪学家协会，2003年，第441页；同时：别洛采尔科夫斯基．斯．德，俄罗斯联邦检察机关打击有组织犯罪的行动：教学法参考资料，莫斯科市，2010年，第21页。

④ 波洛托夫．斯．弗，普洛亚娃．斯．米，上述专著，第69～82页。

的消费关系遭到破坏，毒品价格的上涨并不影响吸毒者的习惯。[①]

诱惑居民参与的犯罪鼓动居民进行不正当的消费，而正常国家和社会的任务是抑制居民的犯罪倾向，采取各种方法（惩罚措施、经济手段、社会保健措施、道德思想、教育方法等）抑制危害社会的消费、并提供非此即彼的唯一选择（经常依赖于财力资源的保障程度）。

关于影子经济与犯罪经济的其他范畴，在犯罪学和经济学的文献中未列举它们的详细特征，这方面的研究还远远不够。对于这些特征，当然需要进行单独的深入研究。本专著的目的不是对这些术语进行详细解释。

根据经济周期可以划分：影子生产、影子交换、影子分配、影子消费。

对影子（大部分属于犯罪）经济活动的结构进行分析，可以划分经济领域中犯罪活动的稳定重复周期。这些周期包括：影子收入的获取，影子资金的合法化或者洗钱，影子收入的投资，影子收入转化为合法生意。这些周期适用于获取收入的犯罪活动，即：在犯罪经济周期内从事经济犯罪活动而取得收入，在经济领域实施犯罪而取得的其他收入等。犯罪收入的合法化[②]——犯罪经济周期内的财务活动，将犯罪收入通过财务手段变为合法资金。犯罪投资——将犯罪取得的资金合法化后恢复或者扩大犯罪再生产。转换为合法生意——在犯罪经济周期内转变为有价证券直接投资的合法生意。[③]

---

① 同时见第84~85，100页。

② 经济合作与发展组织洗钱问题专设金融委员会的专家指出：现在俄罗斯存在120种犯罪收入洗钱方法；见：巴拉诺夫．弗．米，丘普洛娃．阿．尤，打击犯罪收入合法化犯罪的最新趋势//作为俄罗斯经济安全威胁的犯罪收入合法化：协调国际法及国家对抗机制的理论，实践与技术：论文合集/编辑弗．米．巴拉诺娃，利．利．福图尼，下诺夫哥罗德市：俄罗斯内务部下诺夫哥罗德研究院，2009年，第49页。

③ 果尔金娜．利．阿，上述专著。

要根据经营活动的具体范畴来确定影子经济的组成部分，首先必须揭示经营领域的主要部门。为实现我们的研究目标，最重要的是从法律、经济、税务统计角度对影子经济部门进行分类。

从法律角度看，可以将非法活动及合法活动、主体组成、实施程序或者经营业务的完整性及可靠性进行合理的区分，同时可以将非法部门分成犯罪部门（刑法禁止的部门）及非犯罪部门。

犯罪部门[①]可以分成传统的普通自私自利型犯罪部门（盗窃、抢劫、敲诈、勒索等），刑法直接禁止的经济活动犯罪部门（毒品交易，武器贸易，雇凶伤人）、合法经营范围内的经济犯罪活动部门（固定部门，优势部门，俄罗斯联邦刑法第22章规定的犯罪部门[②]）、腐败部门（其中包括政治腐败部门[③]）。在法律文献中将犯罪经济划分为两个子系统：犯罪结构活动的垄断系统和属于经济关系中官方系统的“犯罪”经济。前者原则上不能存在于合法系统中，后者的特点是犯罪活动渗入到合法经济范围内。[④] 上述变异犯罪部门特

---

① 弗．弗．萨乌什金研究的犯罪经济问题属于是著作附件的特殊范围，特征是具备自有的“劳动资源”，独一无二的再生产和资本流动机制，特殊的管理及市场营销系统；见：萨乌什金．弗．弗，有组织经济犯罪的经济法律观点：讲义，多莫杰多沃：俄罗斯内务部全俄进修学院，2003年，第14页。

② 1996年6月13日第№63俄罗斯联邦刑事法典：俄罗斯国家杜马通过，1996年5月24日俄罗斯联邦会议通过；1996年5月5日俄罗斯联邦会议联邦委员会通过；1996年6月13日第№64俄罗斯联邦法律导言：［2012年7月28日的最新版本］//俄罗斯联邦法律汇编，1996年－№25.，第2954条，最新版本文本：“顾问＋”法律公正系统。

③ 犯罪学文献中确定的政治腐败问题的研究前景方向，见：卡巴诺夫．普．阿，俄罗斯的政治腐败：犯罪学特征及遏制措施。下卡姆斯克市，1998年。犯罪学文献标明：政治犯罪表明更高水平的有组织经济腐败；见：宾克维奇．考．弗，埃利卡诺夫．阿．伊，有组织经济犯罪：犯罪学观点，斯塔夫罗波尔市：斯塔夫罗波尔服务学院，2001年，第7页。

④ 见：萨乌什金．弗．弗，经济法律观点，第12～13页。关于有组织犯罪组织要素的详细分析（合法经济中的非法经济活动，隐藏的经济，无许可证的非法贸易，非法就业，违禁品的非法贸易，刑事案件活动，经济关系中强制服务范围。例如：雇凶杀人，影子标准范围，政治领域中的非法经济关系，国家及市政部门范围内的非法经济关系等）见：别科利亚舍夫．阿．克，影子经济：教学参考书，莫斯科市，2004年，第179页。

点是具有很高的组织性，对有组织犯罪的结构施加影响。

根据经济标准可以区分生产型经济（创造附加值，对国内生产总值做出实际的贡献）和虚假型经济。而且从统计角度看，虚假型经济可以区分为未被核算的经济（如黑色收入支付的贿赂）、以及经过核算的经济（人为故意抬高的费用，例如完工工程量、低报的税款或者取得未核算的收入）。在后者的情况下，国内生产总值被人为地故意抬高。

根据税务统计依据可以对犯罪活动组织进行划分，这些组织对官方统计及征税部门隐瞒其全部或者部分收入或者避税（非正规经济或者从事隐藏经营活动或者单独经营业务的正规经济）。

所有这些分类是预先约定的。因此，犯罪经济永远是非正规经济，这种经济可以是虚假型的，也可以实际创造生产增加值。同时，虚假经济与非正规经济可以是普通非法型，也可以是刑法禁止型（犯罪型）。正规经济范畴中的行为应当受到刑法惩罚：例如：避税（隐瞒收入）应按照俄罗斯联邦刑法第199条处罚。

为预防出现消极的经济现象，实现方法学建议的实际目标，可以采用逻辑分类，兼顾适用于我们研究工作的三条标准。多位研究者划分出影子经济的三个主要部门：地下（犯罪）贸易（法律禁止的经营种类）、非正规经济（合法经济经营种类、生产的产品与提供的服务未经过统计部门和税务机关的核算，其中包括以“信封”形式支付的工资）和虚假型经济（虚假的指标、投机交易、受贿行为、欺诈）。[①] 在此情况下，应当指出：个别种类的虚假型经济（受贿行为、欺诈）同时成为犯罪经济的组成部分。

① 鞑靼斯坦共和国法律规定了影子经济的清晰分类，见：经过批准的2011～2015期间鞑靼斯坦共和国的社会经济发展规划：2011年4月22日。鞑靼斯坦共和国法律：2011年3月31日由鞑靼斯坦共和国国家委员会通过，2011年5月4日。

在应用计划中，按照经营活动范畴可以对影子经济进行更方便地分析（传统的犯罪活动、建筑、贸易、生产等）。影子经营活动的详细范围见本专著的下一章节，在下一章节将介绍个别城市影子经济的规模和特点。

在定义有组织犯罪的特点之前，首先研究一下两种关键现象的机制及形式：影子经济及有组织犯罪。[①] 从一方面看，影子经济是有组织犯罪的表现形式，因为有组织犯罪试图深入这一领域并以经济犯罪活动表现自己。另一方面看，影子经济具有丰富的内容，存在的基本因素发生确定的相互作用，其结构形式及组织保证是有组织犯罪的上层建筑机制。

社会经营活动的整个系统本质上是预测经营主体利益的组织保证。正规经济中经济关系主体利益及协定的主要组织形式是权力及国家。法律标准系统确定了经济活动的公认标准，国家的组织结构机制保证必须履行义务（准确地说，虽然有组织保证，但还是取决于社会的政治权力组织的效率）。社会的文明化（文化程度）越高，则需要强制保证的相关国家利益越少，必须限制对经济的客观干涉。人们意识到应当自愿履行达成的互惠互利协议；合法行为的理想机制应当是习惯性的，目标明确的，符合道德规范的。

很遗憾，发展辩证法给我们展示了社会生活的另一面（影子一面）。同时意大利哲学家乔治·德尔维奇奥也证明了这一点，他指出："权力……本质上被破坏，它是破坏性的权力。如果不存在不合法性，则不需要进行法律制裁。"[②] 著名的德国法学家格奥尔

---

① 详见：纳菲科夫．伊．萨，上层建筑机制的有组织犯罪（组织调解形式）“影子”经济//经济与法律的现实问题，2011 年，第 279 ~ 283 页。

② 乔治·德尔维奇奥，权力哲学//世界法律思想文集，第 5 卷，季．沙．耶夫洛巴。美国：十七世纪至二十世纪/国家社会科学基金；科研项目领导格．尤．谢米金，莫斯科市：思想，1999 年，第 722 页。

格·弗里德里希·普赫塔格也表达了同样的看法："与法律和实际法律地位相关的可能性不大，与法治不协调……"①

实际上，法律起源于克服混乱集体行为的必要性。一切努力均试图达到有序性，组织性（更容易保证集体利益）。同时，任何社会组织都存在叛乱和违反秩序的因素或者社会成果的寄生因素（目的是改变自己的社会地位）。因此，法律与违法，国家及"叛乱者"总是不可分割的。

任何目标的实现首先是通过自己的对抗——否定之否定：法律通过非法，自由通过不自由，自由经济通过行政命令干涉，社会经济通过影子形式得以达成。

准确的表述是正规经济和法律组织存在的同时，还存在着非正规（影子）经济。在这种经济关系中，参与者发生互相作用，发生关系，进行谈判，彼此达成"贸易"协议，分配成果，寻找彼此可以接受的目标，检查预测其他人实施的行为。在此基础上可以进行经济结算，如果没有这个基础，将不存在任何经济。这里就出现影子经济关系保证（上层建筑）机制的客观必要性，这些关系的主体不能出席法院，不能提出诉讼要求，因为这些主体的诉求没有法律依据。同时，他们的"生意"也不能没有保证。社会生活影子领域中存在着整顿"秩序"（法律秩序）的客观必要性。这就出现影子标准及组织结构系统。这一结构不适用于国家的制裁措施（结构属于"法外"系统），制裁应当是法外制裁，不合法性越强，则行动越有效，独特形式的犯罪制裁效率最高（当然，不是指未来的长期效率）。在影子经济系统中，有组织犯罪作为社会组织现象存在的基本要求，它采用各种渠道深入到影子经营的各个领域中。影子经

---

① 普赫塔格·格奥尔格·弗里德里希。法律百科全书，同时见第280～281页。

济现象的基本犯罪现象属于现有所有组织结构元素的行为模式。

此外，有组织犯罪出现并增长后带来盈利利润，有组织犯罪的存在可以给违法活动带来非法金融犯罪的稳定来源并进行经济再生产。“在法律管辖的范围内，人们也遵循经济法则的规定。”① 在经济关系犯罪活动中存在影子经济。② 从经济理论角度看，经济犯罪活动将承担刑事责任，并可能存在风险（可能出现破产，竞争损失，具体经营活动亏损），根据对风险等级和可能性的评估③做出相关的经济决定，根据利润的规模和面临的风险做出决定，确定产生的影响，决定是否可以忽略这些风险。

许多领域中的有组织犯罪活动具备高效性（从经济角度上看），它可以确定取得利润的限制性方式：使用难以监控的“现金”而不支付税款，经济活动限制范围小，可以发挥更大的优势和存在更多的可能性。④ 这样，影子经济可以解决有组织犯罪活动进行“赃钱”集中的问题⑤。

同时，有组织犯罪不是消极的组织形式。它本身积极作用于影子经济的部门。

在这种情况下，有组织犯罪是：影子经济关系调节器；这一领

---

① 利亚赫马诺夫．叶．伊，拉利奥诺娃．季．利，有组织犯罪表现之一的犯罪收入合法化//作为俄罗斯经济安全威胁的犯罪收入合法化：协调国际法及国家对抗机制的理论，实践与技术：论文合集/编辑弗．米．巴拉诺娃，利．利，福图尼－下诺夫哥罗德市：俄罗斯内务部下诺夫哥罗德研究院，2009 年，第 814 ~ 815 页。

② 舍加布季诺夫．鲁．沙，腐败伴随的有组织经济犯罪。打击有组织犯罪的现状、趋势及措施：专著，莫斯科市：尤尼基，达纳出版社：法律与权力，2010 年，第 121 ~ 122 页。

③ 当然，应当指出这是一种平均的办法，因为在人类的生命活动实践过程中，社会的个性培养与文化因素有时具有更大的意义。

④ 德米特里耶夫．奥．弗，市场经营系统条件下的经济犯罪及对经济犯罪的遏制/责任编辑米．普．科列伊苗诺夫，莫斯科市：法律学家，2005 年，第 41 ~ 42 页。

⑤ 波洛托夫．斯．弗，普洛亚娃．斯．米，上述专著，第 65 页。

域行为标准的源头；自有组织结构的强制机器；谋求利益最大化的经济发展主体；创办经济活动的新领域和新标准的促进剂。

这样看来，我们认为有组织犯罪是影子经济的有组织调节形式和监督形式（积极有效的上层建筑机制）。

有组织犯罪与影子经济部门的相互作用存在若干形式，其中包括：监督影子部门工作的企业家的经营活动，企业家经营活动直接参与的违法活动，利用有组织犯罪的金融资源。鉴于此，应当采取各种对抗战略。首先，这是大多数影子企业家的结论，这些企业家创立有利的贸易条件，与国家建立伙伴关系①。应当尽量鼓励企业家采取各种形式的联合、合并，支持贸易活动，并承担社会责任。其次，应当截断合法生意与非法生意的犯罪投资。应当根据有组织犯罪结构的“钱包”的鼓胀程度进行打击，采取措施冻结商业及金融业务资金，限制犯罪资本流通，没收大规模的金融财产资源。

根据影子经济部门的特点可以区分有组织犯罪的影响形式。对于地下（犯罪）经济部门，由行政领导直接管理有组织犯罪的部门。虚假经济（未增加现实的生产价值、涉及早期产品再分配范围的经济）部门中的基础部门从事金融经济有组织犯罪活动，创造扩大影响的条件。非正规经济部门及合法经济部门经过周密筹划，创造条件深入到有组织犯罪活动中。

有组织犯罪机构也遵循普通经济法则，特别是在全球化的背景下，努力扩大自己的经济影响。它们试图渗透到合法的经济领域，定期形成独特的犯罪“影子岛”（犯罪影响影子地带），并进一步实施犯罪活动。根据俄罗斯内务部提供的资料，以犯罪方式取得的

---

① 同样可见：苏列伊马诺夫．斯．米，消费市场打击犯罪的理论基础：专著，莫斯科市：尤尼基，达纳出版社：法律与权力，2008 年，第 129～130，第 137 页。

收入70%被投入到企业经营中，15%被用于购买不动产[①]。由合法经济研究所对犯罪目的进行研究。[②] 有组织犯罪在社会经济中建立了“市场地位”，利用犯罪活动攫取超额利润，其中包括采取经济手段消灭竞争者[③]。大型垄断连锁贸易公司对固定范围内的合法经济造成影响，其“胃口”在某种程度上被正规的经济调整部门所限制。

有组织犯罪机构经营活动遵循的经济目标是：合法的经济活动主体在最低风险条件下取得最大利润，但这些目标的范围实际上要更广。有组织犯罪活动包括承担刑事责任的风险因素，并采取预先对抗措施。这些犯罪活动可以取得更高的利润。但在风险低的情况下，犯罪活动并不拒绝甚至是极低的利润。潜伏的高水平犯罪领域内的法律风险是最低的，因为在这些情况下需要承担的责任是最低的。

由此可见以下犯罪学规律：

1. 一方面预期的超额利润越高，则有组织犯罪的风险越低。相应地，有组织犯罪的最大积极性在于攫取超额利润。

2. 另一方面看，在最低风险下不会忽略取得利润的任何机会。因此，潜伏犯罪的水平越高，则有组织犯罪机构的垄断范围越广[④]。有组织犯罪专业从事“随机的”犯罪活动。[⑤]

---

① 米赫耶娃．伊．弗，犯罪收入合法化就像把古代纪念碑私有化：法律规定的作用//成为俄罗斯经济安全威胁的犯罪收入的合法化：协调国际法及国家对抗机制的理论，实践与技术：论文合集/编辑弗．米．巴拉诺娃，利．利．福图尼，下诺夫哥罗德市：俄罗斯内务部下诺夫哥罗德研究院，2009年，第545页；同时参见：特列季雅科夫．弗．伊．犯罪收入合法化过程中跨国有组织犯罪的参与，同上，第194页。

② 舍加布季诺夫．鲁．沙，上述专著，第122页。

③ 经济领域中的犯罪控制问题详见：科列伊苗诺夫．米．普，费奥多罗夫．阿．尤，经济活动领域中的犯罪控制：犯罪特征与预防：鄂木斯克市，2008年，第189页。

④ 犯罪学中的独特折射与热力学第一规则现象，保持与转变能量的法则。有组织犯罪不会出现空闲休息，只是偶尔出现休整。

⑤ 奥夫钦斯基．弗．斯，奥夫钦斯基．斯．斯，打击俄罗斯黑手党：内务部门工作人员问答参考资料。莫斯科市：俄罗斯内务部共同编辑，1993年，第30页。

3. 有组织犯罪试图进入合法经济，其优势是采取不正当竞争手段，擅于支配未核算的影子经济资源①，占领市场，垄断市场并操纵市场价格。

在大范围的大型城市中存在着上述可能性。

现在，直接控制经济过程的关键组织是金融和工业集团（以下简称“金融工业集团”）②，犯罪资本及企业资本进行合并整合，集团中包括政界上层人物、寡头及有组织犯罪首领。金融和工业集团，依赖“双重”贸易－合法贸易及影子犯罪贸易，创造性地从事合法及犯罪经营活动，在不平衡的过渡经济条件下保证稳定牢固的发展。③

今天，俄罗斯有组织犯罪的特点是渗入、嵌入到社会关系系统中，发挥本质的作用，并逐渐改变社会的政治、文化及精神生活。④

在文献中指出，从非法经营活动向合法经营活动的发展过程（使用犯罪资金进行多种经营）是有组织犯罪的内在本质。犯罪收入的合法化是这种特性的反映。⑤

---

① 因此，与合法经营相比较，任何影子业务可以获取高出将近三倍的利润：可以节约13%的自然人收入税，18%的增值税，30%的社会税，至少1%的利润税，共计可以节约62%的缴税．同样情况下，影子经济经营者仅需要向员工支付一千万卢布的工资，而合法的正常经营者为此要支付员工二千六百万卢布的工资。以如此低的工资成本可以让影子经济经营者以不可思议的低价顺利中标，拿到国家及市政采购订单（甚至可以不再从事其他的有组织犯罪活动）。

② 学术用语包括这一术语：犯罪化合作贸易集团，其本质是持股从事有组织犯罪；见：罗基诺夫．叶．利，经济中的有组织犯罪，第3卷第2册。世界经济中的犯罪化合作贸易集团，莫斯科市：国家经济安全研究院，2008年，第10～105页；同时参见：罗基诺夫．叶．利，经济安全的系统问题，第20卷第8册。经济安全：有组织犯罪。世界全球化背景下的有组织犯罪的变化，莫斯科市：科学文献出版社，2007年，第114～124页。

③ 波洛托夫．斯．弗，普洛亚娃．斯．米，上述专著，第74～77页。

④ 这是外部观察家不易发现的有组织犯罪特征，术语叫做“侵入性”（内部产生，并压入），与“侵入性”区别的术语是“喷出性”，它是遭到了其他材料的普通机械挤压而出现的（术语源于加工塑料材料的工艺流程）；见：奥夫钦斯基．阿．斯．，切波塔列娃．斯．奥．犯罪模式/科学编辑弗．斯．奥夫钦斯基，莫斯科市：标准出版社，2006年，第68～70页。

⑤ 德米特里耶夫．奥．弗，上述专著，第42～43页。

影子经济与影子资本，洗钱－这是有组织犯罪、恐怖主义及腐败存在的必然现象[①]，并由巨额金融资金提供支持。所有这些问题不可能被孤立地予以解决。[②]

【小结】

1. 影子经济包括犯罪经营活动及非犯罪经营活动，但是这一领域中的普通行为规定确定了犯罪形式。

2. 影子经济是有组织犯罪的（主要）物质基础。

3. 有组织犯罪是影子经济的结构及组织保证形式（组织调整形式、监督形式、上层建筑机制）；但是这不是消极的形式，它积极作用于影子经济部门。

4. 影子经济部门与有组织犯罪的相互作用存在若干形式，主要形式包括：监督影子部门的企业家活动、犯罪活动直接参与企业家活动、利用有组织犯罪机构的金融资源。鉴于此，应当采用各种对抗措施。首先，这是大多数影子企业家的结论，应当创造从事贸易的方便条件，并与国家建立伙伴关系。其次，应当截断对合法贸易

---

① 腐败是造成有组织经济犯罪大规模出现的一个条件，见：舍加布季诺夫．P. Ш. 上述专著，第125～126页；同时参见：沃尔仁金．布．弗，公务犯罪，莫斯科市：法律学家，2000年，第337页；埃米诺夫．弗．叶，马克西莫夫．斯．弗，马茨克维奇．伊．米，腐败犯罪及打击腐败犯罪：高等教育学校《犯罪学》课程的教学参考资料，莫斯科市：法律学家信息小组，2001年，第128页；古洛夫．阿．伊，有组织犯罪与影子经济//影子经济，莫斯科市：经济．1991年，第115～116页；阿米洛夫．克．费，加利耶娃．斯．伊，腐败：概念，对抗，责任：教学参考资料，喀山市：喀山国立科技大学，2009年，第193页；别兹维尔霍夫．阿．格，俄罗斯刑法规定的公务犯罪的发展趋势//刑法，犯罪学，刑事执行法面临的迫切问题：科学文献合集/共同编辑阿．格．别兹维尔霍夫，萨马拉市：萨马拉大学，2012年，第170～194页；别尔金．奥．阿，腐败是有组织犯罪的征兆//打击腐败：现代发展的新方法与载体：全俄科学实践代表大会材料，俄罗斯，伏尔加格勒市，2010年11月15～25日/国家高等职业教育机构《伏尔加格勒国立大学》，伏尔加格勒州检察院；编辑委员会：弗．弗．丘利科夫（责任编辑）［及其他编辑］，伏尔加格勒市：伏尔加格勒国立大学，2011年，第74页。

② Rose－Ackerman，论文《腐败与国家》。原因，后果，改革。莫斯科市：物质世界的普遍规律性，2003年，第297页。

与非法贸易的犯罪投资。

5. 有组织犯罪的最大积极性在于取得超额利润并具备潜伏性。

6. 有组织经济犯罪实施于合法经济中，利用自己可以支配的未统计的影子经济资源的垄断优势来破坏正当竞争。

第二节　有组织犯罪的刑法及犯罪学概念、经济领域特征

影子经济的主体，特别是经济犯罪的部分是有组织犯罪机构。[①]有组织犯罪活动是影子经济活动的确定元素，经济活动的稳定一体化本质特征形成影子经济的基础组织结构（形式），并保证其稳定地行使职能。

对于有组织犯罪活动，我们指的不仅仅是已实施、正在实施及将要实施的有组织犯罪的总和。对于有组织犯罪的概念（犯罪学含义[②]），我们认为包括关于各种社会现象的以下观点：

1. 有组织犯罪集团［组织集团、团伙、犯罪团伙（犯罪组织）、极端主义组织、非法武装等］；

2. 犯罪集团实施的犯罪行为及有组织犯罪活动；

3. 犯罪集团建立的目标、原则及价值标准系统。

在法律及哲学文献中指出："……犯罪与科学、艺术、意识形

① 普利瓦洛夫．克．弗，确定影子经济活动的最危险主体；见：普利瓦洛夫．克．弗，上述专著，第7页，同时可见：有组织犯罪/编辑阿．伊．多尔果娃娅，斯．弗．季亚科娃。莫斯科市：法律文献，1989年，第351页。

② 有组织犯罪的概念可以按不同的方法进行研究：法律角度，社会学角度，政治角度，经济角度等；详见：德米特里耶夫．奥．弗，上述专著，第37～53页。

态、宗教、政治、经济及运动同时存在”。[①] 在此情况下，具备组织性是犯罪活动的一个特征。

有组织犯罪现象的研究角度不仅包括组织结构（根据对犯罪活动的组织性等级进行评估），还包括行使职能的方法。从这一角度看，有组织犯罪存在着与犯罪资本及合法经济及影子经济范围内资本流通相关的现象。[②]

在法律学范围内确定有组织犯罪的刑法和犯罪学特点[③]。

从法律角度可以确定俄罗斯联邦刑法规定的有组织犯罪的刑法特点[④]。它可以帮助我们从刑事角度理解有组织犯罪集团共同实施的有组织犯罪活动。

俄罗斯联邦刑法中，有组织犯罪的特点适用于各种有组织犯罪组织。

根据刑法（俄罗斯联邦刑法第 35、208、209、210、282 - 1 条）可以确定以下有组织犯罪组织：组织集团；团伙；犯罪团伙（犯罪组织）；非法武装；极端主义者团伙[⑤]。

---

① 波兹德尼亚科夫．埃．阿，犯罪哲学，莫斯科市，2001 年，第 10 页。

② 见：舍加布季诺夫．鲁．沙．上述专著，第 38 页。

③ 作者在本专著中做出这样的尝试。见：纳菲科夫．伊．萨，有组织犯罪的刑事法律及犯罪学特征//俄罗斯法律的问题：历史与现代：国际科学实践代表大会材料，陶里亚蒂市，2012 年 2 月 21 - 22 日/编辑委员会：利．弗．扎科莫尔金及其他编辑；全国工业联合会管理科学院“萨卡”分院，陶里亚蒂市，萨马拉市：萨马拉人文科学院，2012 年，第 163 ~ 171 页。

④ 刑事法典。

⑤ 阿．伊．多尔果娃将侵害公民个人权利（俄罗斯联邦刑事法典第 239 条）及极端主义组织的行为（俄罗斯联邦刑事法典第 282.2 条）列入有组织犯罪范围；见：多尔果娃．阿．伊，有组织犯罪与腐败的犯罪学评估，法律探讨及国家安全，莫斯科市：俄罗斯犯罪学家协会，2011 年，第 328 ~ 347 页。我们认为：上述行为不属于实施其他犯罪而同时参与犯罪的有组织犯罪范围，而属于惩罚犯罪立法者专门禁止的公民社会政治形式范围。协会在此指出，联邦法律《打击恐怖主义法》第 24 条提出《与恐怖主义有关的组织》的新概念。我们没有将他们划分到单独的范围（犯罪组织，团伙，非法武装）。社会及其他联合企业或者法人参加这些组织将承担刑事责任，并构成共同犯罪。

刑法将稳定合作实施一起或者若干起犯罪的图谋列入犯罪组织集团的特点。对于术语“合作者”（人）及概念“协商者”（预先达成协议的人）及如何区别这些特征，在法律中未予以规定。

虽然法律未指出稳定性特点，但是俄罗斯联邦最高法院作出了内容解释，该解释适用于团伙及出于自私动机进行犯罪的有组织集团，或者凶杀案件。解释适用于俄罗斯联邦最高法院全体会议决议规定的盗窃、抢劫、勒索案件，内容解释标明：与预先协定共同实施犯罪的集团的区别是有组织集团具有稳定性的特点，存在组织者（首领）及预先制定的合作犯罪活动计划，具备在准备实施犯罪及存在犯罪意图的集团成员之间进行分赃的功能。时间可以证明：有组织犯罪集团存在的稳定性，集团成员反复实施犯罪，技术装备程度，准备共同犯罪的时间以及其他情况。例如，犯罪组织集团参与者专门潜入库房，准备盗取资金（外汇）或者其他物质贵重品。①

俄罗斯联邦最高法院全体会议关于凶杀案件的决议指出，有组织犯罪集团是蓄意实施一起或者若干起凶杀案的由两个人及两个人以上组成的集团。通常，这样的犯罪集团经过精心策划，预先准备凶器，集团参与者担任各自的角色。因此，认定有组织犯罪集团实施的凶杀案时，根据其承担的犯罪角色，遵循俄罗斯联邦刑法第33条的规定，根据所有犯罪参与者的行为判定其应承担的法律责任。②

应当验证团伙的稳定程度，成员的稳定性，成员之间紧密的相互联系，行动的协调性，犯罪活动的形式及方法，团伙存在的时

① 关于偷盗、抢劫、敲诈案件的诉讼业务：俄罗斯联邦最高法院2002年12月27日全体会议№29决议：［2010年12月23日最新版本］//俄罗斯联邦最高法院公报，2003年－№2. 最新版本文本：“顾问＋”法律公正系统（第15点）。

② 关于凶杀案件的诉讼业务（俄罗斯联邦刑事法典第105条）：俄罗斯联邦最高法院1999年1月27日全体会议№1决议：［2009年12月3日最新版本］//俄罗斯联邦最高法院公报，1999年№3. 最新版本文本：“顾问＋”法律公正系统（第10点）。

间，实施犯罪的次数。[①]

团伙的特征除了具备稳定性外，立法者确定的特征还包括持有武器[②]并具有明确的目标——侵犯公民及组织。[③]

犯罪团伙（犯罪组织）的特征除具备稳定性外，刑法还确定了以下特征：

1. 有组织集团由统一领导管理，具备结构化（法律角度未揭示结构化的概念）或者联合性特征。

2. 有组织集团的成员进行联合，目的在于共同实施一起或者若干起重罪或者特殊重罪。

3. 共同实施一起或者若干起重罪或者特殊重罪（犯罪活动），目的是获取直接或者间接金融或者其他物质利益。[④]

根据俄罗斯联邦最高法院全体会议决议指出[⑤]，犯罪团伙（犯罪组织）实施犯罪行为，由统一首领指挥，团伙形式或是结构化的组织集团，或是联合的有组织集团。结构化的组织集团是共同预谋实施一起或者若干起重罪或者特殊重罪的集团，包括多个分队（分

① 法院追究盗匪活动责任的法律应用实践：俄罗斯联邦最高法院 1997 年 1 月 17 日全体会议№1 决议//俄罗斯联邦最高法院公报，1997 年№3.（第 4 点）；同时可见：雅尼．普．斯，鉴定盗匪活动的问题：讲义，莫斯科市：俄罗斯联邦总检察院科学院进修学院，2007 年，第 45 页。

② 根据武器装备程度，假定团伙的一个成员存在武器（武器，冷兵器，投掷武器，气体武器，气压武器，爆炸器材）并且团伙的其他成员知悉这一点。关于武器详见：比克耶夫．伊．伊，俄罗斯刑法中规定的具备增高危险性的武器：普通问题与专门问题。- 喀山：知识类，2007 年，第 134 ~ 208 页；比克耶夫．伊．伊，非法持有武器应承担的刑事责任，喀山：知识类，2007 年，第 147 ~ 209 页。

③ 追究盗匪活动刑事责任的应用问题，其中包括俄罗斯联邦最高法院 1997 年 1 月 17 日全体会议№1 决议揭示的盗匪活动特征。

④ 本专著的目的不是详细说明这些特征；俄罗斯联邦最高法院的全体会议相关决议揭示了犯罪团伙（犯罪组织）的许多特征。见：成立犯罪团伙（犯罪组织）或者参与犯罪团伙（犯罪组织）的刑事案件的法院审理实践：俄罗斯联邦最高法院 2010 年 6 月 10 日全体会议第№12 决议//俄罗斯联邦最高法院№8 公报，2010 年。

⑤ 同上，第 3、5 点。

组，小队等)，特点是成员稳定，行动具备协调性。除了统一的首领外，结构化组织集团的各个分队的活动目的是实施共同犯罪意图，各自担任角色，专业化从事犯罪团伙（犯罪组织）具体的犯罪活动和其他活动。有组织的合作犯罪集团有统一的首领，独立行事的有组织犯罪集团彼此之间关系稳定，共同策划并参与一起或者若干起重罪或者特殊重罪，共同行使合作职能，从事犯罪活动。

除具备稳定性外，犯罪团伙还具备法律确定的非法武装[①]。按照目标特征可以区分盗匪活动。为了建立非法武装，犯罪活动具有目标性。犯罪团伙设立袭击公民和组织的目标，因此我们必须研究团伙的详细构成。

极端主义组织的组织结构除了具备稳定性外，还具备目标特点——准备实施极端主义的犯罪目标。

有组织犯罪的主要特征是按照刑法规定的特征建立实施犯罪的主体。因此，对各个犯罪团伙组成的集团犯罪，必须研究共同参与实施犯罪的形式。俄罗斯联邦刑法第 7 章第 35 条的共同犯罪予以阐释说明。[②]

对于共同参与研究的问题范围，需要根据罪行的多样性理论进行研究。因此，犯罪团伙实施的有组织具体犯罪活动可能是该团伙（首领创办的团伙）自己实施的，也可能是多个团伙共同参与实施的。从这一观点看，犯罪团伙、团伙、非法武装，极端主义团体实施具体犯罪活动，根据社会评估标准，承担参与重复犯罪活动应负

---

① 在俄罗斯最高法院的解释中揭示了非法武装的详细特征；见：关于恐怖主义犯罪刑事案件法院实践的若干问题：俄罗斯联邦最高法院 2012 年 2 月 9 日全体会议第№1 决议//俄罗斯联邦最高法院№4 公报，2012 年。

② 关于共同参与犯罪团伙的刑法特征（犯罪组织与团伙见以上内容：俄罗斯联邦最高法院 2010 年 6 月 10 日全体会议 No. 12“关于审理组建犯罪团伙（犯罪组织）或者参与犯罪团伙（犯罪组织）刑事案件的法院实践”决议及 1997 年 1 月 17 日全体会议№1“关于法院追究团伙法律责任的应用实践”决议。

的法律责任（这是根据犯罪主体行为特征确定的最危险形式）。①

重复犯罪实际活动出现在犯罪团伙及其团伙组织的创建、指挥和参与过程中。俄罗斯联邦最高法院全体会议决议规定：如果犯罪团伙（犯罪组织）的参与者除了参与团伙（组织）的活动外，还建立了武装组织（团伙），目的是侵犯公民或者组织，则俄罗斯联邦刑法第209条及210条对该集团（团伙）的活动进行分类，并根据俄罗斯联邦刑法相应条款确定参与其他具体犯罪应当承担的责任。②

在实践中，依靠上述刑法正确确定犯罪的特征是不够的。正确的法律分类适用于法律学关于有组织犯罪的额外特征的表述，这是不多的情况之一。

可以区分有组织犯罪的下列犯罪学特征③：

---

① 关于犯罪的多样性形式详见：马尔科夫．弗．普，数罪（鉴定及惩罚问题）//马尔科夫．弗．普，著作选编，第3卷，第2册，喀山：知识类，2011年，第294页；马尔科夫．弗．普．根据苏联刑事法确定的犯罪多样性及形式//马尔科夫．弗．普，著作选编，第3卷，第3册，喀山：知识类，2011年，第59、98～112页；马尔科夫．弗．普，犯罪多样性：本质，种类，法律意义//马尔科夫．弗．普，著作选编，第3卷，第3册，喀山：知识类，2011年，第217～219，248～249页。

② 见俄罗斯联邦最高法院2010年6月10日全体会议No. 12"关于审理组建犯罪团伙（犯罪组织）或者参与犯罪团伙（犯罪组织）刑事案件的法院实践"的上述决议（第21点）。

③ 确定有组织犯罪的犯罪学特征，同时使用作者的实践活动专著材料：古洛夫．阿．伊，职业犯罪，莫斯科市：法律文献，1990年，第301页；犯罪学：大学教科书/总编辑阿．伊．多尔果瓦娅，第2版，修改与补充，莫斯科市：标准，2002年，第92～107，693～704页；犯罪学：教科书/总编辑弗．普．库德利亚夫采娃，弗．叶．埃米诺娃，第2版，修改与补充，莫斯科市：法律学家，1999年，第385～411页；鲁涅耶夫．弗．弗，20世纪犯罪。世界，区域及俄罗斯趋势，莫斯科市：标准，1999年，第283～325页；奥夫钦斯基．弗．斯，奥夫钦斯基．斯．斯，上述专著，第3～14页；俄罗斯贸易与安全：大中小型贸易的实践参考资料/项目领导扎利亚洛夫．赫．弗；创作集体：曼古舍夫．德．费，雅内舍夫．伊．阿，伊万诺夫．德．阿，科尔巴科夫．斯．弗，喀山市，2001年，第223～224页；英沙科夫．斯．米，外国犯罪学，莫斯科市：英夫拉．米，标准出版社，1997年，第294～341页；安东尼杨．尤．米，萨布利娜．利．斯，犯罪学短期课程：教学参考书，莫斯科市：莫斯科国立经济学院，1997年，第11～123页；科拉尔克．利，美国的犯罪。性质，原因，警告与监控评语，莫斯科市：书面发现，2002年，第110～133页；有组织犯罪/编辑阿．伊．多尔果瓦娅，斯．弗．季亚科娃……第7～130页。

1. 经过精心规划，稳定持续实施犯罪活动（虽然也包括建立犯罪组织的目的是实施一个大规模的复杂犯罪活动）。

2. 致力于攫取财富，各种活动的总目标是获取最大利润；团伙首领的目标是掌握权力并获得社会承认。

3. 清楚地分配角色，建立相关的组织管理机构：领导及管理职能；联络职能；监督检查职能；管理犯罪团伙共用款的职能（根据对犯罪团伙及团伙的研究结果显示，不仅仅存在着整个犯罪组织的集中共用款，而且还存在着适用于不同年龄层的单独共用款）；经济发展管理职能（合法的、半合法的、非法的经济活动、一般经济犯罪组织活动）；实施自私自利型普通刑事犯罪的职能；强力机构（保安，雇佣职业杀手，安全部门）。

4. 具备固定资产、资金和物质财产（进行贸易投资：犯罪组织将80%的犯罪收入投入到贸易中，三分之一的犯罪集团组织者是企业的领导[①]；冒名顶替的人持有不动产、“犯罪收入共用款”：从犯罪活动、非法及合法贸易及集团犯罪参与者缴费及其他人士那里获取的收入[②]；费用支出：购买武器及其他装备、通讯工具、汽车、住房、服刑人员家属的安抚费、收买官员的贿赂支出等）。

5. 利用各种形式的社会条件进行对抗：收买律师、媒体进行侦查、反侦查、监督与反监督、对抗；利用护法机关为自己谋利（收

---

① 沙瓦耶夫．阿．格，集团公司的安全。犯罪学刑事法律与组织问题。莫斯科市：银行业务中心，1998年，第85页。

② 对一系列的犯罪团伙及团伙案件研究表明：每个犯罪团伙及团伙参加者与组织者的10%收益聚敛到黑社会集团的共同资金中。例如：鞑靼斯坦共和国最高法院档案。№2－5/2005案件；鞑靼斯坦共和国检察院档案。刑事案件的№38698监督程序。“塔什干旅”团伙案件的材料可以证明少数团伙共同资金聚敛的大概金额，根据该材料显示：团伙的首领被杀死后，他保管的共同资金减少了20万美元（1998年1月）；见：鞑靼斯坦共和国最高法院档案。第№2－6/2010案件；鞑靼斯坦共和国检察院档案。刑事案件的№4393监督程序。

买、恫吓、妥协、人身伤害威胁）；个人的身体训练、法律、技术培训及装备；利用现代通讯技术工具监视监听；制定逃避刑事责任的措施，极力对抗护法机关（恐吓及劫持证人及受害人、销毁文件等）。

6. 从事秘密活动（掩护犯罪活动，使其合法化，建立秘密的通讯渠道，安排秘密接头地点，广泛利用形形色色的人员从事“黑色交易”，利用各种条件及各种通讯工具彼此传话，并经常变更联络方式，采取其他措施等）。

7. 将有组织犯罪渗入官方部门，进行贿赂（贿赂主管部门、管理部门、经营部门及护法机关等）。

8. 制定所有参与者的行为标准及违反标准应遭受的惩罚措施，规定严格的纪律（使用威胁逼其就范，这比遭到刑法制裁要严厉得多）。

9. 积极巩固犯罪意识形态和标准，形成社会观点（宣传自己的生活方式，优势，体面的“形象”，采用恫吓或“诡计”方法，恐吓同案犯）。

10. 将传统的普通刑事犯罪与经济犯罪进行对接。

11. 加强犯罪集团之间的合作联系（协商划定势力范围，参与各种经营活动，协调对抗其他犯罪集团及护法机关）。

12. 适用于各种变化条件下的软系统，拓展经营范围，熟悉市场行情。

13. 擅于自我发展及自我完善。

可以将有组织犯罪集团分为以下类型：

（1）根据刑法特征（见上述内容）。

（2）根据经营规模：专业化集团；具有多种化经营结构的集团；黑手党（努力在固定区域内建立占据垄断经营地位的犯罪组

织，这些组织使用暴力作为控制手段）。

犯罪学中，特别强调稳定的犯罪现象是有组织犯罪的完整特征①，例如：腐败、职业犯罪、重复犯罪、恐怖主义及极端主义犯罪等。上述有组织犯罪活动各具特点，应当进行专门研究。②

关于研究者认为有组织犯罪集团是社会结构的一部分③，而有组织犯罪活动（可调节的有组织的经营活动，可以行使社会系统职能，具备自我标准，文化象征及行为模式）应当由社会学研究所进行研究。从这一意义上看，有组织犯罪活动本质上具备制度化的特征，它可以长期稳定地从事犯罪活动，建立标准制度，具有长期稳定的社会实践形式。④

关于有组织犯罪在经济中的表现，很多研究者将有组织犯罪集团确定为变异的社会集团（其中包括劳动集体⑤）或者经营企业⑥，它们的经营活动被视为企业经营活动的特殊变异现象⑦和贸易的特

① 必须同时考虑应用于以下术语概念之间的细微差别："参加有组织犯罪""参加有组织犯罪的犯罪活动""犯罪的组织性""有组织犯罪""有组织的犯罪现象""有组织的犯罪行为""犯罪组织""犯罪团伙""犯罪同伙""有组织的犯罪活动""犯罪行为"等；详见：多尔果娃．阿．伊，犯罪学评估……第 284 ~ 347 页；多尔果娃．阿．伊，犯罪现象……第 283 ~ 406 页。

② 研究有组织犯罪的方法见：多尔果娃．阿．伊，耶夫兰诺娃．奥．阿，有组织犯罪的分析方法，莫斯科市：俄罗斯犯罪学家协会，2005 年，第 128 页；同样可见：别洛采尔科夫斯基．斯．德，俄罗斯联邦检察机关打击有组织犯罪的行动：教学法参考资料，莫斯科市，2010 年，第 58 ~ 60 页。

③ 特列季亚科夫．弗．伊，有组织犯罪与犯罪收入合法化：学位论文……第 10 页。

④ 同上，第 24 ~ 27，33 ~ 34 页。

⑤ 阿伊季尼杨．利，基林斯基．雅，组织的功能理论与有组织犯罪//有组织犯罪研究：美俄对话：论文合集/编辑尼．费．库兹涅佐瓦娅，列．舍利，尤．格．科兹洛娃，莫斯科市：奥林匹克竞赛，1997 年，第 75 页。

⑥ 尼基福洛夫．阿．斯，对于有组织犯罪，我们怎么办？同上，第 117 页。

⑦ 斯利尼科．米．伊，雇凶杀人：综合研究经验//同上，第 78 页；特列季亚科夫．弗．伊．有组织犯罪与犯罪收入合法化：学位论文……第 10、24 ~ 27、33 ~ 34 页。

殊领域[①]。犯罪行为被视为风险贸易的变异现象（例如：集市、创新经营活动等）。[②] 犯罪活动是“生产”关系的特殊系统，在任何人类经营活动中完全适应有组织的活动。[③]

在此情况下，一些研究者将有组织犯罪视为社会生活的机能失调，而仅具有显著的社会功能。[④]

研究者将有组织犯罪起到的社会作用确定为：

1. 满足需求，表达社会抗议，散播固定意见，建立社会化渠道，达成自我实现。

2. 成为侵犯及破坏情绪的释放渠道，表达不满倾向（其中包括创新，政治，经济竞争等）。

3. 改善社会研究、社会标准价值失调，尝试稳定化，促进文明化，经常巩固自己的基础，保持对抗渠道的畅通。

4. 揭示文明化发展的非常规线路，促进社会和谐，遵守公认的道德标准。

5. 成为避免社会出现变更的预警信号，否定陈旧的标准与规定，成为社会认可的榜样。是社会的“不和谐系数”，存在自我组织及自我发展的可能性。

6. 进行资本、权力及其他资源的重新分配。完成资本的原始积累及集中。

7. 提供社会管理的最佳形式及方法，其中包括经济管理形式及

---

① 拉托夫．尤．弗，科瓦洛夫．斯．尼．影子经济：教学参考资料……第152页。

② 同上，第141页。

③ 鲁涅耶夫．弗．弗，俄罗斯有组织犯罪的犯罪学特征，有组织犯罪研究：美俄对话：论文合集/编辑尼．费．库兹涅佐瓦娅，列．舍利，尤．格．科兹洛娃，莫斯科市：奥林匹克竞赛，1997年，第33页；同时可见：鲁涅耶夫．弗．弗，二十世纪的犯罪……第284页。

④ 特列季亚科夫．弗．伊，有组织犯罪与犯罪收入合法化：学位论文……第10页。

方法。

8. 贸易发展过程中克服官僚主义障碍。

9. 揭示传统经营活动的潜在范围：利用未使用过的新资源，其中包括创造新的就业岗位。

10. 监督主体的防护状况及解决冲突。[①]

经济犯罪活动的主要范围包括：诈骗及其他普通经济犯罪（特别是石油、贵重金属、渔业、其他自然资源、有色金属、酒类、犯罪业务，假币制造等活动）；敲诈，雇佣杀人，偷盗汽车转卖，其他谋取私利型普通刑事犯罪；毒品买卖；卖淫；赌博；武器贸易；走私；使用廉价的非法劳工；绑架人质，从事极端主义及恐怖主义活动。

对 1990 – 2012 年期间鞑靼斯坦城市中的 58 个职业犯罪团伙（以下简称“犯罪团伙”）的刑事案件进行分析显示：其中 52% 为团伙，38% 为犯罪团伙，10% 为非法武装力量（以下简称“非法武装”）和极端主义团伙。其中 84%（58 个中的 50 个）分布在鞑靼斯坦的 3 个大城市中，其中包括：按照刑事案件材料，大城市中犯罪团伙的比例达到 95%（22 个中的 21 个），团伙的比例占 77%（30 个中的 23 个），非法武装和极端主义团伙占 100%。由此可作出结论：与其他居民点相比，大城市的条件在很大程度上可以促进犯罪活动的组织性。

52 个团伙及犯罪团伙中的 23 个具有多种化经营特点，它们积极活动于经济领域中，1 个犯罪团伙除了经济活动外，还从事犯罪贸易，还有 2 个团伙从事财产诈骗，10 个犯罪团伙专门从事毒品买卖从中获取犯罪收入，1 个犯罪团伙实施雇凶杀人，15 个团伙从事

---

① 同上，第 29 ~ 30 页，此外，处理有组织犯罪财产纠纷的合法程序的费用分析。见：斯科布利科夫．普．阿，追讨债务与有组织犯罪，莫斯科市：法律学家，1997 年，第 25 ~ 42 页。

普通犯罪活动——抢劫、敲诈、盗窃、凶杀（但在此情况下，它们的犯罪活动仅用于获取物质收入）。如此看来，在71%的情况下，犯罪团伙与团伙的活动和影子经济及经济犯罪紧密相关。被破获的犯罪团伙中59%（22个团伙中的13个团伙）专门攫取固定领域的物质收入，未使用武器，未采取暴力行动，而41%的犯罪团伙（22个团伙中的9个团伙）具备多重犯罪的特征。

23%的团伙（39个团伙中的9个团伙）在自己的发展过程中能够提高犯罪团伙的职业水平，并组成服务协助团伙和有组织犯罪的集团。对有组织犯罪集团的经营活动分析表明：被破获前，大约70%的犯罪团伙及15%的团伙已经存在达7年之久；而大部分团伙（55%）的存在时间不超过3年。由此可见，达到更高的组织水平后，犯罪集团变得更加稳固，保护犯罪集团首领生命的风险（由于竞争风险增大，首领被视为大的目标“赌注”）也明显增加①。

大部分从事多种犯罪活动的团伙及犯罪团伙（23个中的13个）控制城市的粮食及服装市场，在影子经济基础上从事自己的犯罪活动。从事多种犯罪活动的团伙（23个中的17个）分布在城市的大企业和中等贸易主体中（我们将城市市场列入其中），它们的影子经济活动范围增长了74%。上述有组织犯罪集团中的犯罪团伙（大部分为成立时间不长的团伙）负责收集犯罪赃款，它们收拢资金，其中包括敲诈勒索的收入。及时揭示它们的发展过程并制止勒索（首先发生在儿童、中学及年轻人之间），可以防止团伙及犯罪团伙的有组织犯罪增长及再次发生犯罪。

在法律文献中，为了研究有组织犯罪经济现象，建议使用金字塔型职业结构模式。金字塔顶为犯罪人员（我们认为，塔顶为最高级

① 该分析见第2章第2.2节。

别的犯罪人员：政治寡头罪犯、犯罪团伙首领）。稍低位置为贪赃受贿的官吏，从非法经济活动中收取红利。其次位置为犯罪活动企业的经理（社会基本职业阶层）。同时，我们认为，应当研究犯罪界的“犯罪团伙头目”（服务基础部门的“经理”）。最低层为雇佣工人，[①]我称之为“奴隶”阶层[②]（被绑架的、被赎买的阶层，无公民权的地位），将他们置于犯罪经济金字塔的最底层。这样，就形成了“主要权力——政府、资本及犯罪的三方同盟”[③]。

有组织犯罪集团实施的任何有组织经济犯罪都可以直接或者间接地获取金融利润或其他经济利益。

应当区分犯罪学计划中规定的犯罪，其成员结构直接表明有组织犯罪集团的特征，其他有组织犯罪集团实施的犯罪特征未予标明。

很多研究者建议确定影子经济、经济犯罪及有组织经济犯罪这些概念之间的关系。如此看来，经济犯罪被视为影子经济的一部分，它被刑法所禁止。有组织经济犯罪是经济犯罪的一部分，其主体是有组织犯罪集团。[④]

根据有组织经济犯罪现象的范围进行划分，可以分为：

---

① 见：萨乌什金．弗．弗，经济法律观点……第14页。

② 根据已发表的资料发现：将近60万的苏联公民处于奴工状态；每年世界上贩卖的奴隶受害者将近400万人；见：波洛托夫．斯．弗，普洛雅娃．斯．米，上述专著，第100~101页。同时可见：巴巴耶夫．米．米，科瓦连科．弗．伊，俄罗斯联邦境内人口贸易犯罪情况评估：科学实践参考资料。莫斯科市：俄罗斯内务部全国科学研究院，2011年，第63页。

③ 洛基诺夫．叶．利，经济安全的系统问题。第20卷，第2册。经济安全：地理经济学。世界经济中的有力竞争方法，莫斯科市：科学文献出版社，2007年，第285页。

④ 列别茨卡娅．阿．利，上述专著，第69~72页。

1. 经济活动领域的犯罪[①]；

2. 腐败犯罪（根据俄罗斯联邦刑法第30章的规定，我们不仅将对抗国家政权、国家机关利益及地方自治机关利益的犯罪列入腐败犯罪，而且根据俄罗斯联邦刑法第23章的规定，将侵犯商业组织及其他组织利益的犯罪也列入腐败犯罪，因为这符合国际法对这一现象的阐释）；

3. 侵犯财产罪；

4. 谋取经济利益的其他犯罪（通过实施其他普通刑事犯罪，提供违法服务或者下达违法指令，创造违法就业机会）。

我们将不具备明显经济特征的犯罪列入有组织犯罪范围，有组织犯罪实施的雇凶杀人，采取暴力手段危害人身健康，实施其他的犯罪活动等是这些犯罪集团及其参与者从事违法活动的最重要收入来源。对喀山市犯罪团伙“哈迪申斯基”参与者实施的刑事案件进行研究发现：有组织犯罪集团参与者实施每桩凶杀案可以从赃款中获取5000美元的报酬。[②]

应当指出：职业有组织犯罪集团实施的犯罪被列入中小规模的犯罪活动[③]。其中包括：违反发明权及专利权，从事非法企业活动，违反加工规定及国家鉴定标准，贿赂职业体育比赛及商业演出竞赛的参加者与组织者，恶意发行有价证券，违反有价证券权利的核算

---

① 经济活动领域的犯罪详见：塔兰．米．弗，经济活动领域的犯罪：理论与法律调节问题，喀山市：喀山大学出版社，2001年，第388页；丘宁．弗．伊，刑法及经济活动（历史与现代）：专著，圣彼得堡市：俄罗斯内务部圣彼得堡大学，2000年，第182～212页；库兹梅科．弗．斯，经济活动领域职务人士犯罪的刑法及犯罪学特征：作品摘要，学位论文……法律学副博士，下诺夫哥罗德，2009年，第16～34页。

② 鞑靼斯坦共和国最高法院档案。№2－5/2002案件。

③ 由此可见，建立具有犯罪团伙特征的集团，为实施上述犯罪，或者参与犯罪，不需要组织俄罗斯联邦刑法第210条规定的犯罪成员，对于多结构的有组织犯罪组织而言，实施这些犯罪是迫切需要的。

程序，妨碍执行公务或者非法限制有价证券持有者的权利，非法开采（捕捞）水生物资源，非法狩猎，非法访问计算机信息，创建、使用及扩散计算机病毒程序，组织非法移民，伪造或者消除交通工具及其他工具的识别号等。

我们将明确指出本国法律存在的阻碍有效截断有组织犯罪资金来源的缺陷。包括从事非法企业活动，非法开采（捕捞）水生物资源等较严重犯罪，它们是补充有组织犯罪活动资金的重要因素。卡马河畔切尔内市“伊斯兰贾马特”犯罪团伙及非法武装[①]准备在喀山市庆祝建城1000周年时实施一系列的恐怖行动，根据对该团伙所实施刑事案件的侦查经验表明：其金融资金的主要来源主要来自非法企业活动。恶意发行有价证券，违反有价证券权益核算程序，妨碍或者非法限制有价证券持有人的行使权利，非法盗取计算机信息：这些违法活动通常伴有有组织犯罪集团的活动，其目的是占有别人的财产。伪造或者消除交通工具的识别号是有组织犯罪团伙建立交通工具购销渠道的必要条件。贿赂职业体育比赛及商业演出竞赛的参加者与组织者是有组织犯罪团伙渗透并干涉大型体育竞赛结果的重要手段，而且可以影响到与比赛密不可分的政策规定。况且，大部分发达国家将具体的犯罪行为列入腐败犯罪范畴（体育腐败总体上属于腐败的变种）[②]。鞑靼斯坦破获及侦查犯罪团伙活动的侦查材料表明：有组织犯罪团伙在大型体育赛事中的活动是其获取金融收入的重要来源。组织非法移民是有组织犯罪团伙充实犯罪资金的来源，犯罪团伙专业从事的这一活动可以激发社会的极端主

① 鞑靼斯坦共和国最高法院档案。№.2-2/2008案件；鞑靼斯坦共和国检察院档案。№119468刑事案件监督程序。

② 例如，美国的刑事法理论，除了官方（职务）受贿行为，还区分出体育领域的受贿、工会领域的受贿及商业受贿等。见沃尔任金．布．弗．上述专著，第349~352页。

义情绪，便于组织极端主义团伙。具有结构化特征的有组织犯罪集团从事上述活动完全符合犯罪团伙的特征。根据俄罗斯联邦刑法第210条的规定，必须阻止犯罪团伙的活动（可以将较轻的犯罪较重量刑），为此迫切需要共同加强对有组织犯罪活动的打击。

法律文献中已经指出：俄罗斯联邦刑法第4部分第35条及第210条规定应当处罚的行为，明确实施重罪或者特殊重罪的目的，在实施较轻犯罪的阶段，采取措施对犯罪团伙（犯罪组织）进行刑法法律制裁。因为组织犯罪团伙并实施活动、经常（或者系统地）实施蓄意犯罪活动，其目的是谋取犯罪收入[①]，其犯罪活动具有系统性[②]并能够付诸实施[③]。

俄罗斯联邦刑法的一系列条款（第2部分第142条第2款，第185条第2款，第256条第3款，第258条第2款，第287条第3款，第326条第2款）规定了犯罪团伙实施犯罪行为而应承担的责任，并规定最严厉的处罚为剥夺4年以上的人身自由。同时，联合国打击跨国有组织犯罪公约（第5条第3款及第2条第《b》点）[④] 责成成员国保证：成员国的国内法律应当将有组织犯罪集团参与实施的所有罪犯判处重刑（剥夺最长不超过4年的人身自由）。这些“被低估”的犯罪活动包括：恶意发行有价证券、非法开采（捕捞）水生物资源、非法狩猎、伪造或者消除交通工具及其他工具的识别号。

---

① 贝科夫.弗，组织犯罪团伙（犯罪组织）//合法性。2010年，第18~21页。

② 阿加波夫.普.弗，有组织犯罪活动的责任及对抗规则理论基础：专著。圣彼得堡：俄罗斯内务部，圣彼得堡大学，2011年，第73~75页。

③ 曼多霍诺夫.阿.尼，犯罪组织或者犯罪团伙？合法性，2009年－№10.，第35~37页。

④ 打击跨国有组织犯罪的公约（2000年11月15日在纽约市通过，联合国大会第55次例会第62届全会№55/25决议，由2000年11月15日的备忘录进行补充。2004年4月26日№26，联邦法律批准，附带声明），俄罗斯联邦法律合集，2004年，№40.，第3882条。

应当注意到，通常不将有组织犯罪团伙实施的由俄罗斯联邦刑法第173.1条（非法组建/创办/重组法人）、第195条（破产时实施的非法行为）、第196条（蓄谋破产）、第197条（虚假破产）、第199.2条（隐瞒公司应当缴税的资金或者财产或者私人企业家应当缴税的资金或者财产），第205.1条（协助恐怖活动，其中包括对恐怖活动提供资金支持）等规定的以下犯罪作为分类特征。而且，俄罗斯联邦刑法第173.1条、195、199.2条规定的犯罪被定为轻微犯罪或者中等程度的犯罪①。在此情况下，为实施上述犯罪活动而短期存在的公司活动是影子经济繁荣的必要条件，这些公司可以补充有组织犯罪团伙的资金，这些都影响打击经济领域的有组织犯罪活动。

除了关注单一种类的刑事犯罪生意（毒品买卖，武器贸易，控制卖淫，实施普通刑事犯罪，其中包括敲诈勒索）外，相关国家机关及市政机关还关注其他的有组织犯罪活动。考虑到犯罪团伙具备很高的获利能力，存在无法监控流通情况的大数额现金，与相关的政权部门可能出现的腐败等因素，国家机关及市政机关进行国家调节的能力相对较弱，无法快速控制违法活动。喀山市仅能关注这些半合法活动的若干领域：非法停车场，资金套现，零售贸易网络的非法经营，各种按摩沙龙及休闲中心提供的隐秘服务等。

国家调控方法不力，使有组织犯罪活动有机可乘，最明显的例子就是非法赌博活动。对赌博的法律限制②，除了四个专门领域外，

① 即根据俄罗斯联邦刑法第210条的规定，对于复杂有组织集团参与者实施这些犯罪的活动，无法确定其行动的特征。

② 关于国家调节组织实施赌博活动及对俄罗斯联邦若干法律做出的修改：2006年12月29日№244，联邦法律：俄罗斯联邦会议，联邦国家杜马2006年12月20日通过；俄罗斯联邦会议联邦委员会2006年12月27日通过：[2011年7月18日最新版本] //俄罗斯联邦法律汇编，2007年，№1（第1部），第7条，最新版本文本：公正法律系统“顾问+”。

规定的惩罚性制裁①已经实施了4年以上。这段时间赌博活动一直处于半非法状态。国家缺少控制赌博活动的直接制裁手段，赌博在最低的风险条件下可以攫取极高的利润，这一点对有组织犯罪具有很强的吸引力。毫无疑问，如果国家制定明确的法律进行打击并预防这种犯罪，那么赌博活动完全是可以控制的。

这样，由于国家法律调节手段存在不确定性，力度不足，造成发展影子经济部门的“培养基液”就出现在上述领域中，它控制有组织犯罪的资金流，具备极高的盈利性，占有“灰色”收入的很大份额。

经济领域中有组织犯罪的最普遍表现形式如上所述。

【小结】

1. 作为一种社会现象，有组织犯罪活动包括犯罪主体（有组织集团、团伙、犯罪团伙、非法武装、极端主义团伙），它们实施的犯罪行为，及它们奉行的行为标准。

2. 为了对有组织犯罪活动进行正确的分类，不仅必须考虑刑法特征，而且还要考虑到犯罪学特征。

3. 犯罪学分析表明，在鞑靼斯坦的三个大城市中都存在有组织犯罪集团。在大多数情况下，它们的活动均与影子经济犯罪活动紧密关联。四分之三从事多种犯罪活动的有组织犯罪组织依靠大城市的大型企业及中等贸易公司的影子经济活动进行发展。在所有情况下，这些犯罪活动的前期均出现过使用“共同赃款”生存的小型团伙以及对儿童及青年实施的敲诈勒索活动。

4. 达到更高水平的组织性后，犯罪团伙就变得更加稳定

① 关于对俄罗斯联邦若干法律做出的修改：2011年7月20日№250－Ф3联邦法律；俄罗斯联邦会议，联邦国家杜马2011年7月6日通过；俄罗斯联邦会议联邦委员会2011年7月13日通过//俄罗斯联邦法律汇编－2011年－№30（第1部），第4598条。

(70%的犯罪团伙的存在时间已经超过7年，55%的团伙在成立的最初3年就已经被破获)，保护犯罪团伙首领（由于竞争风险增大，首领被视为大的目标“赌注”）的风险明显增加。

5. 国家法律调节与影子经济和有组织犯罪活动相关的社会关系时，必须消除法律的不确定性。很多职业犯罪集团的经济犯罪被判为轻微或者中等罪行，因为根据俄罗斯联邦刑法第210条的规定，对复杂型有组织犯罪团伙参与者实施的犯罪活动无法确定其造成的影响。俄罗斯联邦刑法很多条款规定对有组织犯罪集团实施的犯罪活动最高量刑为剥夺4年以下人身自由。同时联合国打击跨国有组织犯罪公约责成成员国保证：成员国的国内法律应当将有组织犯罪集团参与实施的所有犯罪判处重刑（剥夺最长不超过4年的人身自由）。根据影子经济繁荣发展及补充有组织犯罪资本的确定组成条件，通常未规定有组织犯罪集团实施犯罪的分类特征。

第三节　以有组织形式从事犯罪的环境，大城市的犯罪学本质及特征

现代化城市是产生影子经济有组织犯罪团伙基本作用及其实施活动的环境。在本专著中，我们将研究范围限定在城市中[①]，因为该分析矢量可以更直观地追踪犯罪现象的相互制约情况，获得更准

① 城市条件下预防犯罪的特征见：斯．伊．格拉西莫夫，莫斯科市预防犯罪的组织措施（经验与前景），莫斯科市：盾牌，莫斯科，2000年，第271页；彼得罗夫．埃．伊．中小城市预防犯罪的综合规划模式。莫斯科市，2000年，第26页；明达古洛夫．阿．赫．，皮斯卡列夫．弗．阿，特大城市预防违法的措施，莫斯科市，1982年，第72页；格拉德吉赫．弗．伊，科别茨．普．尼，列奥诺夫．叶．米，特大城市小企业活动的犯罪预防措施：参考资料，莫斯科市，2002年，第90页。

确更具体的事实资料，给出理论及科学实践评估，总结打击反社会因素的经验。

城市是大型居民点，其地位（在俄罗斯联邦）由联邦主体或者联邦本身法律机关颁布的标准法令予以确定。俄罗斯的居民点也可以取得城市地位，如果生活在这里的居民人数超过12000人，而且85%以上的居民从事非农业生产。但是，俄罗斯的某些城市并不符合这些标准，它们被确定为城市是因为存在历史原因（例如：鞑靼斯坦共和国的保加尔市）。根据联合国的建议，对比国家都市化及其他指标，建议将定居人口为2万人及超过2万人的居民点确定为城市。[①] 俄罗斯联邦的所有城市（成为联邦主体的联邦直辖市莫斯科市及圣彼得堡市除外）可以按照人民意志实施的法律组织形式确定城市居民点行政区或者城市民族区。

当然，城市居民点与农村居民点存在着本质的区别。城市永远是市场交易中心、商品交换中心，城市里建有各种基础设施。此外，正如20世纪杰出的英国社会学家安东尼·吉登斯指出的："……城市是重要资源的储藏场所，这些资源可以确定与农村地区之间的相互关系，产生国家制度的结构元素... 城市－相对于大自然来讲是陌生的环境，因为城市中有各种人为指令和符号体系，与自然事件和现象有所区别。城市的城墙从象征意义和实际意义上都将城市环境与外部世界区别开。"[②]。

大城市本质上是另一种行政区。从根据人民意志实施的形式上看，它通常属于城市行政区。与普通城市的区别是：大城市除了存

---

① 见城市状态［电子资源］//维基百科：自由百科全书。- URL：http：//www. ru. wikipedia. org/wiki/状态_ 城市（访问日期2012年5月5日）.

② 吉登斯．埃．社会安置：结构化理论特征。莫斯科市：科学设计院，2003年，第280页。

在人口标准外（超过25万居民）①，还具备以下本质特征：

第一，大城市是附近所有居民点的经济生活（市场、金融、生产）中心；它吸引着企业家，银行家，生产者，大城市中的有知识阶层，可以集中吸纳资本并形成“寡头阶层”。

第二，大城市是精神文化中心，具有文化氛围，精神追求团体及创作集体。

第三，凭借上述两条，大城市是制定政治（管理）决议的中心，是官僚主义的“庇护所”。

第四，经济、精神或者政治领域的活动吸引着年轻人，大城市变成教育中心，提供年轻人喜爱的无拘无束的环境。

相应地，大城市不仅提供个人天赋发挥的可能性，而且可以满足不断增长的各种新需求，大城市也出现各种变异需求，这里不仅产生各种正能量，而且冒出各种反社会因素。

因此，犯罪活动不可避免地成为大城市的影子，其中包括有组

---

① 城市建设标准规定的数量特征：20000～50000名居民为小城市，50000～100000名居民为中等城市，100000～250000名居民为大城市，超过250000名居民为大城市，其中包括百万人口城市（特大城市）；见：建筑标准与规则2.07.01－89城市建设。城市及农村居民点的规划及建筑：苏联国家建设部1989年5月16日№78决议批准：苏联国家建设部1990年7月13日№61决议的修改与补充，俄罗斯联邦1992年12月23日№269命令，俄罗斯联邦1993年8月25日№18－32命令，俄罗斯联邦地区发展部2010年12月28日№820命令：从2011年5月20日将文件付诸实践，分类号СП42.13330.2011［电子资源］//公正法律系统《保证人》：URL：http//www.base.garant.ru/2305985/（访问日期：2012年5月30日）．，2009年12月30日联邦法律№384第4部分第6条第1.4.点《建筑物及设施安全技术规定》，本建筑标准与规则需强制执行，因此被列入国家标准及规定汇编清单，由俄罗斯联邦政府2010年6月21日第№1047－p命令批准，符合上述联邦法律第3部分第42条的规定。见：建筑物及设施安全技术规定：2009年12月30日第№384联邦法律：俄罗斯联邦会议，国家杜马通过2009年12月23日通过；俄罗斯联邦委员会2009年12月25日通过//俄罗斯联邦法律汇编，2010年，№1.，第5条；国家标准清单与规定汇编（部分标准及规定汇编），强制基础的应用结果可以保证遵守联邦法律的要求《建筑物及设施安全技术规定》：俄罗斯联邦政府2010年6月21日№1047－p.命令，俄罗斯联邦法律汇编，2010年，№26.，第3405条。

织形式的犯罪，腐败，非正常经济等。

我们对鞑靼斯坦三个最大城市的影子经济和有组织犯罪活动进行分析研究，分别是喀山市（116 万居民）、卡马河畔切尔内市（52 万居民）、下卡姆斯克市 27 万居民（包括郊区）。2011 年，鞑靼斯坦共和国境内发生的已登记犯罪案件中的 63% 发生在这三个城市，共和国 52% 的居民居住在这三个城市中。总体上，城市居民占鞑靼斯坦共和国全国人口的 74%。

喀山是俄罗斯联邦一个主体，鞑靼斯坦共和国的首都。它是整个鞑靼斯坦共和国的政治、金融、市场、精神及文化生活中心。此外，它还是俄罗斯联邦最大的教育及旅游中心之一。这里有联邦大学和两所国立大学。最近五年来，喀山成为中学及大学奥林匹克竞赛获奖者最多的城市，仅次于莫斯科市及圣彼得堡市，在俄罗斯联邦排名第三，而根据对 1 万名学生的相对指标进行评估，喀山市的评估指标甚至超过前二者。工业特别是化工、能源、航空工业领域的潜力巨大。创作团体及精神团体、年轻人、政治管理阶层、大型企业是社会进步的推动力量。

卡马河畔切尔内市是鞑靼斯坦共和国第二大城市，下卡马河沿岸地区及外卡马河地区的经济中心。核心生产领域包括汽车、机器制造及与其相关的中小贸易，该城市还是技术教育中心。这里的社会进步推动力量为技术圈、具备优越的地区业界氛围的中小贸易（四分之一的鞑靼斯坦企业家在卡马河畔切尔内市登记注册，而该市的居民人数仅占共和国人口的七分之一）、“强力部门”（打击团伙的护法机关工作人员，卡马汽车制造厂领导提供保证支持打击刑事犯罪活动）。从某种意义上讲，卡马河畔切尔内市人的精神特点与彼得堡人的自我意识很相似：在历史上，卡马河畔切尔内市人一直努力摆脱喀山市的控制，与喀山市划分界线而独立生存，并倾向于融入莫斯科市。这也许是由于建设全苏联共青团运动的原因造成的，莫斯科的保障条件和习惯可以快速解决联盟（联邦）中心的问题，而无需经过地区领导的同意。

下卡姆斯克市是鞑靼斯坦共和国的石化工业中心，这里生产产量占全共和国四分之一的工业产品。围绕可变现款的石化产品、犯罪行为及教养所（与上述其他城市相比，该市的这些特点尤为突出），工业领导及街头小贩阶层是社会的推动力量。

这样看来，每一个城市都具备各自的经济潜力特征、社会结构、社会组织及其表现特征。

古老的建筑，悠久的传统，作为著名的历史中心，喀山的存在超过一千年。卡马河畔切尔内市及下卡姆斯克市则是年轻的城市，仅在二十世纪的后五十年才成为大城市，完全达到大城市标准不过是最近15年。在此情况下，这两个年轻城市同样存在着区别。

卡马河畔切尔内市是全苏共青团建设活动的产物。那时，这里没有刑事犯罪分子，只有蓬勃向上的共青团志愿者。那里的居民们过着自给自足的生活，以独立的眼光看待生活，后来也容易体现出企业家的精神状态。

与卡马河畔切尔内市的区别是：建造下卡姆斯克市的过程中有刑事犯的积极参与，并建立了7处安置刑满释放人员就业的管理部门。很多罪犯服刑期满后，就在该市定居下来。今天，这里有两处教养所，具备相应的犯罪分子基础服务设施，这些给有组织犯罪提供了间接条件。该市有可变现款的特殊产品的生产者（“下卡姆斯克石油化工公司”及“下卡姆斯克轮胎公司”），这两家企业在共和国其他城市及地区的生产出现下滑时，仍能保持工作的高效运行，这一点吸引了有组织犯罪团伙的注意。由于这些原因，城市的腐败化现象得以快速发展。犯罪活动“寄生于”工业巨人的生产活动中，并阻碍了企业的发展。农村地区移民占有很高比例是下卡姆斯克市的特征。而在卡马河畔切尔内市农村移民的比例较低，因为与其他领域相比，汽车工业要求技术熟练的工人。

上述城市经济领域中的有组织犯罪特征也存在区别。因为下卡姆斯克市的有组织犯罪活动寄生于城市的大型工业生产过程中，与大型企业的管理人员密切相关。

喀山市的有组织犯罪活动主要通过各种腐败渠道插手大型贸易进行政治管理。

卡马河畔切尔内市的有组织犯罪活动大部分转向合法生意，从中隐瞒收入，从事经济活动领域的其他犯罪活动。对团伙及犯罪团伙的研究表明：卡马河畔切尔内市的22%犯罪团伙（9个团伙中的2个团伙）在被护法机关破获前基本上停止了传统的刑事犯罪活动，而更多地采取合法的经济形式谋利。在喀山市，9%的团伙及犯罪团伙（33个中的3个团伙）在被追究刑事责任前在经济领域从事合法经营活动。

鞑靼斯坦共和国的所有大城市均经历了都市化的快速发展过程①。大城市吸引农村地区移民及外国移民。如果都市化进程未受控制，缺乏相应的社会基础设施的保障，则都市化的发展恰恰成为犯罪率增加的重要因素，因为必将出现生活质量需求的日渐增长与满足其要求的可能性降低之间的尖锐矛盾。

在年轻的城市中出现最急剧的都市化与工业化发展进程。在城市建设期间，城市间移民及农村移民②的数量暴增，比正常增长要多出数倍，造成社会发展落后于经济发展速度，导致犯罪的环境

① 都市化导致犯罪的影响，见：巴巴耶夫．米．米，库兹涅佐娃．埃．弗，乌尔拉尼斯．叶．布，人口统计对犯罪的影响。莫斯科市：法律文献，1976年，第57～117页。

② 移民导致犯罪的问题，见：同上。第118～140页。

（同时包括处于暂时稳定状态的环境）出现在开展建设的时期，犯罪因素彼此相互作用，造成一系列的影响。为了建设新城市，人们通常都是新来者，他们没有任何社会联系。建设者通常是年轻的未婚男性，即根据人口统计资料显示，这些人具备更高的犯罪可能性。与从事其他职业的人们相比，他们当中接受过高等、中等、初等教育的人数比例要低很多。建筑工作是重体力及低技术工种比例较高的工作领域。第一批来到尚无人烟的地方工作的建设者会遇到最大的困难与生活上的不方便。新城市的建设通常开始于主要生产项目的建设；住房与日常文化设施的建设往往是第二位的，幼儿园及托儿所很少。施工初期，建设者的主要住所是所谓的临时板式活动房和简易木房。① 新建城市中密集的移民快速发展的现象是不足为怪的，因为城市中几乎一半的居民处于不断搬移的状态中。城市居民中为了改善居住条件而迁移（内部搬迁）的人相当多。在此情况下，青少年经常转学变换受教育的环境，这对于未成年人的教育及预防犯罪工作极为不利。②

到目前为止，尽管喀山市并不是一个年轻的城市，但类似的因素也出现在喀山市。随着许多全球化国际大项目的实施，今天的喀山也成了一个大工地。

正如现代西方文献中指出：城市的建筑规划体现出各种社会集团之间的斗争及冲突。摩天大楼“象征着城市上空的金钱权力”，因为建筑业的目的是获取最大的利润③。大公司不断试图拿到好地

① 列兹尼克．格．米，新兴城市的发展及犯罪预防问题//在新兴发展城市中犯罪研究与预防，莫斯科市，1981 年，第 6 ~ 7 页。

② 阿尔谢尼耶娃．米．伊，新兴城市条件下未成年人犯罪的特点及预防//在新兴发展城市中犯罪研究与预防。莫斯科市，1981 年，第 60 页。

③ 西班牙籍美国社会学家曼努埃尔·卡斯特的观点；援引：吉登斯．埃，社会学，莫斯科市：URSS 的社论，1999 年，第 526 页。

段的土地使用权用于投机转卖，盖房子赚取高额利润，而完全不考虑自己的行为对该城市地区造成的社会经济后果。大公司经济利益的增长经常与地方经济或者居民的利益背道而驰，当地居民往往反对并阻碍建筑公司的施工，并按照居住地结成维护自己利益的集团。①

年轻人大规模迁往新建的城市导致出生率急剧增加②。在七十年代到八十年代末期儿童人数占居民中的比例数倍地超过其他城市的类似指标，而城市中的学前教育机构数量还远远不够。建筑业的快速发展是因为节约用于社会发展的资金而投资建筑，这一点是不可容忍的。这一切都导致青年人的空闲时间“过剩”，他们没有正确利用业余时间的好习惯，缺乏道德价值观，倾向于格调不高而有害个性发展的娱乐活动。③

造成新兴大城市犯罪率增加还有一个重要原因——家庭状况的特点④。与其他城市相比，这些大城市的家庭出现更高的离婚率，婚姻中的随机因素很高。生活很不方便－年轻人居住在宿舍，小户住宅，私人套房中。在此条件下，异性之间在交往过程中表现的文化素质水平很低，双方很草率地就生下孩子。在新兴大城市的建设期间，很多离婚者来此试图建立新家庭获得幸福。命运的残缺不可避免地造成此类家庭中出现大量“生活困难的”儿童。

---

① 美国城市学家约翰·罗甘和哈尔维·莫罗奇的观点见：同上。第527～528页。

② 人口学方法对犯罪的影响，见：巴巴耶夫．米．米，库兹涅佐娃．埃．弗，乌尔拉尼斯．叶．布，上述专著。第7～30页。

③ 详见：法特胡林．尼．斯，纳菲果夫．伊．萨，[即纳菲科夫·伊·萨] 卡马河畔切尔内市，泽列诺多利斯克市造成未成年人出格行为的某些社会因素//改革条件下国家法律工作的社会学观点。喀山市，1990年，第63～64页；同样可见：纳菲科夫·伊·萨，增加的导致犯罪因素及预防犯罪特征（见卡马河畔切尔内市的例证），参加竞赛者，科学杂志特刊《劳动与社会关系》。2005年，№2（29），第90～97页。

④ 家庭及公民婚姻状况对于犯罪学的影响，同样可见：巴巴耶夫．米．米，库兹涅佐娃．埃．弗，乌尔拉尼斯．叶．布，上述专著。第51～56页。

卡马河畔切尔内市的特殊因素是城市开始加速建设小区，建立住房综合体。与此同时，小区也入住了一整代年轻居民。为确定这一现象，我们使用术语“偏移同心圆”。经过一段固定的时间，新一代人变得成熟，青少年居民的人数集中急剧增长，他们在自己团伙中的彼此联系变得紧密。越轨联系（即后来的犯罪联系）通过有组织的经济活动谋取“共同赃款”，服务于集团的“核心人物”，对儿童与青年进行敲诈勒索，从非正式停车场、贸易点、市场、其他工程定期收取保护费等未核算资金。在这一伪经济活动的基础上，派生的犯罪活动得以产生并快速发展。在90年代，作为导致犯罪的积极活动区域发现了1－3，26－27，28－30号新城市综合体，包括卡马河畔切尔内市的气泡混凝土居住区和锡多罗夫卡镇，即70年代前5年内建设的小区，在城市小区建设期间新的一代（当代）青年人成长起来。在90年代末期前，80年代中期建成的40－41号建筑综合体的青年明显表现出犯罪倾向。应当指出：生长于卡马河畔切尔内市的年轻一代人更具备生活条件以及紧密稳定的内部联系，这些都削弱了正规社会结构（家庭、学校、企业等）的影响力，因此他们具有更强的犯罪倾向。比之先前来到卡马河畔切尔内市的青年一代，这些年轻人形成另一种亚文化群氛围和其他类型的社会教育条件。①

应当指出：到目前为止，喀山城市建设过程中造成犯罪的决定因素在很大程度上是由于存在重复犯罪现象，这一点是令人担忧

---

①　定居于小区（及新兴城市）的居民经常在人群中彼此互相影响（不是因为同一个行为文化价值观而自然而然走到一起的人们）。著名的意大利犯罪学家西庇阿·西格列，犯罪群体现象研究者，还在十四世纪时，他就提出了公式：《人群－社会的底层，在其中，邪恶的细菌可以轻松地繁殖，而善良的基因却总是消亡，因为找不到合适的生活条件……具备良好品质的个人为了生存而互相伤害》，见：西格列·西，犯罪群体//犯罪群体/俄罗斯科学院心理学研究所，莫斯科市：标准程序库＋，1999年，第49～50页。

的，因为这里居住着共和国首都四分之一的居民。在XXI世纪的第一个十年的前一半时期，按照陈旧房屋的拆除规划（当然是符合客观需要的规划）建设新的小区（该市苏维埃区管辖范围内的阿吉诺及阿吉诺——2号小区），今天，在这里生活着近30万人。在空白场地建成的小区附近没有学校、幼儿园、休闲场所及其他生活必需的社会基础设施。根据我们对类似实际资料进行的分析，可以预测[①]，如果不能采取相应的预防措施，那么在2020年－2025年间，喀山市可能出现犯罪活动的高峰期，其中包括水平相当高的有组织犯罪。

因此，可以得出城市建设政策的相关结论。城市的发展战略应当考虑综合建设及配套建设，新建小区应当在房屋建设的同时，建立幼儿园，学校及文化机构等配套设施。

在导致犯罪的环境中，青年们很容易受到人口增长及人口流动造成的客观影响。对2012年上半年的统计资料进行评估，预计年底前喀山市的儿童出生率应当超过1987年的峰值。考虑到这一指标已经连续三年保持增长，那么，再过11～12年应当预见到未成年人的犯罪活动势必有所增加。这一切都要求城市管理部门承担特殊责任，针对青年人制定出正确的政策。

上述三个大城市的大型工业生产劳动条件影响着居民的生活方式。虽然科技取代了毫无吸引力的繁重手工劳动，但是却产生了新的矛盾。现代机器制造业企业建立在传送带生产的基础上，大量工人在生产线上从事着单一的、枯燥乏味的强制劳动。社会学家的研究指出：在传送带旁工作的工人不满意自己的工作，紧张枯燥的工作产生缓解的需求，解除工作条件的限制；工人经常试图摆脱疲

---

① 刑法预防理论基础及方法见：克列依苗诺夫．米．普，刑法预防，托木斯克市：托木斯克大学出版社，1991年，第167页。

劳，出现“满足正常需要而缓解精神紧张”[①] 的行为，包括通过酗酒或者吸毒来改善情绪。

现代城市生活导致犯罪行为的另一重要特征是文化冲突。这一冲突在新兴城市表现得尤为尖锐。从全国各地聚到一起的几十万人中，可以遇到各种各样的人，他们所属的社会类型各异，维护不同的物质及精神利益，尊崇不同的价值标准，命运彼此迥异。与此同时，新兴城市还不具备独有的传统及有益的社会亚文化。在此情况下，人们之间关系的紧张程度将增加，产生无法调和的冲突矛盾。如果说成年人可以依靠自己的生活经验努力避免出现违法行为，那么，占新兴城市绝大多数人口的青少年则由于年轻气盛而容易采取违法方式来解决冲突。

从犯罪学角度看移民流向[②]，可以分为两个方向：来自村镇的移民和来自其他城市的移民。[③] 农村移民存在能否适应城市生活的问题，为了防止他们出现反社会行为，应当主要采取针对他们的社会监督，引导他们理解城市的社会方式及城市文化。反之，城市的条件也会影响农村风俗、传统、行为风格，在个别的条件下，也可以导致人们进行犯罪活动。

部分居民加剧了今天的文化冲突，这些来自邻近国家而且定居于喀山市的移民[④]在最近一段时间有所增加。由于文化水平较低，这些人不可能对现有的城市文化表现出应有的尊重，他们公开展示自己的风俗传统来表达不满，这是令当地居民无法接受的，相应

---

① 列兹尼克．格．米，上述专著，第13~14页。

② 关于大城市的移民问题详见：巴巴耶夫．米．米，科洛列娃．米．弗．首都外来人口犯罪：教学参考书莫斯科市：苏联内务部研究院，1990年，第78页。

③ 列兹尼克．格．米，上述专著，第10~11页。

④ 关于该问题详见：克列依苗诺夫．米．普，民族犯罪学序言：专著。鄂木斯克市，2004年，第243页。

的，这些移民开始聚拢成独立的社会集团，与城市文化格格不入的群体变得越来越多。城市管理部门制定的谋求现时迫切利益的肤浅政策也刺激这一局面的形成。为了寻找鼓励劳动的方式并在城市重要经营生活领域（公交车司机，看门人，施工者等）创造更文明的劳动条件，对于来自落后国家、对工资要求极低的低廉外来劳动力[①]也应当支付相应的工资。这些因素会造成问题虽然缓慢地、但却不可避免地发生。它们会在新一代年轻人成长起来的15年至20年后出现。如果不能及时采取措施修正移民政策，则今后可能会产生各民族间关系的冲突问题，同时会出现极端主义及民族犯罪问题的增长。所有这一切都对经济领域中的有组织犯罪活动造成影响。

与中小城市的区别是：所有大城市中犯罪活动的共同特征是犯罪分子具有很高的隐藏性，而中小城市中犯罪分子则彼此认识。大城市的众多居民的彼此居住地点并不遥远，但是大部分彼此陌生。绝大多数的接触转瞬即逝，人际关系仅浮于表面，更经常的目的不是进行彼此交往，而是为了明确的利益。随着大城市居民移动性的增长，人们彼此之间建立的社会联系有所削弱，竞争关系要强过合作关系。[②] 这些情况导致各种亚文化现象（宗教、民族、政治及其他问题等，小城市或者农村中存在文化多样性的可能是不存在的[③]）的出现。社会监督功能被削弱。在此条件下，最有效的社会调节工具是城市居民们都具备很高的文化素养。

研究的上述问题中包括城市犯罪诱因的关键因素。

---

① 但这是表面的临时的节约：从城市经济资源中向移民支付工资，这笔工资大部分被汇往国外；结果是国内资金没有进行再次周转，这些资金不再为我国经济服务。当地居民的生活水平没有提高。

② 芝加哥城市社会学学院代表路易斯·怀特的观点；援引自：吉登斯．埃，社会学……第522页。

③ 加利福尼亚州教授克洛德·费舍尔的观点：援引自：同上，第523页。

现代市场条件下的城市特征不仅是大型工业生产的集中化，而且还包括巨额资本及其流动资金、干预政治及经济的工具、银行及其他信贷机构、投资项目、销售市场、批发及零售贸易。这些因素都影响经济领域，其中包括导致影子经济和犯罪经济犯罪出现前所未有的爆发现象。

最近，鞑靼斯坦的所有大城市受邀参与经济资源的集中，这一过程不仅仅发生在本地区域内，而且包括境外区域，并在城市群-自然联合的临近城市群中有所发展。“群”这一术语源自拉丁语 agglomero，意为联合。城市群指的是临近城市及郊区居民点集中为一个复杂的动力系统，它具有强化的生产、交通及文化联系。可以区分单个中心群（一个核心大城市周围，例如莫斯科群）和多个中心群（具有若干中心城市，例如德国鲁尔盆地城市群）[①]。在俄罗斯共有 22 个居民超过百万的城市群。其中三个城市群位于鞑靼斯坦共和国境内：喀山城市群、卡马河畔切尔内城市群及阿尔梅季耶夫斯克城市群。[②]

在喀山城市圈生活着 157 万人，包括喀山市、泽列诺多利斯克市和 6 个市政区。[③] 喀山城市群的组成与发展与鞑靼斯坦共和国的区域经济政策紧密相关。

卡马河畔切尔内城市群（有时根据地理位置被称为下卡姆斯克城市群）的居民超过 100 万，包括：卡马河畔切尔内市、下卡姆斯克市、叶拉布加市、缅泽林斯克市、扎因斯克市及一系列的市政

① 见城市集合作用［电子资源］//维基百科：自由百科全书。URL：http：//www. ru. wikipedia. org/wiki/城市_ 集合作用（访问日期 2012 年 4 月 8 日）。

② 鞑靼斯坦城市集合作用［电子资源］//维基百科：自由百科全书。URL：http：//www. ru. wikipedia. org/wiki/类别：城市_ 集合作用_ 鞑靼斯坦（访问日期 2012 年 4 月 8 日）。

③ 喀山市集合作用［电子资源］//维基百科：自由百科全书。URL：http：//www. ru. wikipedia. org/wiki/喀山_ 集合作用#cite_ note =0（访问日期 2012 年 4 月 8 日）.

区。这里分布着汽车与化工工业。

阿尔梅季耶夫斯克城市群（有时它被称为“南鞑靼斯坦城市群”），居民人数将近50万，包括阿尔梅季耶夫斯克市、布古利马市、列宁诺戈尔斯克市、阿兹纳卡耶沃市及一系列市政区。石油开采及加工工业将这些城市联合成一个整体。

现在鞑靼斯坦的三个城市群正在积极发展中，这里建有全新的生产设备。鞑靼斯坦的基础投资规模占俄罗斯全国的第五位[①]。鉴于即将举办的2013年大学生运动会，2015年世界水上运动项目锦标赛，2018年世界杯足球锦标赛，在喀山城市群正在积极建设城市基础设施，包括新的道路、立交桥、桥梁、地铁站、信息工程线路，体育文化设施。下卡姆斯克市正在积极发展建设石油及石油产品深加工的石油化工综合体。

城市群的典型特点是：人口密度大；每天城市人口的移动程度高；信息交换加快及人与人之间建立交往关系的速度极快；经济及其他社会进程出现动态发展。

城市群中出现的影子经济与有组织犯罪现象的特点是需要进行专门研究的单独远期题目。但是，现在我们也可以明确指出：所有这些特征可以确定鞑靼斯坦大城市的犯罪性质及其特征。

我们将简短地研究最近十年来鞑靼斯坦大城市的犯罪情况。

1988年前鞑靼斯坦大城市的犯罪行为增长的主要原因是居民人数的增加，在1986年－1987年期间国家打击酗酒活动期间，犯罪率甚至有所下降，但是成效是短期的。随着鞑靼斯坦城市中市场改革的开始和社会监督职能的削弱，全国范围内的犯罪行为开始急剧增长。在1988年－1993年期间的卡马河畔切尔内市，城市居民人

① 因此，固定资本投资换算到具体人口上为：2011年喀山市为144000卢布，而在鞑靼斯坦共和国为102000卢布，俄罗斯平均为75000卢布。

数增加了5%，而犯罪率增加了3.5倍（从4000起增加到14000起），其中包括凶杀案5起，盗窃私人财产8起，入室盗窃11起。

采取极端严厉措施打击有组织犯罪的成果是：1994年前，犯罪率初步得到控制；在1995年－1997期间与“犯罪峰年”相比，犯罪率下降了2倍。但是到1998年上述措施开始不起作用，犯罪率“曲线”重新向上攀升，接近于1999年末的指数，几乎达到1992－1993年的“峰值”。

如果说，1988年－1993年期间的犯罪率暴增是由于经济秩序的变化及所有权的再分配，那么，犯罪活动的第二阶段则是由于类似毒品这样的社会产品渗入年轻一代的心理及生活方式而造成的。其中的因果关系是最基本的。在1988年鞑靼斯坦城市中开始出现海洛因，吸毒成瘾很快蔓延开来。毒品消费的增长及毒品市场的出现导致有组织犯罪团伙重新定位经营目标，从而转向毒品交易，随后出现团伙之间的利益冲突，并需要重新划分势力范围，这造成毒品市场的进一步扩大，吸引越来越多的新手进行毒品消费。接下来无法监控的犯罪圈子继续扩大，该圈子不仅包括制毒者，还包括吸毒者。大规模毒品市场的土壤滋生了有组织犯罪团伙。此外，在此期间，城市居民的生活出现了经济困难，因为共和国的很多工业生产部门出现减产及停工，失业率增加，正常的工作岗位减少，各个工种的工人面临工资拖欠问题。同时，采取蓄谋及虚假破产①，关闭生产厂，人为清算企业，侵吞企业财产等不正当手段进行第二次所有权再分配所造成的问题也日趋严重。

所有这一切均要求鞑靼斯坦重新全盘考虑打击犯罪的战略。所

---

① 以犯罪破产方式充实影子资本见：科列伊苗诺夫伊．米，破产领域的犯罪情况//经济犯罪与有组织犯罪/由阿．伊．多尔果娃编辑，莫斯科市：俄罗斯犯罪学家协会，2007年，第28～42页。

有的努力被用于破坏有组织犯罪活动，特别是破坏犯罪组织的经济组成部门。在过去的2000年期间，在鞑靼斯坦的城市中有数百个犯罪团伙和团伙成员被追究刑事责任，破获并截断了它们赖以生存的经济基础。在90年代，有8个团伙被破获并被追究刑事责任，而在2000年期间团伙数量就达到44个，还有6个非法武装和极端主义团伙组织。政府采取措施恢复并保护经济主体的利益，例如与共和国护法机关共同制定了保护“卡玛斯”开放式股份公司和其他城市建设企业经济利益的政府计划，政府做了大量工作用于清除企业中各种“纠缠不休的人物”，追究犯罪组织者承担法律规定的责任。进行整顿的结果是：共和国城市经济与社会生活的状况在2005年前得到本质改善，并向良性方向发展。例如：卡马河畔切尔内市以前不得不向有组织犯罪团伙交“保护费”的企业家现在感到自己是自由的。企业家们与其他经济中心的联系也趋于活跃。城市开始吸纳投资，因为投资能够得到安全保障。儿童及儿童家长也都松了一口气，而以前他们不得不面对住宅院内及校园内敲诈勒索的威胁。

在官方进行的犯罪统计中我们也看到正面的评价，根据该统计，从21世纪第一个十年中期开始，犯罪率呈现稳定下降的趋势，其中包括使用枪支实施的犯罪活动呈现明显下降趋势。与1994～1995年相比，卡马河畔切尔内市的犯罪活动下降了30倍（从59次下降到2次），喀山市的犯罪活动下降了20倍（从100次下降到5次），下卡姆斯克市的犯罪活动从24次下降到0次，总体上讲，鞑靼斯坦的犯罪活动下降了17倍（从269次下降到16次）。

与此同时，应当指出：在2010年－2011年期间，有组织集团实施的犯罪被破获率与调查工作均有所下降，我们考虑到2007年俄罗斯联邦对刑事诉讼法的修改，该修改弱化了作为刑事侦查组织者和指控方领导的检察官的作用，（其中包括剥夺其提起刑事诉讼的权力)，而且2008年俄罗斯联邦内务部撤销了打击有组织犯罪的特别部门。因此，打击有组织犯罪的积极性有所降低，这将导致在不久的将来，犯罪团伙的情况会出现复杂化局面。根据2011年的统计结果，下卡姆斯克市又出现犯罪率的增长趋势，其中包括特殊重罪和重罪活动。在2012年的上半年，特殊重罪活动有所增加，其中包括在鞑靼斯坦的喀山市和其他很多城市中发生的凶杀案。

这一历史注解被写入鞑靼斯坦城市的犯罪历史中，目的是强调论题的正确性：破坏有组织犯罪的经济基础是稳定社会经济生活、增加地区投资吸引力的必要条件。[①] 同时，截断有组织犯罪的资金补充和再生产的物质基础可以更有效地（同时追究罪犯的刑事责任，这是两位一体不可分割的过程）限制犯罪这一负面社会现象的规模。

因此，我们考虑所研究范围存在以下三位一体互相关联的理论基础：（1）影子经济作为基础；（2）有组织犯罪作为主体－上层建筑组成部分；（3）上述元素发挥城市职能作用的环境。

接下来我们将试图揭示鞑靼斯坦具体城市之间的相互联系。

【小结】

1. 大城市是产生影子经济有组织犯罪初始相互作用的环境，其中影子经济被作为犯罪活动的应用领域。

---

① 我们完全不赞同那些研究者（犯罪经济理论的拥护者），他们认为，国家进行干涉，打破有组织犯罪的垄断行为是有害于经济和社会的，这属于貌似维护民意的“残酷压制”。他们认为，国家干涉将导致社会费用增加，有组织的犯罪垄断要优于无组织的混乱现象，他们主张和解，至少与有组织犯罪达成理性的妥协；见：斯杰比切娃．奥．阿，上述专著，见265～269页；拉托夫．尤．弗，科瓦列夫．斯．尼，影子经济：教学参考书……第208～235页。我们认为：垄断主义，特别是犯罪形式的垄断主义压制个性，危害于任何社会经济活动。而民粹主义正好主张不要打击有组织犯罪。遗憾的是，现在护法机关的工作监察部门认为大规模地打击有组织犯罪活动的工作有些过于草率。能够坚持打击有组织犯罪的护法机关工作人员一定不改初衷，目标始终如一。

2. 就经济潜力和社会结构、社会组织及其表现特征而言，每个城市都具有自己独一无二的特征。

3. 根据人口学资料统计及城市建设——规划决议和发展趋势，可以预测：到2020年-2025年间，如果国家不采取有效的预防措施，那么在喀山市可能出现犯罪激增的现象，其中包括具有很高组织性的犯罪活动。

4. 由于对来自邻国的移民流动缺乏监控，在城市内出现了文化冲突。因为没有采取相应的移民限制措施，将来会出现各民族关系之间的冲突问题，并相应地会造成极端主义情绪的增长和种族犯罪问题。这一切都将加强犯罪的组织性，其中包括经济领域内的有组织犯罪。

5. 现代条件下的鞑靼斯坦所有大城市都开始对经济资源（这些资源不仅来自本土，而且还包括国外资源）进行集中整合，并被应用于城市群（临近城市的自然组合群）中。

第二章　大城市影子经济与有组织犯罪活动的犯罪学分析

第一节　大城市影子经济与影子生产总值的犯罪学特征

我们以鞑靼斯坦首都——喀山市为例介绍影子经济的犯罪学特征。我们认为，影子经济的本质特征是存在影子生产总值，我们不仅把它视为影子经济活动的数量评估总和，而且是影子经济隐藏潜力的主要关键指标和存在必要变革的征兆。

与官方地区生产总值（以下简称“官方生产总值”）相比，我们通过对典型影子经济的各种经济生活领域进行分析，确定影子生产总值的犯罪学特征。

我们尝试取得影子经济的数量特征，即容量特征。根据影子经济的容量，我们可以弄清楚它的规模、数量、职能范围及评估参数。我们不深入探讨术语的具体细节，而只是根据2010年的资料对喀山市的影子经济规模进行数量评估①。

首先，我们研究正规经济的主要资料。2010 年喀山市的地区生产总值可比价格为 3200 亿卢布②；大中型企业的自有生产商品规模为 1454 亿卢布；建筑施工工程量造价为 701 亿卢布；零售贸易规模 2590 亿卢布；居民有偿服务规模 824 亿卢布；城市经济投资可比价格 1006 亿卢布。应当指出：市政经济根据 2010 年的城市预算，预计收入规模为 107 亿卢布，而支出为 115 亿卢布。根据具体的实施结果，2010 年的准确预算指标为：收入为 167 亿卢布，支出近 260 亿卢布。在 1137000 名居民中，劳动力人数为 746600 人，经济活动人口的数量为 581000 人，其中 565300 人从事经济领域的工作。月平均工资可比价格 19700 卢布。③

为了评估影子经济的容量，我们选择了两种计算方式。为了更准确地进行评估，随后我们又对资料进行了核实（总结特殊“平衡表”资料）。第一种计算方式：根据未核算经济的领域、在该领域工作的人数及其平均收入（根据侦查部门、调查部门、检察院、法院及管理机构掌握的实际资料）。第二种计算方式：根据贵重商品（不动产、汽车）的购买统计资料，与居民使用存款和贷款的收入进行对比。

根据第一种计算方式，为了便于作出结论，我们将影子经济领

---

① 关于该研究结果见：纳菲科夫·伊·萨。“影子”经济容量（以喀山市为例进行犯罪学评估）//萨拉托夫市国家法律研究院公报，2012 年，№3（86），第 205～213 页。应当指出：为了准备发表公报，地方自治代表机构对社会经济指标进一步进行了明确，原文作者也得到了一系列关于专著研究的补充资料。

② 2011－2015 年期间喀山市行政区的社会经济发展规划：喀山市杜马 2011 年 10 月 24 日第№2－8 决议//喀山市行政区文件及法令汇编。2011 年，11 月 10 日，№44.，第 4～99 页。

③ 2010 年执行委员会及其领导的活动报告：喀山市杜马 2011 年 3 月 3 日第№3－4 决议//喀山市行政区文件及法令汇编。2011 年 3 月 17 日，№10。

域分为两大部分：

（1）地下及非正规经济，通过生产产品和提供服务对经济作出实际的贡献，不存在反社会的异常现象（这种活动对总体经济提供新的价值补充）；

（2）虚假经济（贿赂、吸毒、避税），对生产的产品进行重新分配。

（一）未核算的资金及特质的第一种来源

我们将详细研究第一种未核算资金及物资的来源：生产产品及提供实际的服务（地下及非正规经济）。

1. 毒品买卖。2010 年年末共有 3409 位登记在册的吸毒人员。考虑到存在潜伏系数（3409 × 10），在城市中可以统计 34000 ~ 35000 个需要毒品的人（这些资料与国家相应机构的资料相关联）[①]。我们仅以最普遍的毒品种类——海洛因进行举例，有 90% 的吸毒者（约 30000 人）使用该毒品。考虑到吸毒者每天最低 1 克（1 克 × 30000 × 365）的需求剂量，我们得到城市毒品市场的年度需求量：每年 11 吨毒品。[②] 而且应当指出：2010 年护法机关仅没

① 根据公布的专家资料，世界上的瘾君子达到 1 亿 8 千 5 百万人，俄罗斯的瘾君子达到 6 百万人（根据俄罗斯官方统计的数字 -49 万 3 千人）；见：尼佐瓦娅．斯．阿．麻醉剂及精神科药物的非法流通是克拉斯诺达尔边疆区境内犯罪市场的组成部分//有组织犯罪与腐败：社会犯罪学的研究成果；第 5 版/由尼．阿．洛巴申科进行编辑；萨拉托夫市。有组织犯罪与腐败问题研究中心。萨拉托夫市：卫星出版社，2010 年，第 150 页。鉴于此，我们计算的资料数据低于全国平均水平（48000 人，与喀山市居住人口相比，占俄罗斯人口的 0.8%）。

② 俄罗斯 2000 年的海洛因年度消费“标准”为 355 吨（见：波洛茨基．布．斯，沃列沃兹．阿．格，沃洛诺娃．叶．弗，卡拉切夫．布．费，独联体国家打击毒品工业贸易收入的洗钱活动。莫斯科市：尤尔利金福姆出版社，2011 年，第 25 页），如果考虑到美国的毒品犯罪流通过程，我们与之相比要滞后 30 ~ 40 年，在 1970 ~ 1980 年毒品贸易每年的增长速度大约为 10%。（见：吉登斯．埃，社会学……第 144 页），到目前为止援引的俄罗斯海洛因年度消费“标准”应当提高了 3 倍。这些数据与根据我们的研究成果相关联。

收了9669克海洛因，或者说毒品总量的0.09%（仅每公斤中的1克）。城市中1克毒品（根据护法机关的资料）的平均价值为1000卢布。因此，可以根据海洛因的零售交易进行计算，毒品买卖的每年流通额为110亿卢布。与城市的市政经济相比较这一数字已经足以说明问题。

应当指出：在一年后的2011年，1克海洛因的平均价值（根据法庭侦查资料）从1000卢布增长到2500-3500卢布。针对这一价格动态，可以做出结论：1年后的生活通货膨胀率增长了150%~250%①，相应的毒品交易范围也明显增加。

而且，在欧洲，1克海洛因的价格为350~400欧元，即15000卢布。具有商业潜力的通过国际渠道贩运的毒品经过俄罗斯境内。2001年前，海洛因和可卡因从哥伦比亚经过美国流向欧洲，美国人歼灭阿富汗的塔利班后，毒品走私被截断，而主要通过俄罗斯进行海洛因的过境运输。

2. 卖淫。根据城市护法机关的资料统计，市里约有2000名妓女（低于女性经济活动人口的数量的1%，占年轻女性的2%-3%，年龄不超过27-30岁。）根据护法机关掌握的现有资料显示，她们提供服务的费用是每小时最低1500卢布，平均费用为3000-5000卢布，最高服务费达到10000-15000卢布；而掌握外语、心理学及交往技巧的高级妓女收费为10万卢布。每个妓女可以给该“生意”的招揽者带来15万-30万卢布的平均收入（包括支付的“工资”）。因此可以做出结论：喀山市卖淫业影子市场的年经营规模超过70亿（2000×300000×12）卢布。

卖淫问题与人口贸易紧密相关。每年国际市场上的人口贸易数

① 虽然可能存在其他解释，对护法机关的工作进行激励，提高上述范围的风险因素水平。

量被评估为60万－80万。其中牵连的国内受害者达到200万－400万人。[①] 要评估鞑靼斯坦城市中的这一现象，我们暂时还没掌握足够的资料。

3. 非法武器贸易。由于从事这一活动的有组织犯罪集团具有极端严密性，因此，通过侦查得到的信息很少[②]。同时，根据现有的信息可以做出结论：这一经营活动对于我们地区而言不具备确定的经济意义（根据我们的间接统计，非法武器贸易的周转额为500至3000万卢布之间）。因此，这一资料可以忽略不计。

同时还有商品的走私活动，这是边境城市与港口城市的最大特征。

4. 赌博生意。现在喀山市中这一经营种类的存在土壤从根本上被摧毁了，而经营者则将“生意”转移到了邻近地区。在喀山市出现了很多无组织的游戏场所。2010年末出现了大约250个游戏厅，提供大约3000台游戏机。经营者对游戏机器进行调节，从中做手脚，使每台游戏机每天可以收入1000～7000卢布（每天平均收入为3000卢布）。根据粗略统计，该生意的每年周转额达到30亿卢布。

5. 未统计的矿物资源（石油、天然气、建筑材料）开采。这些活动都发生在城市范围以外，因此该活动不被列入计算范围[③]。

---

① 舍斯塔科夫．德．阿，《人口贸易》作为初级犯罪的表现//有组织犯罪与腐败：社会犯罪研究成果；第6版/由尼．阿．洛巴申科进行编辑；萨拉托夫市。有组织犯罪与腐败问题研究中心。萨拉托夫市：萨拉托夫市国家法律研究院，2011年，第312页。

② 根据公布的专家评估，俄罗斯存在150万到500万只武器的非法流通；见：索罗金娜．阿．阿．作为有组织犯罪种类之一的武器犯罪贸易（以萨拉托夫州为例）//有组织犯罪与腐败：社会犯罪研究成果；第5版/由尼．阿．洛巴申科进行编辑；萨拉托夫市。有组织犯罪与腐败问题研究中心。萨拉托夫市：卫星出版社，2010年，第80页。

③ 同时应当指出：沙砾混合物的开采对比资料显示：仅有一半数量的材料被鞑靼斯坦企业用于工程施工及改造，实际上，这些材料应当全部被用于工程施工中。这种情况可以证明：未施工的建筑安装工程量被明显高估。见：关于批准鞑靼斯坦共和国2011～2015期间的社会经济发展规划：鞑靼斯坦共和国2011年4月22日№13法律……

6. 假酒或者未统计的酒产品。2010 年喀什市共销售了 3000 万升酒类产品。根据“费纳姆”调查公司的统计资料，俄罗斯酒类的非法生产总额占周转总额的 50 – 60%（根据公布的其他资料显示，所占比例可能会更高[①]），而在鞑靼斯坦该比例占 40%。[②] 因此可以做出结论：在非法市场共销售了大约 2000 万升酒类产品，以最便宜的白酒每瓶 50 卢布计算，年周转额超过 20 亿卢布。

7. 其他消费品也存在造假现象，其中包括轻工业品。这一领域中非法进口和未核算（地下）生产的规模很可观，甚至超过合法生产及进口额两倍以上。俄罗斯联邦每年的逃税（逃避支付的增值税，影子部门生产应缴的税费和其他税款）产品总额达到 6500 亿卢布，[③] 而喀山市的逃税金额达到 40 亿卢布。

与零售贸易相关的一些问题如下：

（1）假货；（2）城市市场中未核算的贸易及未被监控的现金流动（其中很多是由过去的帮派成员掌控的）；（3）非法售货亭进行的未核算零售活动（城市中大约存在 2000 个此类售货亭）。

根据国家统计机关资料而制定的计划，贸易领域影子经济部门的比例占创造增加值的 60%，[④] 我们可以得出结论：喀山市该领域

---

① 根据经济学家的评估：1996 年，俄罗斯消费了 23 亿 ~ 27 亿升含酒精的饮料，官方统计的市场酒精产品规模为人均 800 升，即非法酒精规模为消费总规模的三分之二；见：库兹涅佐夫．阿．阿，护法机关在发现、评估及控制地区影子经济犯罪活动过程中发挥的作用//作为俄罗斯国家安全组成部分的经济安全：科学著作汇编/总编辑阿．格．哈比布林。第 2 版，补充与修改。莫斯科市：俄罗斯内务部经济安全研究院，2007 年，第 239 页。

② 塔拉卡诺娃．阿．鞑靼斯坦白酒市场。URL：//http：//www.g9e.ru/retail/article/1180417839（访问日期：2011 年 10 月 9 日）。

③ 关于批准 2015 年前鞑靼斯坦共和国的轻工业发展战略：鞑靼斯坦共和国内阁 2010 年 12 月 30 日第№1167 决议//鞑靼斯坦共和国内阁决议与命令及共和国执行机构标准文件汇编。2011 年，№12.，第 0396 条。

④ 关于批准鞑靼斯坦共和国 2011 ~ 2015 期间的社会经济发展规划：鞑靼斯坦共和国 2011 年 4 月 22 日№13 法律……

的影子经济周转额达到300亿卢布，而2590亿卢布的零售贸易周转额中[①]增加值约为500亿卢布（约占上述金额的60%）。

尽管经常采取打击措施，但游戏机、非法售货亭及其他种类的非法经营仍然像雨后春笋一样快速增长。最大的问题是人们会产生习惯，并滋生腐败的土壤。非法经营者与护法机关、政府部门合而为一，这些现象不仅助长腐败，而且损害公平竞争及市场经济。此外，我们等于是自掏腰包养肥了有组织犯罪活动者。

8. 未核算的汽车存车收费。我们每天支付存车费。居民区及居民区周围缺少停车场，不仅造成堵车问题，而且造成非正规停车场从事未核算的汽车存车收费问题。

根据市国家汽车检查局的统计资料，市内有25万辆私人汽车，每年的存车费接近30亿卢布。但是申报纳税的存车收入金额却微不足道。

9. 游戏机、非法售货亭及私营停车场。这充实犯罪“赃款”的主要非法来源，但追究这些经营者使其承担法律责任的可能性不大。

10. 组织非法移民。根据俄罗斯内务部侦查机关及检察院的“全面监督”材料，喀山市发生过此类刑事案件[②]：罪犯以有效经营主体的名义出具伪造的工作许可文件及延长在俄罗斯联邦境内临时居留期限的文件，并为此向外国公民非法收取6000－8000卢布的费用。根据联邦移民局的统计，俄罗斯在2008年的730万移民

① 2010年执行委员会及其领导的工作报告：喀山市杜马2011年3月3日的№3－4决议……

② 喀山市检察院2012年未完成案件及未归档案件清单。刑事案件的监督程序№642341；同样可见有组织集团中的非法移民组织的案件材料：喀山市瓦西托夫区法院档案。案件1－377/2010；喀山市检察院档案，刑事案件的监督程序№919026。

中仅有115万人具有合法工作许可[①]，可以推算在喀山市有25000-60000名非法及半非法移民[②]。根据我们的统计资料，仅在建筑领域，就有超过15000名非法移民[③]从事建筑工作，20000-25000名非法移民从事房屋修缮工作。其中大部分在城市市场及各种辅助工程项目在从事各种工作。移动劳动力市场的影子周转额为5亿至10亿卢布。

11. 未核算的房屋修缮。根据2009年统计结果，当年共修建了723400平方米的住宅。住宅交工时为毛坯房，这吸引了非正规装修队进行收费不菲的装修。装修的平均花费（一般建筑工程、卫生技术设备、电工、不可预见的费用）：每平方米1万卢布[④]。根据这一估算，该领域的流通额约为70亿卢布。

12. 未核算的房屋出租或者租赁。根据专家的评估，喀山约有10万套住房在出租。平均租金约为每月15000卢布。根据这一估算（10万×1.5万×12），该市场价值约为180亿卢布。

13. 私人出租车。根据我们的评估，这一领域的从业人数达到3万人。该部门的影子经济收入不低于10亿卢布。

14. 提供教育服务：补习教师的工作；儿童的学前教育；文件

---

① 舍斯塔科夫.德.阿，上述专著，第318页。

② 根据官方统计，2010年在喀山共居住有1083外国公民，持有临时居住证的外国公民5162名，移民部门全年共对75864名外国公民进行登记，其中10815名办理了工作许可证。

③ 计算时使用施工方法文件81-35.2004确定工资基金（17%）及工人人数，根据喀山市2010年的施工工种，每月的平均工资为22000-25000卢布，总额为70亿1000万卢布，并考虑建筑领域专家的评估意见，城市工地的工人中，移民的人数不低于一半，根据联邦移民管理局提供的资料，获得建筑施工工作许可证的移民不超过6000名外国公民。计算房屋修缮的工人人数时，根据该领域的工程量资料进行计算，并考虑相关标准，见：关于批准俄罗斯联邦境内建筑产品价格确定方法及其生效（与施工方法文件81-35.2004共同使用）：俄罗斯联邦建设部2004年3月5日第№15/1决议//标准方法及典型设计文件的信息公报，2004年，№6。

④ 2010年。

翻译；撰写培训总结、毕业论文；学校的学费（具有虚假经济特征，因为它不创造增加值）。

2010年喀山的教育机构（学前班及中学教育机构）约有3万名工作人员，其中包括1.6万名教育工作者。由于工资低，造成教师不得不提供额外的服务赚取收入以弥补工资的不足（主要是从事补习教师的工作），额外的工资收入平均为每月1万卢布，该服务市场的规模（1.6万工作者×1万卢布×12个月）每年应当约为20亿卢布。还有大量人员（约为4万人）在高等及中等职业教育机构从事教师工作。他们的非正规工资收入每年应当不低于50亿卢布。

学校征收的杂费不应当被列入新创造的价值，而应当属于已创造价值的内部再分配，其收取的费用未创造任何新的价值。收费不是本着自愿的原则，而是被强制收费，而这些服务本应当是国家提供经费的。为了完整阐述这一问题，我们将进行单独研究，并在计算最终结果时给予特别关注。

2010年喀山市的普通教育学校共培训了98410名学生。家长为每名学生支付了近2万卢布的费用，这笔费用年度共计约20亿卢布。该数字约占城市预算资金的三分之一（为满足教育需要，城市预算拨款为60亿卢布）。

15. 提供医疗服务：实际服务（口腔、美容、非法堕胎、家庭保健护理等）；从居民收取的杂费及患者赠送的礼品属于虚假经济，在计算最终结果时应当予以核算。

在喀山市（2010年）的保健机构有3600名主治医生和6500名普通医疗工作者。

如果考虑到工资低，造成每个医务工作者不得不提供额外服务赚取收入以弥补工资的不足，额外的工资收入平均为每月1万卢布，则该服务市场的规模（1万医务工作者×1万卢布×12个月）

每年应当约为10亿卢布。

犯罪学文献中准确指出："官方统计不允许我们回答这一系列的问题，其中包括：俄罗斯居民仅靠未达到最低生活费用水平的平均工资是如何生活的问题。只有存在非法收入，居民才能合理地解释社会生活的一系列现象，这些现象在外部观察家看来是不合理的或者极其矛盾的"。[①]

16. 未核算的工业企业产品。根据城市大企业中发生的产品偷窃刑事案件的侦查材料[②]，工业部门的影子组成部分不低于3%（根据产品及其他因素的再加工修正系数）。因此，根据我们的评估，大中型企业工业生产的影子部门产值可能超过40亿卢布。

17. 影子制药市场。由于缺乏城市经营领域的相关信息，我们研究了俄罗斯卫生部的资料，根据该资料显示，药品的非法流通值约为40亿美元。[③] 考虑到喀山市的居民占全国人口的0.8%，其影子药品市场规模可以评估为约10亿卢布。

18. 职业体育。这一领域中影子操纵者及经营规模相当可观，它们的经营规模值得进行进一步研究。根据我们的评估，城市中该领域的年周转额不低于50－80亿卢布。[④]

（二）未核算的资金及物质的第二种来源

未核算的资金及物资的第二种来源－已经创造的商品及已经提供服务的总产值的各种再分配形式（虚假经济）。

1. 虚报施工安装工程造价从中提取资金（工程量虚报创造地

---

① 格林基娜．斯．普，上述专著，第260页。

② 喀山市内务局未完成案件清单。№642307刑事案件。

③ 萨乌什金．弗．弗，打击有组织犯罪的问题……第51页。

④ 因此，根据专家公布的资料，评估一个足球俱乐部"X"的年度预算不低于1亿2000万美元，根据官方的报告统计略高于6000万美元，即体育俱乐部的影子部门每年收入20亿卢布；见：比克波夫．阿，比拉洛夫．利．谁是索罗金先生？//在线贸易。URL：http：//www/business－gazeta. ru/article/60359/（访问日期：2012年5月30日）。

区经济总产值，但是这属于虚假的地区总产值）。所谓的“回扣资金”适用于国家资金及市政资金，各种社会规划资金及未核算资金，其中建筑资金的私人来源比例不低于20%（尽管某些建筑公司的专家将其评估为40%[①]）。考虑到建筑领域经营活动的工程量，2010年的产值701亿卢布，虚报造价折合成现金后被提取约150亿卢布。

2. 未经核算的为发展城市基础设施工程而由建设者缴纳的款项[②]占住宅比例的20%，缴纳的费用金额应当超过50亿卢布（723.4平方米×40000卢布×20%）。

3. 市政房屋部门提供服务而提取的资金。根据专家的意见：按照现有的住宅服务费率及市政综合体的服务费率，可以从官方的收费额中提出30-35%的居民缴纳金。根据鞑靼斯坦国家费率的调节结果，总经济效益（2011年供应单位报价与共和国国家委员会批准价格之间的差额）为160亿卢布。其中包括：电费和燃气费大约80亿卢布，供热费约60亿卢布，市政综合服务费约5亿卢布。[③] 2012年，在审核热能资源主要垄断供应商时，发现他们提出的报价被人为压低（因为某些实际报价超过5倍）。检察院进行检查发现，从居民手中收取的宅院维护费中，仅有26-32%被用于实际需要中。与此同时，2010年，以该费用名义共收取了4亿卢布。同时收取相同金额的房屋及室内维修费用。共收取1.5倍的费用用于住房基金管理。根据市政住宅公司最近的评估，从居民手中收取的这些

---

① 根据喀山市调查的一起虚报建筑安装工程造价的刑事案件，工程造价被虚报40%，获取的资金被汇入3家临时成立的公司，随后资金被提现；见：喀山市内务部管理局未结案件清单，第№600471刑事案件。

② 市检察机关干预后，从2011年起城市基础设施工程发展缴款被控制。

③ 鞑靼斯坦共和国国家收费费率委员会2010年工作结果及2011年的主要任务。URL：http：//www.kt.tatarstan.ru/rus/file/pub/pub_ 72087.pdf（2011年10月9日访问）。

住宅服务费用为15亿卢布。其中，不低于5亿卢布的金额被用于影子流通领域。此外，喀山市2010年住房维修基金预算中提供了大约24亿卢布的财政拨款。其中不低于20%，即5亿卢布流入“影子”流通领域中。由此计算，住宅公用事业影子经济的年度周转额不低于10亿卢布。而且在此情况下尚未考虑市政资源与服务供应商的经营活动。

4. 对参与城市建设的市政企业和经营公司费用进行高估后，对资金进行重新分配。喀山市在21世纪第一个十年中期建立一系列经营公司（参与城市建设的开放式股份公司）前，城市预算每年出租市政不动产可以取得15亿卢布的收入，这些收入作为城市对固定资本的投资。这些公司控制着城市中几乎所有的不动产，这些财产转换为开放式股份公司的资本后，租金成为上述经营公司的收入。在此情况下，城市参与经营活动的红利实际上并未到账。对开放式股份公司的资金流动进行选择性分析，市政资金投入到股份公司的法定资本中，这表明：公司的业务规模通常会消耗资金，无法创造纯利润并出现亏损。各种业务操作与利用不动产项目使用权而取得利润无关，而用于投资其他商业项目中；从其他商业组织购买一系列高造价的工程项目；也包括向其他商业组织提供金额可观的资金借款。城市未取得的费用被隐藏到高估的费用中，并通过各种途径投入到影子经济周转中，根据专家评估，这一流通额可以达到30亿卢布。

5. 借助市政企业进行大规模的资金流通。这些企业在城市中的数量超过30家，但仅其中一家对商业组织提供大约5亿卢布的贷款。在此情况下，其中某些经济效益与其社会适应性值得人怀疑。

6. 社会支出中经济活动主体的寄生现象。我们可以举城市中现有的垃圾场为例。不法企业及企业经营者为节省费用，不是将垃圾倾倒在规定的地点，而是将其任意抛弃。因此，一些不良的经营主体无根据地取得收入（收入金额有待于进一步明确），而侵占市政服务的费用。必须指出，最近由于共和国总统的坚持和努力，许多垃圾场被撤销，该项工作得以延续。

7. 逃避必需缴纳的社会费用：(1) 不动产项目未划定界限，未纳入不动产征税调查簿，未登记所有权的土地未缴纳土地税；(2) 零地籍价值登记的土地地段未缴纳土地税；(3) 作为股份投资基金投入的土地地段未缴纳土地税；(4) 未缴纳土地及不动产项目租金预算。上述金额同样应当进一步明确。

8. 非正规的劳动市场，将工资装入“信封”中发给员工。根据现有资料，每三个人中的一个人（具有正式工作）占有一个以上的工作位置，而共和国“灰色”劳动市场（与雇主未确立正式关系的员工）人数大约45万人。[①] 因此，向喀山市中的此类人员的三分之一至一半每年需要支付不低于20亿卢布的工资。该笔金额我们并未计算，因为支付的资金来自于上述经济部门。

9. 腐败。该种现象盘根错节，是上述多种影子经济领域的来源。如果计算方法不当，则有可能出现重复计算的失误。考虑到评估的复杂性及准确度量的必要性，很难确定腐败活动的资金流转额。我们尝试利用全俄罗斯关于该问题的资料作为出发点。

总体上，2010年俄罗斯联邦腐败市场的资金总额被评估为3000亿美元。[②] 我们注意到，全国人口的0.8%居住在喀什市，可以确定该城市的腐败资金流转额不低于20亿美元。考虑到城市发

---

① 关于批准鞑靼斯坦共和国2011年至2015年社会经济发展规划：鞑靼斯坦共和国2011年4月22日第№13法律……

② 杰列申科．阿．普，影子经济是国家及地区经济实现现代化、创新及吸引投资政策的威胁//社会与权力。2010，№5.，第270~272页。

展的高速度，投资吸引力，单独项目的巨额金融开发资金（其中包括预算资金）可以做出结论：腐败活动的实际资金周转额还要更高。

如果只考虑上述单独的影子领域（这些领域容易做出决定，包括建筑、公用住宅、市政企业及经营公司的活动，以及市政当局参与的领域），影子经济的周转额为 240 亿卢布。在三层分配系统（商人的个人收入、团伙成员、官僚，有时需要向单独的社会政治优先计划进行强制划款），城市经济腐败的年度周转额达到 80 亿卢布。从其他影子活动领域[①]中计提 20% 达到 240 亿至 450 亿卢布。而这只是“白领阶层”腐败的一部分而已（未考虑其他重要领域；此外，还应当包括采用公民个人存款为来源的日常腐败金额）。

为避免出现重复计算问题，我们不使用腐败周转额指标换算影子经济的总额，因为腐败资金总额是根据我们对上述经济部门的研究得出的，我们在确定影子经济的犯罪领域时会予以考虑。

10. 犯罪活动及行政违法资金的重新分配。根据官方统计，喀山市 2010 年犯罪活动造成的损失约为 10 亿卢布。在此情况下，应当注意到大量的隐形损失（未申报或者由于其他原因未登记及未知的犯罪活动造成的损失）。行政违法同样可以造成不小的损失，其中包括小偷小摸行为。应当指出，行政法规要求编写行政记录，确认违反行政命令的人员。未确定违法者身份的行政违法活动未被登记，而此类活动占绝大多数。根据资产负债表报告期的结果，企业将这些损失列入非生产性费用中。可以预测：普通刑事犯罪及违法活动造成的现实损失不低于 100 亿卢布。

影子经济的功能范围不仅仅包括上述经营种类。由于计算指标

① 合计结果见以下（影子经济规模 1440 至 2500 亿卢布）。

的不确定性及复杂性，我们无法分析以下小规模（不超过10亿卢布）的领域：环境美化设施及绿化；城市道路桥梁、水利设施的养护及维修；非法网络接通（供电、暖气、供水及排水、下水道工程、供气）；户外广告；公共交通事业；私人汽车拉乘客；饭店及公共食堂；组织节日及晚会庆祝（纪念日、婚礼、公司活动）；娱乐；酒店管理；房地产服务；中介服务及有价证券市场；学前教育收费；互联网贸易；色情产品的销售①；代写学位论文的“生意”②；出售各种证件（毕业证书，军人证等）。③

但即便没有这些领域，影子经济的功能范围也已相当可观。

总结一下，喀山市2010年影子经济的规模大体可以确定为1440亿卢布以上，至少占城市地区总产值的45%。但是这种比较不是很具体，因为只有1040亿卢布的影子收入（占城市地区总产值的33%）可以被列入增加值的范围。360亿卢布，或者影子经济总额的25%属于不创造增加值的虚假经济。大约180亿卢布，或者影子经济总额的13%明显属于刑法确定的犯罪活动带来的，考虑到“白领阶层”腐败活动的资金周转额为420亿卢布，或者经济总额的29%（影子经济的犯罪范围）。还有不低于10%（140亿卢布）

---

① 根据公布的资料，网络下载中的35%来自色情业，全世界通过互联网色情产品的销售收入估算为4.9万亿美元；见：扎利妮娜．伊．弗．，色情产品的流通是犯罪市场的变异表现（以萨拉托夫州为例）//有组织犯罪与腐败：犯罪社会学研究成果；第4版/由尼．阿．洛巴申科进行编辑；萨拉托夫市。有组织犯罪与腐败问题研究中心。萨拉托夫市：卫星出版社，2009年，第119页。

② 关于代写学位论文的影子行业见：斯科布利科夫．普．代写学位论文。科学领域的腐败：非正规术语与概念的词典//法制报，2011年，№20.，第6、8~9页。

③ 很多上述种类的服务建议广泛应用于互联网资源，报纸，杂志产品，公共场所的小广告。因此，为了整顿这个问题中涉及的秩序，应当从最小的细节着手，随地扔烟头、非法登广告、破坏设施环境、污染及损害大门入口及公共场所财产。要求人们遵守宿舍的基本规定，养成符合标准的习惯，做到举止文明。新加坡和其他一系列国家的经验证明该规定的重要。开始时，应当刺激公民的文明积极性，惩治违反行政法规的行为，做到奖惩分明（25%~50%的罚款由主管国家机构用于行政违法通知）。

的经济规模属于被禁止的非犯罪活动，这些活动传统上属于有组织犯罪集团操控，但是也承担行政责任或者其他法律责任（非刑事责任）。因此，大约40%的影子经济属于犯罪活动性质或者由有组织犯罪集团直接操控。如果注意到有组织犯罪集团控制的影子经济范围，那么这一数字还要更高一些。我们援引的数据可能会出现被低估的情况，因为经济过程是复杂的，收集资料并进行准确评估均存在一定的难度，而且最终判定刑事责任需要根据每个案件的具体情况进行。

为检查上面的计算方法是否准确，我们采取第二种方法对影子经济的总规模进行核实。

根据鞑靼斯坦共和国国家汽车检查局的资料显示：2010 年喀山市居民共新购 75611 辆汽车，其中 32513 辆是国外生产的，这些车辆的总值约为 300 - 350 亿卢布。应当考虑到，为了计算消费价格指数，购买轿车的费用份额平均占居民消费结构的 7.3%。[①] 也就是说，为了购买价值为上述金额的交通工具，城市居民应当支付的资金总额约为 4000 - 4800 亿卢布。如果考虑到不动产的消费，那么还有很可观的资金总额需要计算。

同时，根据现有资料显示，城市居民的正式收入（工资、企业经营活动收入、财产经营等）为 1300 亿卢布。考虑到居民的存款及银行贷款因素（不超过 1000 亿卢布），还有 1500 - 2500 亿卢布的来源无法解释，这明显超过我们计算的金额，因此，这可以证明上述结论的现实性及正确性。影子经济规模大约占地区总产值的 45 - 80%。

应当注意到 2010 年出现居民购买汽车明显增加的趋势。根据鞑靼斯坦共和国国家汽车检查局 2009 年的资料显示：喀山市共登记 53000 辆自然人所有的交通工具，而到了 2010 年则达到 75000 辆，共

① 2009 年居民消费支出结构。URL：http：//www. htfi. org/？ p = 692（访问日期：2011 年 10 月 9 日）。

增长42%。在价格增长不变的条件下，这一指标明显超过居民的正式收入增长率。这一点可以证明未核算的资金金额是很可观的。

作为结论应当指出，全国及鞑靼斯坦共和国范围内未核算的影子经济规模低于[①]单独选取的城市，因为国内生产总值的相当大部分是在联邦及其主体水平指标上体现的。因此，喀山市的这一指标不次于，甚至可以说高于其他百万人口的城市。我们可以进行类似的分析，因为鞑靼斯坦共和国正在积极探索克服经济领域不利因素的方法。[②]

【小结】

1. 大城市影子经济规模约占地区总产值的45－80%（以喀山市为例，2010年的经济规模不低于1440亿卢布）。

2. 影子经济总额的25%属于虚假经济（重新分配范围），它并不创造增加值。

3. 影子经济总额的13%属于明显的刑法判定的犯罪活动，还要考虑到“白领阶层”腐败活动的资金额比例为29%（影子经济的犯罪范围）。还有不低于10%的经济规模属于被禁止的非犯罪活动，这些活动传统上由有组织犯罪集团操控，但是也承担行政责任或者其他法律责任（非刑事责任）。因此，大约40%的影子经济属于犯罪活动性质或者由有组织犯罪集团直接操控。

---

① 因此，在研究文献中，将影子经济规模评估为国内生产总值的40%～50%水平，我们认为是低估了。因为，仅全国的毒品市场就有500万的吸毒者，我们评估该市场有10万亿卢布的总值，这已经占国内生产总值的20%，这还没有考虑影子经济的其他组成部分。

② 见：批准鞑靼斯坦共和国2011－2015年期间社会经济发展规划：鞑靼斯坦共和国2011年4月22日第№13法律……鞑靼斯坦共和国反腐败政策战略：鞑靼斯坦共和国2005年4月8日第№УП－127号总统命令//鞑靼斯坦共和国－2005年4月14日；关于批准鞑靼斯坦共和国2015年前的轻工业发展战略：鞑靼斯坦共和国部长会议2010年12月30日第№1167决议……

第二节　大城市经济中有组织犯罪现象的犯罪学特征

有组织犯罪团伙解决问题的手段不仅包括采取暴力和权力①，还包括金钱收买。

以下事实可以证明有组织犯罪的规模。在对一起有组织犯罪团伙案件进行侦查的过程中②，在莫斯科市被犯罪团伙控制的被保护企业厂房里查获一张磁盘，磁盘内容标题是“鞑靼斯坦共和国有组织犯罪团伙清单”，里面打印了整卷226页的刑事案件，标明了犯罪集团的清单，并列出它们的名称、所在地、成员、成员绰号、地址及其他资料。187页的清单包括喀山市的犯罪集团，诸如，著名的犯罪集团“哈迪申斯基”“科瓦尔塔尔”“热尔卡”“10小区”“苏科卡”等。该磁盘包括20页关于卡马河畔切尔内市犯罪团伙的资料，其中包括“48综合体”“水力发电站”“西多洛夫卡”等，关于犯罪团伙“29综合体”的资料超过8页以上。

共和国的各个城市积累了丰富的打击有组织犯罪活动的经验③。最近十年期间，在鞑靼斯坦共和国破获了包括“哈迪申斯基”“二

---

① 正如法律文献中所指出的：有组织犯罪集团实施大规模的犯罪活动，扩大犯罪资本，取得执政权力；见：拉德琴科．奥．弗，日加洛夫．尼．尤．，塔姆波夫采娃．格．米．铁路运输领域中的有组织犯罪（根据东西伯利亚地区的材料）：专著。伊尔库茨克：俄罗斯联邦内务部东西伯利亚研究所，2008年，第15页。

② 鞑靼斯坦共和国最高法院档案。第2-5/2006案件；鞑靼斯坦共和国检察院档案。第№93884刑事案件检查程序。

③ 见：加利莫夫．伊．格，苏杜洛夫．费．利，上述专著；萨法洛夫．阿．阿，末期的哈萨克特殊现象。鞑靼斯坦消除有组织犯罪的历史。喀山：无边界的世界，2011年，第308页；雅科夫列娃．伊．尼，穿越难以逾越的障碍。粉碎切尔宁犯罪团伙的历史，卡马河畔切尔内市：伊杰尔新闻报，2011年，第328页。

十九个”“塔基里亚诺夫斯基”“马姆肖维茨”“四十八穆什尼克”“库里钦斯基”“拳击手”“兹万卡”“热尔卡”“科瓦尔塔尔”“塞瓦斯托波尔斯基”等犯罪团伙及团伙，同时破获一系列的非法武装及极端主义团伙组织。① 查获了犯罪组织的军火库。将犯罪分子的非法所得返给合法所有者，其中包括将非法所得上交国家。犯罪组织的首领及成员（数百人被追究刑事责任）被判处长期徒刑，其中包括终身监禁。从1998年至2011年以“盗匪活动”和“组织犯罪团伙”的罪名共剥夺431名罪犯4925年的自由，其中18名罪犯被

---

① 鞑靼斯坦共和国最高法院档案。案件编号№02п01/2－1980г.，02п01/164－1994г.，02п01/6－1995г.，02п01/9－1996г.，02п01/204－1996，02п01/278－1996г.，02п01/172－1997г，.02п01/15－1998г.，02п01/216－1998г.，02п－01－2/03/1999，2－11/2001 2－29/2001，2－5/2002，2－39/2002，02п01/116－2002，2－4/2005，2－5/2005，2－44/2005，2－5/2006.2－11/2006，2－27/2006，2－31/2006，2－101/2006，2－6/2007，2－7/2007，2－8/2007，2－34/2007，2－2/2008，2－3/2008，2－4/2008，2－5/2008，2－6/2008，2－8/2008，2－32/2008，2－3/2009，2－4/2009，2－79/2009，2－96/2009，2－3/2010，2－5/2010，2－6/2010，2－12/2010，2－15/2010，2－18/2010，2－26/2010，2－45/2010，2－53/2010，2－76/2010，2－80/2010，2－2/2011，2－3/2011，2－7/2011，2－10/2011，2－33/2011，2－35/2011，2－36/2011，2－57/2011，2－60/2011，2－92/2011，2－96/2011，2－3/2012，2－13/2012，2－14/2012，2－29/2012，2－44/2012；鞑靼斯坦共和国喀山市苏维埃区法院档案。案件№1－72/2008；喀山市航空工程区法院档案。案件№1－204/2011；下卡姆斯克市法院档案。案件№№1－899/2009，№1－1109/2009，№1－69/2010.；2012年鞑靼斯坦共和国最高法院未结案及未归档案件清单。案件№№2－2/2012，2－37/2012，2－61/2012，2－66/2012，2－77/2012；卡马河畔切尔内市法院未结案及未归档案件清单。案件№№1－1071/2012，1－1090/2012. 同时可见：鞑靼斯坦共和国检察院档案。刑事案件检查程序№№22263/202282，30639，9214，11109，104182，117，15185，174250，38698，73404，117249，93884，139592，300101，119047，599146，119468，34446，114524，255860，71103，194419，300084，460561，242376，102454，4393，242526，625512，194460，66164，242548，169032，161367，58696，244534，919586，63578，236128，129103，913782，597611，911950，919865，914451，919866，912963，1955，914450，042150.；下卡姆斯克市检察院档案。刑事案件检查程序№№138161，242577，242588；2012年鞑靼斯坦共和国检察院未结案及未归档案件清单。刑事案件检查程序№№541974，100883，123073，913072，194421，222260，131695，197447，40623，913065；2012年卡马河畔切尔内市未结案及未归档案件清单。刑事案件检查程序№№17834，874163。

判处终身监禁。此外，根据俄罗斯联邦刑法其他条款的规定，共剥夺301名有组织犯罪集团成员2306年的人身自由。[①] 我们积累了内容详实的资料，可以对有组织犯罪活动的功能作用进行分析，其中包括经济领域的犯罪。

卡马河畔切尔内市最具代表性，因为在该市成功实施了“打击犯罪的清理行动”。根据该市的经验可以做出一系列的阶段性结论：

1. 单独选取的城市例证表明：如果采取适当措施，有组织的犯罪活动（包括经济领域犯罪）可以从本质上被降低到最低程度。

2. 在单独选取的城市中，不论所在国的总体形势如何，可以顺利地打击有组织犯罪活动。

根据美国经济学家麦克·谢斯诺维的评估，对撬门而入的小偷职业的经济活动特点进行研究，发现从事犯罪活动是非常有利可图的。考虑到存在可能被判刑的风险与损失，平均预期纯收入应当为负值。[②] 因此，所有问题在于国家应当规定（立法）并以适当方式使违法者迫于承担刑事责任的压力而奉公守法。在此情况下，犯罪活动本身不具备经济支付能力。

90年代，在鞑靼斯坦的城市中，根据内务部门的预先评估，有组织犯罪团伙控制了95%的私人企业，这可以证明犯罪活动已经积极渗透到经济领域中。集团犯罪分子的活动范围包括：敲诈勒索、抢劫、偷盗汽车、非法武器买卖及毒品买卖、寄生于“卡玛斯”工厂生产活动中的犯罪生意、逃税、经济领域的洗钱、拖欠贷款债务不还、暴力威胁私企老板签订不公平的交易合同。犯罪集团实施的很多商业操作均采取隐藏方式，以欺骗为手段或者不履行自己应承担的义务，其结果是犯罪集团的首领发了大财，而与之合作的商业

① 萨法洛夫．阿．阿，上述专著，第80~81页。

② 拉托夫．尤．弗，科瓦列夫．斯．尼，影子经济：教学参考书……第139~140页。

伙伴却蒙受巨额亏损。①

下列资料显示犯罪集团成员的社会成分：

（1）根据年龄：25 的年轻人占绝大多数（76%），其中未成年人占 14%，25 岁至 30 岁的人占 20%，30 岁以上占 4%。

（2）根据工种：70% 的犯罪集团成员在商业机构工作，余下的 30% 无正式职业。30% 有过前科。特点是犯罪集团的很多首领与成员是各种商业企业的创办人，并在企业中担任主要行政职务。

（3）根据受教育水平：犯罪集团成员的受教育水平普遍很低，其中 40% 未接受过中等教育，接受过中等教育的仅占 40%，中专及高等教育未毕业的成员占 15%，接受过高等教育的占 5%。②

上述最后一条特征显示参与有组织犯罪活动的成员所处的独特社会阶层，受教育程度很低的成员恰恰担当犯罪经济与政治领域中最高水平的职务。

对青年环境中滋生有组织犯罪的资料进行研究。③ 根据鞑靼斯坦共和国卡马河畔切尔内市的社会学研究资料（截至 2000 年）④

---

① 雅科夫列娃．伊．尼．上述专著。第 36 ~ 37 页。

② 同上。第 37 ~ 39 页。

③ 详见：纳菲科夫．伊．萨．/未成年人及青年集团犯罪现象的犯罪学特点及预防特征（根据卡马河畔切尔内市犯罪社会学研究资料）//鞑靼斯坦共和国未成年人犯罪现象：打击犯罪的现状、趋势及问题：圆桌会议材料汇编。喀山市：俄罗斯内务部政法学院喀山分院，2008 年，第 30 ~ 33 页。

④ 卡马河畔切尔内市行政机关社会学研究所根据卡马河畔切尔内市检察院的要求进行社会学研究。研究分析过程中，调查询问了 8 所普通教育学校的 6 ~ 11 年级的 571 名学生，并考虑到集团分布的区域性特征。调查对象包括：男生 47.1%，女生 52.9%；年龄：12 ~ 13 岁 40.4%，14 ~ 15 岁 32.5%，16 ~ 17 岁 27.1%。根据上次的调查（附注标明二次调查），调查了 6 ~ 11 年级的 575 名学生。其中男生 39.4%，女生 60.6%；年龄：12 岁以下 9.7%，12 ~ 13 岁 32.5%，14 ~ 15 岁 35.1%，16 ~ 17 岁 20.4%，17 岁以上 2.2%。见：卡马河畔切尔内市少年犯罪特点：2000 年 8 月 22 日第№9 社会学研究结果报告/卡马河畔切尔内市行政机关社会学研究、经济分析、企业活动发展管理局代理局长尼．阿．科洛波托娃//卡马河畔切尔内市行政部门；卡马河畔切尔内市青少年适应社会化进程的管理效率与前景：2000 年 5 月 16 日社会学研究第№7 成果报告/卡马河畔切尔内市行政机关社会学研究、经济分析、企业活动发展管理局代理局长尼．阿．科洛波托娃；执行人，主任专家斯．克．阿尔斯兰诺娃//卡马河畔切尔内市行政机关档案。

显示：有组织集团中的男青年比例占42.2%，女青年的比例占7%。他们并非都是犯罪分子，但是他们中的很多人均出现了青少年犯罪现象，其行为均存在反社会的特征。

青年团伙的特征是成员比较稳定，团伙具有“金字塔”型结构，团伙人数超过50人。隶属关系分为“长辈”和“年轻人”（其中包括“鱼雷”“皮壳”“零钱”“母牛”等）；“金字塔”结构的高级人物“长辈”指派“年轻人”去执行任务，而无需自己亲自动手。团伙结构关系等级制度森严，下级成员绝对服从上级领导。“金字塔”结构的首领是成年男子，他被称为“严厉的权威人物”。

根据青年成员的意见，有组织集团的主要功能是提供保护。来自同龄人的可怕威胁使青年们不得不寻求团伙的保护（保护伞的庇护）。对有组织集团与犯罪圈子的紧密联系进行追踪，发现这种联系对青年组织造成负面影响（“长辈”个人很富有，帮助“服满刑期的同伙”，关心“还在坐牢的同伙”）。有组织犯罪集团存在的主要危险是它对于未成年人实施犯罪。团伙中不低于三分之一的成员成了罪犯。被调查的青少年“群体”共同实施了以下犯罪行为：抢劫（4.5%），敲诈（1.8%），偷盗果园（7.1%），敲诈勒索（17.7%），斗殴（17.7%），强奸（0.9%）。根据调查资料显示，如果可以获取利润或者达到目的的手段是违法并承担刑事责任，则每四个人中就有一个人愿意在逃避惩罚的前提下铤而走险，8.2%的被调查人表示在惩罚措施不严厉的条件下愿意冒险，3.3%的被调查人表示愿意不惜一切风险去犯罪。我们掌握的资料表明：大约三个青少年中就有两个青年愿意有意地或者无意地去犯罪。

大部分家庭中紧张的经济状况迫使儿童和青少年过早地去思考物质生活如何富裕起来：35.7%的青少年认为，在我国，如果不犯罪，你就无法致富；26.2%的青少年则认为这个问题不好回答（但是潜在意识也认同前一种意见）。每三个人中就有一个人（占37.7%）认为，可以采用诚实的方式挣钱生活。富裕家庭的孩子们（占42.6%）倾向于采用合法方式达到致富，贫困家庭的孩子们（占14.7%）则不同意这种意见，因为富裕家庭可以在很大程度上满足孩子们的需求。

为了保护自己免受外部团伙的侵害，青少年们开始武装自己。正如上面的研究所示：最常用的防身武器是刀，团伙参与者中每三个人中就有一个人持有刀具，每六个人中就有一个人持有链锁或者钢筋，每十个人中就有一个人持有铁指环，还有很多人持有用于自我防卫的瓦斯罐。我们可以肯定，这些青少年“群体”中，6.2%的成员持有瓦斯枪，3.6%的成员持有枪支。团伙成员同时随身携带双节棍，螺丝刀，硬橡皮棒及其他武器。

团伙中有不成文的“法律”、标准及价值观。团伙成员与“群体”之外的孩子们之间的相互关系建立在规矩、对个人采取暴力及对自尊心的侮辱基础上。团伙成员互相依赖，彼此需要包庇。遭到护法机关拘捕时，“年轻人”会把所有责任揽到自己身上，这是因为：（1）这会被团伙视为具有高度的自我牺牲精神，可以在团伙内部沿着“阶梯”提升，提高自己的地位；（2）存在恐惧，如果招供，会导致自己在团伙中的地位“下降”，或者被开除出“群体”；（3）他们明白，所有的护法机关可以被“收买”，“长辈”无论如何也一定会把他们搭救出去；（4）“年轻人”很少与等级制度中的上级“长辈”来往。

只有在规定的条件下才可以离开团伙：缴纳赎身金，与“长辈”达成协议，在团伙中达到一定的地位，达到成年年龄。需要注意的是，30%的年轻人并不知道这些条件，因为他们未被告知这一点，所以离开团伙的情况是很少的。如此看来，加入团伙比退出团伙要容易得多。

团伙中形成的犯罪亚文化对团伙成员的畸形意识及行为发展产生特殊影响。青少年的话语中充满了黑话、粗话和行话。团伙中的青少年彼此称呼外号和绰号。使用侮辱性外号表示对这个人的轻蔑态度。

对犯罪团伙及团伙的分析表明，他们中大约有一半是建立在街头流氓的青年团伙基础上的，起初划分地盘成立团伙，并未考虑从事毒品及专门经济经营，这样的团伙约占60%。很多流氓青年团伙，其中包括演变成为团伙后，根据自己的居住地在校园内“聚会”。他们积极利用校园，征收保护费作为“共用款”，并招募新人。直到后来这一过程被引起注意，人们开始采取措施在校园内建立安全区。

在鞑靼斯坦城市中有组织犯罪团伙繁荣发展形成的局面是：青年人成为充实有组织犯罪“队伍”的储备力量。

早在1989年，犯罪学专家就预测：到1995年前鞑靼斯坦城市中青少年团伙将演变成为危害社会、具有违法倾向的犯罪集团①。现在所有被破获的犯罪团伙中的基层组织都是青年团伙。

有组织犯罪团伙努力达成最大程度的垄断，占据新领域和对自己的地盘施加影响。鞑靼斯坦城市中被破获的所有犯罪团伙与俄罗斯的其他城市存在联系或者在其他城市中设立了分支机构。

根据一份刑事案件的材料中②提供的信息，莫斯科市被称为

① 见：布拉托夫．利．米，喀山“卷线机”：妨害社会利益的亚文化特征//非正规青年组织的犯罪学研究，莫斯科市：法律文献，1990年，第166页。同时可见：布拉托夫．利．米，舍斯列尔．阿．弗，具有犯罪倾向的城市区域的青少年集团：刑法及犯罪学观点。喀山市：鞑靼斯坦书籍出版社，1994年，第155页。

② 鞑靼斯坦共和国检察院档案。第№93884刑事案件的检查程序。

“车臣人”的犯罪团伙首领超越影响范围，挑唆卡马河畔切尔内市犯罪团伙首领之间的关系。根据案件中掌握的现有信息，“车臣人”犯罪团伙控制了陶里亚蒂汽车厂，从生产的每辆汽车费用中收取200－300美元的保护费。案发前，“车臣人”犯罪团伙关注卡马河畔切尔内市的主要原因如下：（1）控制“卡玛斯”开放式股份公司地区集团企业；（2）操纵高尔基市“嘎斯”汽车厂，该厂的许多领导来自“卡玛斯”开放式股份公司，并被卡马河畔切尔内市犯罪团伙“四十八穆什尼克”所控制；（3）将势力范围延伸到卡马河畔切尔内市附近的下卡姆斯克市，目的是取得对“下卡姆斯克石化”开放式股份公司的控制权（“车臣人”集团在英国设立了化工生产企业，需要提供便宜的原料，也需要在莫斯科市及其他城市的银行进行洗钱活动）。

根据有组织犯罪团伙的犯罪事实，及时破获并提起刑事案件起诉，这可以防止地区范围内有组织犯罪规模的扩大。

关于有组织犯罪团伙的规模及形式，我们可以举2001～2002年期间在卡马河畔切尔内市被破获的一个犯罪团伙为例。

犯罪团伙“二十九个”① 在鞑靼斯坦共和国的很多城市及地区、乌德穆尔特市、萨马拉州、奥伦堡州、莫斯科州、莫斯科市、乌克兰（敖德萨市、尼古拉耶夫市、雅尔塔市）、塞浦路斯、马耳他及其他地区实施了犯罪活动。犯罪团伙的区域影响扩展速度如此之快，其中包括对经济项目的影响，足以证明有组织犯罪可以从一个城市迅速扩展到全国以至于境外。

根据金字塔原则建立犯罪团伙。团伙最高首领直接领导的是位于第二层的首领，其中：

① 鞑靼斯坦共和国最高法院档案。第№2－5/2006案件；鞑靼斯坦共和国检察院档案。第№93884刑事案件的检查程序。

（1）领导团伙在莫斯科市的分支机构的首领，其中包括负责与政府部门、护法机关机法院负责人保持联系的首领；

（2）负责在经济领域组织犯罪活动、巩固金融基础（团伙控制的范围包括酒厂、食品厂、肉类联合工厂、中央市场、连锁宾馆、联邦汽车公路干线及干线上的贸易点、各种“虚假公司”及其他项目）的首领；

（3）在主要城市卡马河畔切尔内市的两个独立首领可以调遣支配大量的人力资源（不低于二百人，包括青年团伙）、武器、鞑靼斯坦共和国卡马河沿岸及卡马河及外卡马河区域很多家被控制的企业及多位企业家。

第二层的首领可以领导五至六个大型团伙，控制中小贸易企业、毒品买卖、卖淫业、不交税的停车场，未登记及未核算的商业活动、控制从事偷盗、盗窃机动车辆、敲诈恫吓、勒索钱财活动的犯罪团伙。

犯罪团伙中最积极的参与者选拔年轻人创建了自己的团伙，同时从团伙控制范围之内的学校、职业技术学校中选拔年轻人，组建属于自己的犯罪集团。

最低层的犯罪团伙参与者每人向共同收款处（“共同赃款”）付款。资金来源包括被控制的夜间停车场及其他商业项目。对被控制的企业家根据其企业周转额及团伙对其企业生意的保护情况而征收保护费。

对刑事案件材料的研究发现，犯罪团伙中存在分支机构，它们承担以下责任：保证团伙安全，避免被护法机关破获，对抗护法机关，其中包括收买护法机关、侦查机关及技术勘查部门的腐败分子，使其充当线人并与之保持联系；提供团伙从事活动的法律保证，与律师保持联系；与媒体打交道；观察动向；组织凶杀。

在侦查过程中共没收了八十只武器，其中包括规定配置的自动步枪、火箭筒以及弹药，爆炸装置和炸药，它们被分散保存在各种军械库中。与此同时，发现莫斯科市的犯罪团伙首领创办了“巴尔斯”保安公司，该公司可以办理合法手续，让团伙首领及团伙中的活跃人物以保安人员的身份携带并保管枪支。经过该保安公司办理手续后，大约二十只武器具有合法的手续。

正如护法机关的实践活动所发现的，很多私人保安公司实际上成为有组织犯罪合法化的“动力形式”。有组织犯罪团伙或者团伙参与者控制的私人保安公司可以从企业家手中获得资金，强迫企业家签订条件不合理的合同，操控企业家的经营活动，解决武器保管问题，训练非法武装分子。

犯罪团伙的首领及团伙成员随身持有各种俄罗斯联邦联邦会议国家杜马代表助理的、内务部工作人员的及其他的官方证件，可以畅通无阻地往来于俄罗斯联邦境内各个地方。犯罪团伙邀请前任的内务部工作人员、联邦安全局工作人员、俄罗斯联邦国防部情报总局的工作人员参与进来。犯罪团伙与合法工厂的厂长、人民代表、各种职权人物也建立了联系。犯罪团伙的成员与文艺明星也关系密切；在警察节那天，犯罪团伙为莫斯科州内务总局举办了音乐会，邀请了很多文艺明星参加演出，并获得了内务总局局长签字的荣誉证书。犯罪团伙的首领与著名的犯罪圈首领“雅波奇科”保持联系，并曾去美国与后者见面。犯罪团伙的首领与其他犯罪团伙的首领们之间也保持着联系。

在对犯罪团伙进行侦查的过程中发现，犯罪团伙的成员实施了多起凶杀案，其中包括杀人后藏匿尸体、诈骗、将通过犯罪途径取得的非法财产进行合法化处理，敲诈勒索、盗窃、非法买卖武器。对犯罪团伙成员的指控包括谋杀及谋杀未遂（准备实施谋杀）24

人（根据现有掌握的证据显示，对50~60名犯罪团伙成员提出指控）。

与此同时，犯罪团伙还在经济领域实施了对公民私人的侵害罪行，借以对犯罪团伙的犯罪活动提供资金支持。

实施的犯罪行为可以奠定犯罪团伙的经济基础：对个人、经济主体进行敲诈勒索、出售毒品及武器，从事自有企业的经营活动。犯罪团伙的每个分支部门具有自己“可以捞到油水的地方”，其收入被投入到犯罪团伙“共同赃款”中，然后将这笔资金用于购买武器、弹药、汽车、通讯工具，对实施袭击、凶杀及其他犯罪活动的犯罪分子支付报酬，对参加团伙及犯罪团伙的首领及成员予以奖励，剩余部分用于犯罪团伙的必需支出。

犯罪团伙成员善于“解决”债务，在敲诈勒索时进行恐吓，对受害人造成危害，例如烧毁企业家的财产。犯罪集团非法将企业攫为己有，或者创办企业使赃款合法化，并对非法的经营活动予以隐瞒。

在80年代末期及90年代初期，犯罪团伙依靠出售“卡玛斯”汽车配件的收入来生存。在莫斯科市犯罪团伙采取非法方式“解决”商业公司的债务作为收入。犯罪团伙将诸如“卡玛斯”开放式股份公司、Б级“卡玛斯”足球俱乐部及多家其他企业置于自己的操控之下。犯罪团伙在莫斯科市及俄罗斯的其他许多城市均创办了大量的各类商业公司。

由犯罪团伙控制，在鞑靼斯坦、乌德穆尔特、基洛夫州创办了一系列的甜酒生产厂和酒厂，在联邦主体国家创办了畜牧业综合体和肉食联合加工厂，在奥伦堡市创办了食品加工联合企业，在莫斯科州的巴拉希哈市创办了豆制品工厂，同时创办了很多城市中的中心市场，其中包括萨马拉州边境区的中心市场，联邦汽车公路“萨马拉－乌法”线路的个别路段，乌克兰的尼古拉耶夫市的矿泉水分灌车间，塞浦路斯离岸公司，莫斯科市的“塞瓦斯托波尔”宾馆综合体。犯罪团伙操控很多企业的财务状况。犯罪团伙控制的“塞瓦斯托波尔”犯罪团伙联合体及帮会占有莫斯科市建筑市场30%的份额，并控制俄罗斯具有发展前途的体育运动。

犯罪团伙控制甜酒生产厂和酒厂生产大量的未经核算的酒产品，打上合法的正规标签，在卡马河畔切尔内市及鞑靼斯坦共和国的其他居民点出售。有组织犯罪团伙同时将未经核算的酒产品通过网络在喀山市的商店及饭店进行销售。在莫斯科市及莫斯科州以易货贸易方式提供酒精。犯罪团伙的首领在卡巴尔达－巴尔卡尔市和阿迪格市寻找酒精的销路，在那里购买生产酒精需要的粮食。根据被没收的犯罪团伙的会计报表显示：他们设有第二个非法收款处，被犯罪团伙控制的甜酒生产厂通过该收款处进行非法现金结算。

犯罪团伙的首领利用自己的关系，接近政府当局、商业单位、贷款部门的领导，犯罪团伙采用各种方式（包括欺骗、恶意利用人们的信任、造成企业很盈利、企业从事的经营活动属于合法经营、申请的贷款资金很安全的假象）骗取上述单位领导的信任及支持。

被犯罪团伙控制的一家公司专门从事电力与燃气的相互冲账，就该问题与俄罗斯政府高层人物的亲属保持联系。有组织犯罪团伙的成员从莫斯科首饰厂的经营活动中赚取利润，有组织犯罪团伙的成员与联邦级别的高层人物一起在该工厂工作过。

对犯罪团伙实施的犯罪活动进行侦查的实践表明，他们的活动存在影子经济与有组织犯罪的特点，在国家和护法机关对现代社会关系进行总体调节的条件下，其中包括采取切断“手脚不干净”的官吏和有组织犯罪团伙首领之间联系的措施。通常，这种联系通过企业活动相关主体予以实施。有组织犯罪团伙的主要靠山，这是我们高贵的官员[①]，这些官员尤为重要。他们是影子经济的主要创造者与利润获取者。因此，如果不采取有效的反腐败措施清除腐败活动的经济组成部分[②]，那么打击有组织犯罪的成效是无法实现的。

经济主体的犯罪监督机制包括以下标准行为。非法（实际上是无代价地取得）购买前国营企业的股票。为此，对该国营企业的创办文件进行修改，并伪造所需的签字。为了结算股票使用贷款，采取违反规定的贷款程序，编造虚假的被收购股票企业领导的委托合同。鉴于以后需要回避偿还该贷款，因此偿还义务被自动转嫁到委托人身上。然后对企业财产进行重新评估，并高估财产的价值，额外发行股票，非法进行再分配为自己牟利，却打着为了增加企业净资产而支付费用的名义，并采取一系列的财务经营操作措施。这些操作的结果是犯罪团伙的成员及其操控的经营主体掌握了企业控股权，并以非法方式购买属于别人的财产。

例如，犯罪团伙为了准备攫取叶拉布加市的“模数”肉类加工联合体而创办了一家企业，该企业账面上仅有两千卢布。最终的操作结果是犯罪团伙的首领成为肉类加工联合体的老板，并持有“模数”肉类加工联合体封闭式股份公司85.25%的股票。2000年，当企业第三次发行股票时，企业的总资产被评估为5亿卢布以上。这样侵占财产的操作方式给企业造成的直接损失金额超过4500万卢布。

通过侵占“模数”肉类加工联合体的股票和资金财产，犯罪团

---

① 术语“高贵”在我们的研究文章中没有加上括号，因为它不仅反映贪污腐败分子的名义特征，而且也体现出从社会中流失的用于供养他们的高额物质费用。

② 见：俄罗斯联邦2020年前国家安全战略：俄罗斯联邦总统2009年5月12日第№537命令//俄罗斯联邦法律汇编，2009年№20.，第2444页；俄罗斯联邦国家经济安全战略（基本规则）：俄罗斯联邦总统1996年4月29日第№608命令//俄罗斯联邦法律汇编，1996年№18，第2117页；俄罗斯联邦2012～2013年度国家打击腐败的计划及对俄罗斯联邦关于打击腐败问题的总统命令法案的若干修改：俄罗斯联邦总统2012年3月13日第№297命令//俄罗斯联邦法律汇编，2012年№12.，第1391页。

伙签订虚假合同，每月从“模数”肉类加工联合体收取保护费，而这笔保护费最初支付给企业内部的保安人员，而后是支付给内务部私人保安部门的工作人员。

犯罪团伙采用同样的欺诈方式，从乌德穆尔特市国营肥育农场共侵占超过5000万卢布的财产。根据共和国一位高层人物的申请取得银行贷款，以欺骗方式非法获取资金，随后由该企业汇给“短期存在的虚假公司”。根据乌德穆尔特市部长会议一位副主席的申请，由企业领导进行非法金融业务操作。

犯罪团伙成员积极从事活动，将非法占有的资金及其他犯罪所得收入进行合法化操作，于是，犯罪团伙成员将超过1亿300万卢布的犯罪所得资金转变为合法资金。

2003年，在卡马河畔切尔内市破获的“塔基里亚诺夫斯基”[①]团伙依靠酒水产品的销售提供财务资金，其中包括未核算的酒水销售，销售假酒，组织卖淫和绑架，绑架富人，敲诈赎金。

团伙的武装包括3只火箭筒，轻机枪和22支卡拉什尼科夫冲锋枪，西蒙诺夫卡宾枪，26把手枪，41只射击消音器，15只光学瞄准镜，大量的弹药（36发附加火箭筒弹药，超过7500发子弹），爆炸装置，其中包括远程控制的爆炸装置。团伙的成员为了合法持有并保管武器，加入了位于乌里扬诺夫斯克市的私人保安公司。此外，团伙成员还身着制服，防弹背心，使用专业工具及警灯。

按照“黑市”价格，团伙查获的武器价值约等于20万美元（其中70%为枪支的价格，余下的30%为弹药的价格）。按照团伙的活动时间（8年）计算，每年分摊的采购费用应当为25000美元。根据我们的计算，有组织犯罪集团“共同赃款”的典型预算分

---

① 鞑靼斯坦共和国最高法院档案。№2－7/2007案件；鞑靼斯坦共和国检察院档案。第№119047刑事案件的检查程序。

配方式是这样的：30%用于贿赂官员及维持团伙内部联系，30%“给在押犯人提供物质帮助”（必须维持团伙成员的团结及团伙首领的权威）及付律师费，30%支付保镖工资、私人警卫、司机工资、首领代理人、实施犯罪行为的提前付款、发给团伙成员的一次性奖励、团伙首领的个人消费，10%用于购买交通工具，通讯工具，武器等。对平均2名携带武器弹药（武器的平均价值700－1000美元）的团伙成员配备1辆俄罗斯产轿车（价值8000－9000美元）。此外，还必须考虑到购买制服、通讯工具及其他费用。这样看来，在每年团伙“预算”支出中，购买武器的费用大约应当占“预算”总额的1%①。由此，可以计算得出：团伙每年的“预算”总额应当为250万美元或者为7500万卢布。对从事多种犯罪活动的团伙及犯罪团伙的侦查实践表明：犯罪团伙的组织者及成员通常从下属或者控制的经济活动主体中收取不超过10%的影子进款。②也就是说，每年团伙成员的影子收入规模不低于2500万美元，或者7亿5000万卢布。根据进款收入的平均市场资本化对比关系（4.5－6）③，我们可以得出结论：“塔基里亚诺夫斯基”团伙做“生意”的市场资本总额应当为1亿5000万美元，或者为45亿卢

① 从团伙“塔什干旅”（喀山市）案件现有的资料中得出这样的相互关系，该团伙每年的共同赃款规模达到20万美元，持有14支手枪（团伙已经存在6年多）。“黑市”上该武器的平均价格为500～1000美元，购买和更新武器的费用占共同赃款金额的0.6至1.2%。关于武器数量与共同赃款金额的原始资料见：鞑靼斯坦共和国最高法院档案。№2－6/2010案件；鞑靼斯坦共和国检察院档案。№4393刑事案件检查程序。

尼基京团伙刑事案件资料显示：“黑市”上根据马卡洛夫手枪改制的枪支购买价格为500美元，见：鞑靼斯坦共和国最高法院档案。№2－44/2005案件；鞑靼斯坦共和国检察院档案。№73404刑事案件检查程序。

② 审理犯罪团伙“日尔卡”的案件时取得以下资料，见：鞑靼斯坦共和国最高法院档案。第№2－5/2005案件；鞑靼斯坦共和国检察院档案。№38698刑事案件检查程序。

③ EBITDA或者P/S平均系数。

布，截至团伙被破获之时，团伙“生意”的市场资本总额超过城市预算30%（35亿卢布），等于联邦主体，例如马里埃尔共和国的国家预算总额（45亿卢布）。①

对于刑事案件中实施12起绑架及谋杀23人的16名罪犯追究刑事责任（根据团伙成员的供认，他们共实施了不少于50次的谋杀活动）。

例如，为了释放一位被绑架的富商，团伙共索要了3200万卢布的赎金，但随后该富商还是被杀害。

为了索要赎金，犯罪团伙对“卡玛斯－冶金”开放式股份公司的总经理及其同事实施了绑架。为了支付释放他们的赎金，“卡玛斯－冶金”开放式股份公司从自己的账户向“短期存在的虚假公司”的（在莫斯科市“SOD商业银行”有限责任公司开立的）结算账户汇款1000万卢布。随后，被绑架的人质还是被杀害。

在对犯罪团伙的调查过程中发现了洗钱流程图。为了套现，犯罪团伙在银行登记了若干个法人，并给自己开立若干个结算账户。通常，根据护照资料办理“短期存在的虚假公司”，在移动通信店就可以弄到护照资料：在向客户出售SIM卡前，移动通信店店员复

① 根据没收卡马河畔切尔内市两个最大的犯罪团伙“29综合体”和“拳击手”的武器规模看，影子资本总额的规模大致如此，见：鞑靼斯坦共和国最高法院档案。№№2－4/2006，2－12/2010，2－31/2006案件；鞑靼斯坦共和国最高法院未结案及未归档案件清单。№2－2/2012案件；鞑靼斯坦共和国检察院档案。№№93884，194460，117249，541974，197447刑事案件检查程序。

在卡马河畔切尔内市还发现10个其他（规模较小）的有组织犯罪团伙。总体上该方法适用于全国的情况（根据过去的2000－x年期间破获的团伙），我们可以做出结论：鞑靼斯坦共和国犯罪“共同赃款”在二十一世纪第一个十年中期前每年的费用总额达到4500万美元，或者13亿卢布；每年的影子进款不低于4亿5000万美元或者130亿卢布；而“市场”资本总额为27亿美元，或者810亿卢布。鞑靼斯坦每年破获的团伙及犯罪团伙影子收入占鞑靼斯坦地区总产值的3%（2005年）。因此，根据我们的计算（影子经济占地区总产值的30－80%，影子经济中30%为犯罪经济），被直接控制的有组织犯罪团伙的3%至10%从事影子经济，33%至42%从事犯罪活动。

印客户的身份文件。在莫斯科市，这样的复印件价值为5美元。开立这些子公司的结算账户后，银行将“需要兑现现金”的客户资金汇入这些结算账户。汇款依据是提供某种服务的虚假合同。然后根据此类合同，资金被转入自然人的结算账户（同样根据护照复印件办理）。自然人－“死魂灵们”（译者注：“死魂灵”是果戈理的小说名称，意指虚构的人，凭借假手续办理正常的业务。）无需怀疑，他们在首都的银行开立了账户，账户内有数额可观的存款。银行的工作人员凭借伪造的出纳单据自己提款，扣除兑换现金的手续费后，将资金转交给客户。① 侦查实践表明：对于每位自然人而言，仅从银行取款就需要整个工作日，而且储蓄所会出现排队的长龙。

我们发现，2003年“SOD商业银行”的可疑业务规模达到3亿美元。根据鞑靼斯坦共和国检察院的报告，2004年5月13日中央银行从SOD商业银行撤回了金融许可证。这是我国第一家被撤销金融许可证的银行。②

SOD商业银行事件之后，中央银行也开始对其他银行进行核查，多家经营不善的贷款机构纷纷停业。③

针对SOD商业银行的刑事案件，要求联邦部门启动单独的程序并对莫斯科市的银行实施进一步调查。根据我们掌握的资料显示：该案件的审理被暂停或者被停止。④

此后很快发生的事件是，2005年，莫斯科市，SOD商业银行总裁斯雷萨里夫及其妻女遭到枪杀。同时被打死的还有一名司机、

① 雅科夫列娃．伊．尼，上述专著，第170～171页。
② 同上，第172页。
③ 同上，第173页。
④ 现实中经常出现的情况是：刑事案件被转入上述侦查机构的诉讼程序进行审理，这使我们想到俄罗斯联邦刑事诉讼法的腐败问题，它不包括对案件进行“垂直”侦查的规定（区别于法庭审理阶段，该阶段存在变更审判籍的明确规定）。况且，这会破坏程序的独立性，降低调查员的地位。

一位保安人员和一位神甫。[1]

被犯罪团伙杀害的还有中央银行副总裁 A. 科兹洛夫，他尽职尽责地检查 SOD 商业银行的案件情况，并直接做出撤销 SOD 商业银行金融许可证的决定。[2]

有组织犯罪活动直接干涉经济领域的类似例证还包括下卡姆斯克市犯罪团伙实施的刑事案件。例如，2003 年，在下卡姆斯克市被破获的“塔塔尔”犯罪团伙，在 20 世纪 90 年代初期前就控制了几乎整个城市市场的商人及其他企业家。团伙成员“隐藏在”城市中的大企业中，其中包括“下卡姆斯克轮胎”开放式股份公司，偷盗成吨的产品。对试图截断偷盗渠道的企业供应科科长，犯罪团伙向该科长投掷了手榴弹，但犯罪团伙杀人未遂，造成该名科长受伤致残。[3]

从下卡姆斯克市 2009 年发生的刑事案件中发现[4]，犯罪团伙“马姆肖维茨”从下卡姆斯克市最大的企业（也是全共和国最大的企业之一）——下卡姆斯克石化公司中盗窃产品，同时对该企业的一个车间保安队队长进行袭击，因为该保安队长阻止犯罪团伙凭借伪造的手续从工厂盗窃并运走价值 30 万卢布的锅炉。由于犯罪团伙实施盗窃未遂，影响了有组织犯罪团伙在犯罪界的威信，所以犯罪团伙对该保安队长进行跟踪，实施毒打，使其遭到重创，随后不

① 雅科夫列娃. 伊. 尼，上述专著，第 174 页。

② 同上，第 173 ~ 174 页。

③ 萨法洛夫. 阿. 阿，上述专著，第 179 ~ 180 页；同样可见：鞑靼斯坦共和国最高法院档案。第№2 - 6/2007，№2 - 3/2009 案件；鞑靼斯坦共和国检察院档案。№139592，№300084 刑事案件检查程序。

④ 下卡姆斯克市法院档案。№№1 - 899/2009，1 - 1109/2009，1 - 69/2010 案件；鞑靼斯坦共和国最高法院档案。2 - 96/2009 案件。同样可见：下卡姆斯克市检察院档案。№№138161，242577，242588 刑事案件检查程序；鞑靼斯坦共和国检察院档案。№102454 刑事案件检查程序。鞑靼斯坦共和国 2012 年未结案及未归档案件清单。№131695 刑事案件检查程序。

久便不治身亡。[①]

犯罪团伙利用汽车和铁路车厢从“下卡姆斯克石化公司”盗窃原材料及成品，控制未核算产品的销售流向。与此同时，对其他国营企业和商业企业的领导、私人企业主进行敲诈勒索，对贸易网点和其他商业项目“征税”。对到下卡姆斯克拉运轮胎及其他短缺产品的长途运输司机征收保护费。同时犯罪团伙“马姆肖维茨”从事毒品买卖，并从提供色情服务代理中获取收入。[②]

护法机关的工作实践经验表明，有组织犯罪集团为了攫取最大利润，经常将他们非法聚拢的资金投入到创新发展中去。例如：斯先生，是卡马河畔切尔内市“48 综合体”犯罪团伙的一个首领，他同时主动赞助一位天才科学家，这名科学家主持研究医学药剂蜂胶的全新课题，根据该研究，医学药剂蜂胶无需在酒精中溶解，只在水中即可溶解。很多对酒精禁忌的疾病患者都需要这种蜂胶进行医治。该发明以斯先生的名字申请了专利。在该犯罪团伙被破获前不久[③]，斯先生去了国外，依靠这种发明的专利使用费过着富足的生活。[④]

犯罪团伙频繁从事像卖淫业这样的传统非法生意。例如二十世纪九十年代末期喀山市的“哈迪申斯基”犯罪团伙[⑤]在喀山市最大的洗浴中心——“健康综合体”组织大规模的卖淫活动，并在单独的家庭场所由应召女郎提供色情服务。卖淫业活动的收入近 50% 流

① 下卡姆斯克市法院档案。№1 – 69/2010 案件；下卡姆斯克市检察院档案。第№242588 刑事案件检查程序。

② 萨法洛夫．阿．阿，上述专著，第 312 ~ 313 页。

③ 鞑靼斯坦共和国最高法院档案。№2 – 4/2008 案件；鞑靼斯坦共和国检察院档案。№114524 刑事案件检查程序。

④ 俄罗斯内务部卡马河畔切尔内市管理局档案。2004 年信息分析材料。

⑤ 鞑靼斯坦共和国最高法院档案。№2 – 5/2002 案件；鞑靼斯坦共和国检察院档案。№15185 刑事案件检查程序。

入了犯罪团伙的“共同赃款”中。另一半收入分给妓女及她们的领队（“老鸨”）。犯罪团伙安排专门成员负责该活动。此外，犯罪团伙还指派专门人员从事毒品买卖，从中赚取利润。

顺便提一下，“哈迪申斯基”犯罪团伙的成立可以追溯到两种犯罪组织主要发展过程中出现的冲突、争斗与较量经历：“盗窃犯罪”及经济犯罪。有组织犯罪团伙的部分成员支持两位首领之一的赫先生的思想：同时从事合法生意和非法生意，并积累原始资本；而犯罪团伙中人数不多的另一部分成员则支持另一位首领沙先生的主张：只从事敲诈勒索和诈骗，以此作为主要的收入来源。两种主张带来两种结果：首领赫先生参与创办公司，他及他的手下获得了比沙先生团伙更高的收入。在两者后来不断加剧的冲突过程中，首先，首领赫先生被杀死，随后另一位首领沙先生也被打死了。两位首领被杀死后，早先加入首领赫团伙的尼先生和格先生与团伙的其他活跃人物联合共同成立了新的团伙。尼先生失踪后，格先生就成为团伙的唯一首领，他后来建立了犯罪集团。该犯罪集团的经济收入占其收入的主要部分，但与此同时，犯罪集团也使用暴力控制，实施传统的普通刑事犯罪活动为自己牟利。在此情况下，加入犯罪集团的一个团伙开始实施雇凶杀人，同时也根据犯罪团伙首领的指示而实施杀人犯罪。

2003 年，喀山市采取有力措施消灭了另一个正在活动的团伙——“尼基塔”团伙，该团伙专门从事雇凶杀人犯罪（提供杀手服务）。该团伙于 2002 年成立，创办人 A 曾经参加“热点”军事行动（在阿富汗共和国），具备丰富的经验，过去还曾在鞑靼斯坦共和国内务部刑事调查局工作过。该团伙具有三段式结构，按照该结构进行运作时，很多职业杀手不知道也从来没见过自己的首领。团伙首领只与杀手队长及自己最亲近的助手单方面联系，而且只有他自己才能提出见面的要求。团伙为购买武器，支出五百美元购买一只手枪。雇凶杀人的价格范围（在2002年－2003年期间）被估为五千至一万美元。[①] 其中有一次杀人共收取了三万美元的费用[②]。通常，客户通过无关的中介人找到团伙，中介人各司其职（下达订单，转交报酬，向当事人传递信息）。杀人订单的履行地点通常为联邦各个主体的居民点。[③]

另一个专门提供杀手服务的团伙加入了“日尔卡”犯罪团伙（喀山市），在1998年团伙被消灭前，实施雇凶杀人的收费为一万八千美元，其折合成等价的卢布金额大约十万卢布。2000年，按照客户要求进行杀人的收费为八千美元，其折合成等价的卢布约二十二万卢布。[④]

对同时从事多种犯罪活动的自私自利型犯罪团伙——暴力型犯罪团伙及团伙所犯的案件进行分析表明，三分之一团伙及团伙的最初首领被杀死或者遭遇神秘死亡（33个团伙中的11个团伙），其中，每五个团伙就有一个团伙（24个团伙中的5个）和三分之二的犯罪团伙（9个犯罪团伙中的6个）。有组织犯罪团伙创办人中被杀死的创办人绝大多数是犯罪团伙的首领，占71%（7个首领中的5个首领），这足以证明犯罪团伙内部竞争夺权的激烈性以及他们牟取的经济利益存在着广阔的前景。

鞑靼斯坦的护法机关在实际工作中，也曾破获了专业面很窄的

---

① 犯罪团伙“29综合体”2001年对从事凶杀的收费是1万美元，见：鞑靼斯坦共和国最高法院档案。№2－5/2006案件；鞑靼斯坦共和国检察院档案。№93884刑事案件检查程序。

② 从其他案件材料可见：从事凶杀的收费要高很多。杀死一名团伙首领的费用为10万美元。见：鞑靼斯坦共和国最高法院档案。№2－2/2001案件；鞑靼斯坦共和国检察院档案。№63578刑事案件检查程序。

③ 鞑靼斯坦共和国最高法院档案。№2－44/2005案件。

④ 鞑靼斯坦共和国最高法院档案。№2－5/2005案件。

犯罪团伙。这些犯罪团伙于2006年－2009年期间在喀山市专业从事毒品贸易及流通的犯罪活动①。犯罪集团包括五个有组织犯罪团伙，它们各自专业实施擅长的犯罪活动。根据网络原则对团伙成员之间的联系进行限制，不是所有的犯罪团伙成员都能掌握彼此的信息。犯罪团伙使用汽车将毒品从塔吉克斯坦运往喀什市，莫斯科市和俄罗斯的其他城市，运输的收费标准为：13000－15000美元/每公斤海洛因。这样算来，批发供货的运费价格为每一克收费350－400卢布，海洛因的零售价格大约为1000卢布。而实际收入可能还要更高一些，因为批发买来的纯海洛因在分包成小包装过程中，可以添加中性填料来增加毒品的总重量。其结果造成毒品的总重量增加了2－4倍。根据提起的诉讼（根据俄罗斯联邦打击毒品买卖管理局驻鞑靼斯坦侦查机关实施的调查），该犯罪团伙共买卖超过32公斤的纯海洛因（考虑到混合物，被没收的毒品数量可能要更多）和约半公斤的乙酰化鸦片。为了对购得的海洛因毒品进行结算，犯罪团伙成员预先在喀山市银行进行了外汇兑换操作（总体的金额约为一千三百万卢布）。销售毒品得到的资金收入通过叶卡捷林堡市和斯维尔德洛夫斯克州列夫达市的银行营业网点收款处以汇款方式汇往塔吉克斯坦共和国，收款人为多个人名。最近几年，在鞑靼斯坦的城市共计破获了七个类似的犯罪团伙，对犯罪团伙的组织者和参与者法院作出有罪判决（10起刑事案件）②。还有两个犯罪团伙的组织者和参与者的刑事案件（3起案件）正处于法院程序中的预

① 鞑靼斯坦共和国最高法院档案。№2－7/2011案件；鞑靼斯坦共和国检察院档案。№236128刑事案件检查程序。

② 鞑靼斯坦共和国最高法院档案。№№2－5/2008，2－5/2010，2－7/2011，2－57/2011，2/60－2011，2－96/2011，2－13/2012，2－14/2012，2－44/2012案件；鞑靼斯坦共和国检察院档案。№№625512，236128，911950，913963，913072，913782，914450，914451，042150刑事案件检查程序。

审阶段[①]。对上述案件的研究表明：约有70%专业从事毒品销售的犯罪团伙是亚文化群种族移民建立的，这些移民是从中亚地区的近邻国家来到喀山市的。

对从事"毒品买卖"生意的犯罪团伙进行研究，可以发现一条重要的规律：他们不仅在一个城市从事犯罪活动，而且还积极与生产并提供麻醉剂的其他国家的有组织犯罪团伙保持跨国联系。这样看来，实际上任何城市的有组织犯罪客观上（或者说潜在地）也具备跨国犯罪的特征。

鞑靼斯坦的城市护法机关在实际工作中，也破获了专业面很窄的其他犯罪团伙，它们从事某种固定的经营活动。例如，在2006-2007年期间，喀山市曾破获达吉斯坦民族移民组成的犯罪团伙并逮捕20名成员，他们制造并销售面值为1000卢布和100美元的假币。[②]犯罪团伙的活动被认定为有组织的犯罪活动，组织者、首领及其他代表的活动目的是制定计划，提供实施重罪和特殊重罪的条件。该团伙存在专业从事以下有组织犯罪的组织者：（1）制造假币，提供制造假币所需要的技术设备；（2）由多个有组织犯罪团伙从事假币的批发销售。

从事小型批发与零售假币的各种各样组织与这些犯罪团伙进行接触并保持联系。

在2005年-2007年期间，犯罪组织的成员制造了不少于8807张俄罗斯联邦中央银行面值为1000卢布的假币和不少于801张面值为100美元的假币以及586张原料。用这些原料可以制作并销售

① 鞑靼斯坦共和国最高法院2012年未结案及未归档案件清单。№№2-61/2012，2-66/2012案件；鞑靼斯坦共和国检察院2012年未结案及未归档案件清单。№№123073，913072，913065刑事案件检查程序。

② 鞑靼斯坦共和国最高法院档案。№2-3/2010案件；鞑靼斯坦共和国检察院档案。№169032刑事案件检查程序。

面值为100美元的假币，其影子收入的等价卢布为超过一千万卢布。销售俄罗斯联邦中央银行面值为1000卢布的假币而取得收入的40%至50%落入假币的直接销售者口袋，15%至20%的收入归假币的制造者，其余部分在假币的批发购买者、犯罪团伙的直接销售组织者与首领之间进行分配。

各种未形成结构化特征的有组织集团在影子经济领域实施的犯罪活动具有高度多种多样性的特点[①]。它们主要积极从事传统牟取财产的自私自利型犯罪。例如，2012年，喀山市护法机关的工作人员破获了一起此类犯罪集团从事的犯罪活动，该集团的成员包括有组织犯罪团伙的代表（根据案件材料显示的是“卡拉瓦耶夫斯基”有组织犯罪团伙），以及遭受犯罪活动侵害的企业工作人员（安全部门的工作人员，产品生产车间的工作人员等）。从2006年起，该犯罪集团开始系统化地从某个开放式股份公司偷窃未核算的可变现款的聚乙烯产品，根据侦查得到的销赃结果统计，该犯罪团伙成员共获取超过七亿卢布的收入。这样算来，有组织犯罪集团的成员依靠传统的犯罪活动每周平均可以攫取200万卢布的收入。[②] 护法机关对盗窃者进行抓捕，根据掌握的资料对盗窃者进行起诉，经过确认，乙烯加工成聚乙烯的系数为1.057，显示的损失系数为1.040。如果考虑到2011年的生产系数超过了确认系数而达到1.067，则共计生产了130335吨经过核算的聚乙烯，则未核算的多余部分可以达到5348吨，年度金额为2亿9400万卢布（占销售此类产品影子

---

① 例如：喀山市莫斯科区法院档案。№1－321/2011，1－15/2012案件；喀山市莫斯科区法院未结案及未归档案件清单。№1－92/2012案件；喀山市检察院档案。第№№716210，726772刑事案件检查程序；喀山市检察院未结案及未归档案件清单。第№773289刑事案件检查程序。见以下其他案件。

② 俄罗斯内务部喀山市管理局2012年未结案清单。№642307刑事案件；喀山市检察院2012年未结案及未归档案件清单。№642307刑事案件检查程序。

收入组成部分的3%），为了控制平衡，可以采取其他途径，保证在不停工的条件下，同时进行维修或者清理，而且这只是一家企业工厂，其生产产品的产值仅占股份公司收入的四分之一。

有组织犯罪集团的最普遍犯罪活动是诈骗①。例如，喀山市一个有组织犯罪团伙被破获，其成员在2009年~2010年期间采取欺骗手段伪造假公章、表格和单据等，与各级政府部门保持广泛的联系，他们盗窃公民的现金作为办理文件及购买土地所有权的服务费，然后建设商店、贸易综合体及其他项目。犯罪集团的成员包括俄罗斯登记管理局的工作人员，他向集团的其他成员提供不动产项目国家登记权利证明的原始表格。在侦查过程中护法机关发现的事实是：犯罪集团共盗窃了五位公民的约一千万卢布。②

对类似犯罪活动的侦查实践表明：最近一段时间以来，有组织犯罪团伙积极活动于土地法律关系领域中。在俄罗斯、鞑靼斯坦的城市中，最珍贵的而且无需争辩的财富就是土地。土地资源的影子流通潜力相当高。土地的赎回价与市场价之间的差额达到百分之百。相当部分的土地属于国家所有。毗邻城市的农业用途土地潜力巨大。出售土地，使农业用地变为城市居民点用地的纯利润相当高。其中起到积极作用的因素是利用内部关系，打探关于道路施工及其他交通线路的消息，将这些土地化为城市范围的前景（例如喀山市）。综上所述，我们预测：有组织犯罪团伙将集中力量积极涉足利润可观的土地贸易。鉴于此，必须建立预防措施系统，消除腐

① 应当指出，俄罗斯联邦最高法院向俄罗斯联邦联邦会议国家杜马提出联邦法律草案《对俄罗斯联邦刑法及俄罗斯联邦其他法令的修改》，用于细分现代经济条件下出现的各种欺诈行为和盗窃他人财产或者以欺骗手段购买他人财产及滥用信用。见：俄罗斯联邦最高法院全体会议［俄罗斯联邦最高法院2012年4月5日全体会议公布的信息］//俄罗斯联邦最高法院公报。2012年№6.，第1~2页。

② 喀山市苏维埃区未结案及未归档案件清单。№-1-655/2012案件；鞑靼斯坦共和国检察院未结案及未归档案件清单。№803844刑事案件检查程序。

败因素，采取断然措施解决上述问题。

契约当事人也经常成为有组织集团骗子们的牺牲品。例如，在喀山市对有组织犯罪集团的成员追究了刑事责任，这些罪犯在2008年采取欺骗及恶意利用信任等方式侵占德国坦内伯恩市 Designer-DieselGmbH（“柴油机设计者”有限责任公司）的巨额资金，侵占的资金金额达到1829550欧元，即66476106.07卢布。为实施犯罪，有组织犯罪集团的成员与该公司签订18000吨植物菜籽油的供货合同，并要求支付百分之百的预付款，为保证合同条件，提供了伪造的不可撤销的银行保函[①]。等该德国公司全额付款后，有组织犯罪集团的成员采取各种方式让对方表面看来是自己已经准备发货，从而要求对方支付不可预见的铁路编组列车的技术开支，金额为13万欧元，并发出催促发货的通知，同时告知对方商品运输路线图及并不存在的油罐车车号，并要求额外支付42万欧元的海关关税。等这些资金全部转到有组织犯罪集团操控的公司账面后，所有资金被汇往其他公司的账户，而这些账户是以虚假人名开立的。有组织犯罪集团的成员通过电子密钥进入互联网银行对资金进行支配。为变现这些账户中的资金，共办理了100多个自然人记名银行卡，在有组织犯罪集团使用这些银行卡将账户资金提空。[②]

根据公民的社会道德标准，有组织犯罪集团对于提取自己的“赃钱”并不感到可耻。例如，在喀山市，曾经破获了一个有组织犯罪集团，该集团的成员包括有价证券专家，公证员和其他人物。该犯罪集团的成员于2006年－2009年期间采取诈骗和敲诈勒索的

① 不可撤销的银行保证：银行正式义务文件，保证向债权人（受益人）支付债务人（委托人）的债务，担保人无权撤销该义务。

② 喀山市瓦西托夫区法院2012年未结案及未归档案件清单。№1－13/2012案件；鞑靼斯坦共和国检察院未结案及未归档案件清单。№243325刑事案件检查程序。

手段，以公布孤儿院未成年学生和其他社会未受保护人士（共计22个受害人）个人的信息相威胁，侵吞“天然气工业”开放式股份公司的股票，涉案金额巨大，总共达到1亿2700万卢布。上述犯罪赃款中有6400万卢布由犯罪团伙后来通过存款和证券交易所进行合法化处理。①

总体上，对犯罪团伙及其他有组织犯罪集团实施的犯罪统计资料和其他经验论资料进行分析表明：二十世纪九十年代的有组织犯罪集团的主要特征是团伙，而到了二十一世纪的第一个十年，犯罪集团的主要精力则很明显地转入到经济领域中。二十世纪九十年代中，团伙及犯罪团伙刑事案件显示：自私自利型暴力犯罪占各类犯罪的63%（8起刑事案件中占5起），在过去的2000年期间则占22%（50起刑事案件中占11起）。但是，包括实体经济组成成分、从事专业狭窄、不采用暴力手段获取收入的多种经营犯罪活动从38%（8起刑事案件中占3起）增加到66%（50起刑事案件中占33起）。现在不经常采用传统的攻击方法，而代之以离岸公司更改受益人②，这些离岸公司积累金融资金，然后控制投资资源和控股公司，调节俄罗斯大城市中高盈利企业的经营活动。

在过去的2000年期间，在鞑靼斯坦出现了明显的政治极端主义团伙（占犯罪团伙的10%），根据刑事案件卷宗显示，这一现象

---

① 喀山市瓦西托夫区法院未结案及未归档案件清单。№1－165/2012案件；鞑靼斯坦共和国检察院未结案及未归档案件清单。№917064刑事案件检查程序。

② 受益人（保险受益人），在现代条件下－这是自然人，其直接或者通过参与其他组织，使用所有者的权利，成为公司（集团公司）财产的操作者（尽管在此情况下财产所有权从法律意义上属于其他人）。受益人有间接权利在公司最高管理机构进行投票，选举任命新领导，决定法定资本及改变经营范围的问题。经常遇到的情况是：受益人也是公司银行账户的管理人。只有银行及公司的登记代理人可以查看该账户。根据相关国家法律，通过提供所有离岸金融公司标准服务隐藏最终受益人的身份。受益人可以是现实的所有者或者背后还有最终的影子“受益人”，他使用有组织犯罪的强力资源发挥影响。

在过去的十年间是从未曾出现过的。在鞑靼斯坦的刑事案件侦查材料中揭示了罪犯进行金融融资的来源，其中包括有组织恐怖犯罪集团金融融资的来源。

犯罪团伙采用的最普遍的获取资金的方式是绑架人质进行勒索。在卡马河畔切尔内市发生的以下刑事案件可以作为佐证。[①]

1999 年，根据哈塔布的委托，非法武装团伙（以下简称“非法武装”）的一个首领，在车臣地区从事活动。卡马河畔切尔内市的犯罪分子在“高加索”教学中心通过军事培训，成立具备非法武装的有组织犯罪团伙，该团伙在卡马河畔切尔内市抓人质，勒索赎金来保证非法武装团伙的活动。类似的团伙被派往俄罗斯的各个城市：其中一部分被派去抓人质，另一部分则去实施恐怖活动。

犯罪团伙在城里绑架了一位颇有影响力人物的儿子做人质，并将其送往车臣，护法机关工作人员与“车臣”非法武装的谈判结果是达成协议，以 32 万美元的赎金换回人质的自由，卡马河畔切尔内市的居民为此特意成立了一个社会资金筹措基金会。经过联邦安全局的特别行动，交钱后人质被赎回。后来该犯罪团伙被破获，并对其进行审判，[②] 犯罪分子被判处长期监禁。要知道在全国范围内，此类犯罪活动通常是不公开的，恐怖集团实施类似犯罪活动攫取的资金金额巨大。

从上述案件中又单独分离出刑事案件，可以确定并侦查组织该犯罪的其他人员。其中之一包括拉扎科夫，他是车臣及达吉斯坦境

---

① 鞑靼斯坦共和国最高法院档案。№2－29/2011 案件；鞑靼斯坦共和国检察院档案。№117 刑事案件检查程序。

② 见国家公诉人，卡马河畔切尔内市检察官，高级司法顾问纳菲科夫．伊．萨，的发言（起诉舒库洛夫．沙．伊，的案件及其他劫持人质的犯罪案件//国家公诉人的法庭发言：方式（译者著：结合上下文，意指犯罪团伙的绑架人质方式）。参考资料/俄罗斯联邦总检察院：加强法治及整顿法律秩序问题科研所；由阿．雅．苏哈列娃进行编辑，莫斯科市：埃克斯利特公司，2003 年，第 109～135 页。

内团伙战斗的积极参与者，根据自己的战斗首领祖巴依尔，哈塔巴及巴萨耶夫的指示，为实施恐怖活动而返回到鞑靼斯坦共和国的卡马河畔切尔内市，并加入了古梅洛夫根据极端狂热主义者战斗首领指示而建立的“伊斯兰扎马特”非法武装。团伙成员们居住在鞑靼斯坦和巴什基尔斯坦的一系列城市及行政区中。非法武装的中心被确定在卡马河畔切尔内市。

非法武装持有“马卡洛夫”、“图拉托卡列夫”、“瓦尔德”、“鲁格”牌手枪、“AK”自动步枪、其他武器、手榴弹、炸药。集团成员身着便于实施突然袭击的迷彩服和警察制服。

非法武装团伙（以下简称“非法武装”）中设立组织部门，它们负责以下问题：（1）总体领导：由“埃米尔”——战斗小组军事委员会领导小型战斗；（2）行使法院（伊斯兰法院）的功能，保证安全，秘密活动及遵守纪律；（3）宣传伊斯兰瓦哈比教义，发展新成员，诠释可兰经；（4）准备实施恐怖主义犯罪及其他犯罪活动；（5）对“扎马特”非法武装的合法及非法企业活动提供财政支持，补充各种费用支出，购买武器并提供交通工具。

根据非法武装团伙的野战司令鲁斯兰·格拉耶夫的命令，准备在喀山市千年庆典前实施一系列恐怖活动——在群众大规模游行庆祝时，武装分子将从房顶向手无寸铁的人群开枪射击，炸毁喀山市直升机制造厂，“卡玛斯”开放式股份公司的工厂和卡马河畔切尔内市的水源地，破坏下卡姆斯克市“下卡姆斯克石化”开放式股份公司的生产。在此之前，他们应当从车臣和阿拉伯恐怖组织武装集团的成员那里获得财务支持和爆炸物。

根据非法武装准备实施恐怖活动的事实，护法机关及时实施的起诉使武装分子的恐怖活动计划落空，护法机关破获了该非法武装。鉴于准备实施恐怖活动的事实、参与非法武装、实施其他犯罪活动，依据俄罗斯联邦刑法第208条第1款、第2款、第30条第1款、第205条第3款、第205-1条第1款、第206条第3款、第105条第2款第a点、第d点、第171条第2款第a点、第b点的规定，对犯罪团伙的17名参与者和组织者予以判刑①。

为了给非法武装集团的恐怖活动提供资金，2002年至2004年期间，卡马河畔切尔内市的犯罪团伙未按照规定程序进行注册，也未取得单独货物的质量证明书，就秘密组织产品的生产并逃避纳税，犯罪团伙使用伪造的文件、要件、徽章、戳记、表格等加工“卡玛斯”汽车的零配件，这些犯罪活动的结果是定期获得大笔的收入（金额超过2200万卢布）。犯罪团伙通过犯罪途径获得的资金被合法化处理，这些资金被用于合法的购买用途，同时掩盖了这些赃款的真实来源。

明显的例证是，中等程度的非法企业犯罪活动在影子资本的创造过程中起到明显的作用，它给有组织犯罪提供财政支持，其中包括对恐怖活动②提供资金。

【小结】

1. 在鞑靼斯坦城市中打击有组织犯罪的经验表明：在某些个别城市中，无论国家的总体状况如何，有组织犯罪（及其经济基础）可以被削弱，可以从本质上将犯罪活动的影响降到最低程度。

---

① 鞑靼斯坦共和国最高法院档案。№2-2/2008案件；鞑靼斯坦共和国检察院档案。№119468刑事案件检查程序。此外，上述非法武装“雷布诺斯洛波德斯基的贾马特人”分支机构制造的恐怖活动（发生在鞑靼斯坦、巴什基尔斯坦、基洛夫州、乌里扬诺夫斯克州、萨马拉州的11起输电线电杆及输气管道的爆炸案），还有4人被判刑：见：鞑靼斯坦共和国最高法院档案。№2-34/2007案件；鞑靼斯坦共和国检察院档案。№300101刑事案件检查程序。

② 与此同时，打击恐怖主义资金供应的国际公约要求缔约国采取有效措施截断任何形式支持恐怖活动的非法经济活动。见打击恐怖主义资金供应的国际公约（2000年1月10日在纽约签署。联邦法律2002年7月10日第№88声明批准）//国际条约公报。-2003年，№5公报。

2. 侦查城市有组织犯罪案件的经验证明，必须在俄罗斯联邦刑事诉讼法[①]中规定将案件从初级侦查机关转到高级侦查机关的程序（“垂直”侦查程序），并排除侦查机关实践中存在的腐败因素，这些因素可能造成人为地干预此类案件并终止案件审理，因此必须增强诉讼的独立性及提高侦查员的地位。

3. 官僚的腐败是有组织犯罪活动存在的基础，这些官僚从非法经济活动中抽取红利，他们制定关于刑事犯罪的处理政策，腐败官僚与金融寡头和犯罪首领组成高级犯罪圈子。他们是影子经济的主要创造者和利润获取者。如果不能有效打击腐败活动，则打击有组织犯罪及其在经济领域的犯罪活动是不可能的。

4. 很多时候，打击有组织犯罪活动和抑制影子经济的关键在于国家确保建立违法者的风险系统，并根据法律规定高效地追究违法者的责任。在此情况下，从经济角度看犯罪活动本身就是无利可图的。

5. 对有组织犯罪团伙的案件进行分析证明，参与有组织犯罪活动对于特定的人士而言是独特的社会阶梯，沿着这部阶梯，这些只接受过低等教育而从事低等工作的人将有机会成为经济与政治精英。

6. 充实有组织犯罪“队伍”的后备力量是青年。大部分团伙和犯罪团伙是建立在街头流氓的青年团伙基础上的，起初他们划定地盘成立团伙，他们中很多人根据自己的居住地在校园内进行“聚会”。他们积极利用校园，征收保护费作为“共用款”，并招募新

---

① 2001 年 12 月 18 日№174 联邦刑事诉讼法：俄罗斯联邦会议国家杜马 2001 年 11 月 22 日通过；俄罗斯联邦会议联邦委员会 2001 年 12 月 5 日批准；2001 年 12 月 18 日第№177 俄罗斯联邦法律开始实施：［2012 年 7 月 28 日的最新版本］//俄罗斯联邦法律汇编，2001 年，№52（第 1 部分），第 4921 条。最新版本的文本：“顾问 +”法律公正系统。

人。直到后来这一现象引起人们的注意，人们开始采取措施在校园内建立安全区。

7. 有组织犯罪团伙努力实施最大程度的垄断，占据新领域和对自己的地盘施加影响。鞑靼斯坦城市中被破获的所有犯罪团伙与俄罗斯的其他城市均存在着联系或者在其他城市中设立了分支机构。

8. 我们根据被破获的有组织犯罪团伙购买武器的费用进行计算（根据“黑市”价格）表明：鞑靼斯坦共和国犯罪“共同赃款”在二十一世纪第一个十年中期前每年的费用总额达到4500万美元；每年的影子进款不低于4亿5000万美元；而“市场”资本总额为27亿美元，或者810亿卢布。鞑靼斯坦每年破获的团伙及犯罪团伙影子收入占鞑靼斯坦地区总产值的3%（2005年）。因此，被直接控制的3%至10%有组织犯罪团伙从事影子经济活动，33%至42%有组织犯罪团伙直接从事犯罪活动。

9. 对共和国大城市中有组织犯罪集团刑事案件进行侦查证明：犯罪集团积极干涉经济领域。分析表明：二十世纪九十年代的有组织犯罪集团的主要特征是团伙，而到了二十一世纪的第一个十年，犯罪集团的主要精力则很明显地投入到经济领域中。

10. 根据对有组织集团经济案件及土地法律关系领域法律存在的缺陷进行分析，我们预测：有组织犯罪团伙将集中力量积极涉足于该领域。鉴于此，必须建立预防措施系统，消除腐败因素，采取断然措施解决上述问题。

11. 在过去的2000年期间，某些有组织犯罪团伙表现出“政治化”的倾向。因为，在此期间的十分之一的犯罪团伙具有政治极端主义特征，而在前十年则未出现过该现象。在实践中，所有类似的犯罪团伙均在影子经济基础上实施自己的犯罪活动。

第三节　大城市影子经济有组织犯罪形式的确定特征

为了理解现象的定义机制及因果关系，必须阐明一系列的哲学问题，其中包括：

1. 可能性及现实性（可能性可以有很多，而现实性只有一个；它们二者之间的对比可以帮助人们明白，为什么很多可能性只有一种可以实现，将可能性变为现实性的机制是怎样的，可能性变为现实性的主要原因是什么）；

2. 偶然性和必然性（任何必然性通过大量的偶然性得以实现，其表现形式也是一种偶然性，它源自于表面的观察；同时，任何偶然性也是一系列必然性的交叉；理解这种交叉的规律性，意味着需要把握因果关系机制的主要环节及事件发展过程的连续性）；

3. 规律性及因果关系（规律性包括在固定条件下可以实现的普遍可能性，包括时间及空间的总体环境；引起的联系只表现在固定的时间范围内）。

自身的原因及条件是什么？

条件可以创造一种或者另一种结果的可能性。某种原因可以达到的具体结果（它不仅成为一种可能性，而且也是唯一的可能性）。这些条件同时具备自身的原因，这些原因在其他必要的条件下可能会出现。[①]

从相对论角度看，任何规律性只有在固定条件具备时才可能有

---

① 关于各种现象相互联系的形式详见：犯罪学：大学教科书/总编阿．伊．多尔果娃……2002 年，第 232 ~ 234 页。

所表现；而在其他条件下，它却可能导致相反的结果。随着条件的变化，规律性也有所改变；从这一角度看，条件本身就是这些或者其他规律性的表现原因，其中包括因果联系的原因。[①]

我们将因果关系确定为现象之间客观存在的关系，在该关系中一种或者若干种相互作用的现象可以产生一种其他现象或者一系列的其他现象（第一种现象：原因，其他现象：后果）。

作为规律性联系的变种，因果关系具备以下特征：普遍性，不可逆性，空间及时间的连续性。

现象中还存在其他形式的相互联系，这些联系不属于因果关系。[②] 其中包括以下内容：

函数关系。这是具有共同原因的现象之间的关系。例如：盗窃案件的增加与购买力的下降具有共同的原因：失业的增加。具有前科的人员及大部分犯罪人员较低的物质地位可以说明他们适应社会条件的能力较差。吸毒及酗酒同样具备共同的原因，但是这些现象之一不会产生其他现象。他们彼此之间不存在因果联系。

统计联系表现为不取决于其他因素的变化，而仅仅是一种因素的分配特征出现变化。例如：随着人口数量的增长，犯罪率也随之增加，其实人口数量的增长并不能造成犯罪率的增加。

地位联系，这是在同一现象期间的变化。例如：未成年人犯罪的高比例随着时间的流逝表现为重复犯罪日益增加。

对于具有连续性的各种事件未形成因果关系的联系。例如：重复犯罪与上一次犯罪无关，并不是上一次犯罪造成的。

各种现象之间的各种合理依赖关系属于确定的概念——因果关系的原因。这是比因果关系概念更广的概念。

---

① 同上。
② 同上。

这样看来任务变得更加复杂，我们正在研究的课题并不是单一的，而是大规模的现象，是同样结果的统计总和。

对于具体犯罪的原因及条件而言，该具体结果是必然的现象，它与其他类似现象的总和（总体犯罪）是随机性的，是所有必然性的交叉点。

对于犯罪的原因及条件，总体上属于固定形式大规模现象的必然结果（后果）（作为唯一的可能性，可以预测它的水平、结构、危险程度及其他特点）及其组成部分（就单独犯罪而言），从随机性的角度可以将各类人等包括在内。

对单独现象及大量现象之间的因果关系进行研究的途径将是多种多样的。

对具体犯罪的因果关系进行研究，是对实际情况进行研究，准确地说，是对有限的、单一的实际情况进行研究。

犯罪现象大量地出现，对其原因进行研究时，永远可以找到单独存在的各种客观因素。根据这些原因，按照概率论的理论，关于犯罪的任何学术研究都将具备概率论的特征。

根据二十世纪阿根廷*（加拿大籍）物理学家和哲学家马里奥·邦基（他对因果关系的问题颇有研究）的观点，对因果关系的机械理解是“严格的”，从各种现象之间的清晰关系可以得出结论：该概念不适于解释大量的概率处理过程。使用统计方法可以确定具有单独种类现象的因果关系，而不是归结为笼统的因果关系。根据这一观点，每一单独犯罪现象可以从因果关系的角度做出解释，但是对于它们的总和——各种犯罪现象，则可以根据“单独本质的综合效果”予以确定。①

---

① 引文根据：库德利亚采夫. 弗. 尼，犯罪学的因果关系（关于个人犯罪行为的组成）。莫斯科市：法律文献，1968 年，第 6 ~ 7 页。

亚里士多德还指出，现实中现象的本质并不归属于任何法律。它们的活动存在着内部自身的原因，每个人都努力实践着自己所认为的真理。①

伟大的俄罗斯籍比利时物理化学家及哲学家、协合学理论奠基人、诺贝尔奖获得者伊里亚·普里戈仁同样指出“初始”规律（决定论）优势已经终结，揭示不可逆过程的“再次”规律（统计论）的时代已经来临。在预测未来和恢复过去之间没有任何区别的情况下，牛顿的经典理论是可逆的。对于更复杂的系统而言，时针指标是单矢量——不可逆的。决定论的法则符合个别的情况，它们仅对固定的经典系统和量子系统而言是可靠的，也就是说，对于物理系统的级别限制才是可靠的。在不固定的系统中它们仅在个别情况下有效。从一种状态向另一种状态进行转变时可以表现出不固定的特性。在极端情况下，不固定系统属于“混乱系统”，对它使用轨迹术语进行描述是不足的，因为不论轨迹最初怎么接近，随着时间的推移会出现指数级分散。复杂的不固定系统不允许采取单独轨迹的术语（或者单独波浪形功能）的方式进行描述，而只使用轨迹束（或者群组）术语。世界存在若干个可能性，但由此不应当出现可能性与发展趋势不相容的情况。因此，复杂系统规则具有概率学的特征。发展源自于系统的相互作用，其原因在于它们之间存在着共振作用。共振作用造成两种类型的轨迹：“正常”动作类型轨迹（例如：行星的运转）及随机动作的轨迹。② 在社会生活中人们经常会遇到后一种情况。

根据斯．普．卡比查及其同事的意见，混乱动作决定论系统的

---

① 普利果日恩．伊，斯杰格尔斯．伊，时代，混乱，量化。解决时代存在的奇异现象。莫斯科市：URSS 出版社，2003 年，第 5 页。

② 同上，第 4 ~ 21 页。

最重要特点是对初始资料过于敏感。随着时间的推移，初始偏差有所增加，最小的原因却需要进行大量的侦查。混乱的具体表现是存在极其复杂的有序性。①

赫尔茨②对经典力学的动态法则进行区分，预测相应条件下一种行为的固定可能性及统计规律，根据该规律，总体项目存在着可能性，然后随机计算单个项目的概率。按照他的意见，原因的概念可以用于具体事件的原因关系。因此他不建议使用犯罪原因的概念而代之以其他概念。

对他的观点进行研究时，其他德国犯罪学家包括布赫格尔茨、列克沙斯及哈特曼都指出，完全同意该原因的解释，在具体原因范围内进行调查，或者该方法可以保证具体事件研究的最高精确性及此类事件各种现象值的差别。从我们的角度观察，我们想指出社会不应拒绝在更广泛的关系系统中使用原因及后果的概念。③

按照俄罗斯权威犯罪学家的意见，统计功能关系可以被列入因果联系中，（虽然可以被列入，但是实践中却未被列入）。按照他们的意见，犯罪属于总体统计的因果解释种类。在此情况下我们必须预先说明，因果关系更适用于某些总体的犯罪，而不适用于每一个个体的犯罪行为。因为大量现象具有特定属性（例如：数量的稳定性），这些特征是个体事件所不具备的。④

概率随机方法处于相当重要的地位，但是它们同样服从于因果关系法则。社会是稳定性与变化性之间、整体及其组成部分之间具

---

① 卡比采．斯．普，库德留莫夫．斯．普，马利聂茨基．格．格协同作用与预测未来。莫斯科市：URSS出版社，2003年，第24、27页。

② 根据：布赫果利茨．埃，列克沙斯．德，哈尔特曼．利社会犯罪学。莫斯科市：进步出版社，1975年，第56～57页，第60页。

③ 同上。第60页。

④ 见：库德利亚采夫．弗．尼上述专著，第7页。

备本质内部矛盾的发展系统。社会因果关系的特点在于：因果不是物理现象，不属于事物，而是事件过程与状态组成的大部分内容，属于人们之间的社会关系。社会因果关系的特点在于它们通过人们的意识表达确定目标与行为动机，本质上与非生物界无关。[①] 社会现实不是指人们的身体，而是指人们的行为。在现实中实现确定的价值并达成某些目标[②]。犯罪关系的因果关系属于各种社会及生物因素的复杂系统和相互作用机制[③]。

在任何情况下，尽管存在大量的犯罪因果关系理论，犯罪学的任务之一是确定犯罪因素[④]，关于这些因素可以提前指出，由于存在着高概率，犯罪领域的固定现象及过程将被重复。

这一研究成果意味着需要考虑社会生活的总体历史、社会及经济原因对犯罪及其原因进行研究。

社会领域中因果关系是多义的：（1）每个原因产生若干个后

---

① 库德利亚采夫．弗．尼，犯罪起源。犯罪模式试验：教学参考书，莫斯科市：英夫拉论坛出版社，莫斯科市，1998 年，第 10 ~ 16 页。

② 坎克．弗．阿时间格式。莫斯科市：URSS 出版社，2002 年。

③ 杜比宁．尼．普．，卡尔别茨．伊．伊，库德利亚采夫．弗．尼，遗传学，行为，责任：反社会行为的性质与预防措施。莫斯科市：政治出版社，1989 年，第 91 ~ 92 页。

④ 关于因果关系与限定联系详见：多尔果娃．阿．伊犯罪学：快速教程。莫斯科市：标准：英夫拉出版社，莫斯科市，2001 年，第 198 ~ 207 页；犯罪学：大学教科书/总编阿．伊多尔果娃。第 2 版……2002 年，第 363 ~ 376 页；犯罪学：教科书/总编阿．伊多尔果娃。第 4 版，修订及补充。莫斯科市：标准，英夫拉出版社，莫斯科市，2010 年，第 271 ~ 311 页；埃米诺夫．弗．叶俄罗斯打击有组织犯罪的构思，莫斯科市：大纲，2007 年；埃米诺夫．弗．叶，在俄罗斯出现犯罪的原因：犯罪学与社会心理学分析。莫斯科市：标准：英夫拉出版社，莫斯科市，2011 年，第 126 页。科列依苗诺夫．米．普，犯罪学：高等学校大学生教科书，第 2 版，修订与补充。莫斯科市：标准：英夫拉出版社，莫斯科市，2012 年，第 431 页。舍斯列尔．阿．弗，有组织犯罪的犯罪学观点：教学参考资料，秋明市：俄罗斯内务部秋明法律学院，2009 年，第 85 页；舍斯列尔．阿．弗，集团犯罪：犯罪学及刑法观点：专业教程。萨拉托夫市：卫星出版社，2006 年，第 152 页；舍斯列尔．阿．弗，经济活动领域中的犯罪特点与预防：教学参考书。秋明市：秋明国立世界经济、管理与法律学院，2005 年，第 81 页。

果，而每个后果是若干种情况－系列原因及条件[①]发生作用的结果（令人感兴趣的是 A. И. 多尔果娃的意见，她建议将原因作为双方的相互作用而进行研究，其中包括环境与居民之间发生的各种形式的相互作用[②]）；（2）代替某种条件时，虽然是同样的原因却可以得到不一样的结果。

原因与条件可以更换位置。对于犯罪而言，在总体上对社会现象进行原因－条件的划分，并考虑到它们的变化性和稳定性，可以区分富于变化的社会现象和某些经常有效的自然因素（人口统计学，气候因素等）。[③]

人们可以分辨出充分的理由和特殊的理由。充分的理由被理解为各种情况的总和，在此情况下将不可避免地出现该后果。这一概念不仅包括单词（特殊理由）的狭隘含义，而且还包括所有必要的足够条件。[④]

我们认为，通过这些现象与过程可以确定社会现象的原因，这是充满矛盾的社会（经济、政治、社会、精神及其他领域）中客观存在的特点。为什么我们通过矛盾来确定原因？矛盾是现象发生相互作用的特殊情况。如果现象发生相互作用时的类似情况导致数量积累，则对立的情况会出现新的现象。因此，寻找原因时，我们将对矛盾予以揭示。正如犯罪学文献中研究者公正地指出：有组织犯罪是解决这些矛盾的犯罪手段。[⑤]

通过确定导致犯罪的因素，可以更好地理解确定犯罪的机制，

---

① 库德利亚采夫．弗．尼，犯罪学的因果关系……第 9 页。

② 犯罪学：大学教科书/总编阿．伊多尔果娃。第 2 版……2002 年，第 247 ~ 264 页。

③ 库德利亚采夫．弗．尼，犯罪学的因果关系……第 11 页。

④ 同上，第 10 页。

⑤ 鲁涅耶夫．弗．弗，有组织犯罪的犯罪学特征……第 37 页。

对于*原因和条件*的概念而言，这些因素属于类型概念。

1. 导致犯罪的综合因素。总体上，综合因果关系表现为个体或者单个社会组织与相互作用环境及社会之间发生相互作用时出现的不协调，这种不协调在社会矛盾中有所表现（在最不利的情况下－各种社会生活的危机现象）。通常可以划分导致犯罪的外部因素与内部因素。①

以下导致犯罪的因素可以归为影子经济现象与有组织犯罪存在（及其普遍性）形式概念的内部综合因素：（1）收入过程中的职业化犯罪；（2）实施经济领域犯罪活动时的犯罪自我组织性；（3）传统型犯罪成为固定经济部门及领域中的行为规则。

内部因素说明，规律性是这些现象的自我确定，现象的普及引起现象数量的进一步增加，它们是社会习惯的存在形式。

可以区分以下形式的影子经济及其有组织犯罪表现的自我确定②：

（1）一次顺利实施的经济犯罪周期结果属于递增级数，一次顺利实施的犯罪及没有暴露的犯罪会导致出现另一次犯罪现象（职业犯罪）的出现；（2）实施共同犯罪必不可避免地导致经济活动的进一步犯罪化（通过冒名顶替的人设立法人，非法利用文件，进行伪造，将犯罪收入合法化，收购赃物等）；（3）有组织犯罪导致多种犯罪，其中包括经济领域中的犯罪，有组织犯罪需要补充自己的资金来源；（4）从事现实经济活动人员的心理：当影子经济与犯罪经济扩散发挥作用而且未受到惩罚，则产生允许、许可犯罪的特殊

① 犯罪学：教学参考书/总编弗．叶．埃米诺娃。莫斯科市：英夫拉出版社，莫斯科，标准出版社，1997 年，第 15～20 页。

② 关于犯罪行为的自我确定：犯罪学：教科书/编辑弗．尼．库德利亚采夫，弗．叶．埃米诺娃，第 2 版……1999 年，第 196～198 页。

心理作用及认为法律效力虚弱不堪的效果；人们会不再相信法律及道德，更倾向于实施违法经济行为。

以下因素可以归为影子经济现象与有组织犯罪存在（及其普遍性）形式概念的外部综合因素：（1）经济因素；（2）社会因素；（3）政治因素；（4）法律因素；（5）心理因素。对此我们将进一步详细研究。

2. 综合经济因素：经济矛盾，经济危机是经济矛盾表现的极端形式：

（1）日益增长的经济需求与社会、单独社会组织、个人能够提供的有限可能性之间的矛盾①。

（2）获取收入的市场可能性与官僚主义形式的重新分配之间的矛盾。

（3）公平竞争需求及某些经营领域中占主导地位的垄断之间（缺乏竞争环境导致供货企业依赖于终端产品的订货企业，尽管两种企业存在各自的法律独立性，但是供货企业却变成订货企业的一个组成部分；特殊可变现款的产品或者缺货的产品造成分销商对产品生产商的依赖性）的矛盾。

（4）国家资本与私人资本（在不公平的竞争条件下，私人资本投向国家部门无法有效监督的“影子部门中”，并谋取腐败官吏阶层的利益）之间的矛盾。

（5）消除实际评估价值差别并限制有效利用公民合法积累与通胀进程之间的矛盾（信贷资金与金融矛盾）。

（6）城市与农村之间（现存的多个世纪累积的农村对城市的

---

① 正如院士弗．尼．库德利亚采夫指出的，通过合法途径满足物质需求的可能性是有限的，至少对30%的居民来说是这样的，见：库德利亚采夫．弗．尼，犯罪的起源……第165页。

依赖，造成价格倾斜现象，销售农产品、采购农业机械、燃料、电能及其他原始资料时缺乏选择市场的自由；其中包括所谓的农产品与农产品生产所需资源之间存在的价格“剪刀差”①）的矛盾。

(7) 实际生产部门与金融及地下金融业务投机操作之间的矛盾。

(8) 犯罪经济活动获取高收入的水平与合法经营正常收入的水平之间的矛盾。

(9) 联邦中心与地区之间，地区与行政区之间（对上级部门在经济与金融方面的依赖性）的矛盾。

(10) 各种预算收入与支出义务之间的矛盾 – 预算间的矛盾（所有收入集中在中心部门，然后通过补助金、津贴、预算贷款向下级部门进行分发，这样不仅可以保证下级部门在政治经济方面的服从，而且可以引发它们创建影子资源，在经济与政治生活中采取各种违法手段）。

(11) 再生产社会产品与经营活动浪费之间的矛盾（经营不善，核算及监督不周）。

(12) 必须警示经营风险与无根据最小化费用之间的矛盾（在财产保护方面存在缺陷）。

3. 综合社会因素：社会矛盾（社会危机是矛盾表现的极端形式）

(1) 劳动与资本之间，劳动力损耗与积累之间（其中包括雇主支付劳动力和工作人员工资的费用：购买再生产所需的消费商品之间的“剪刀差”②），费用（资金匮乏）与财富之间，债契与“高

① 格林基娜．斯．普，上述专著。第251页。

② 同上。

利贷”之间的矛盾[①]（因此，2010 年，收入低于最低生活费水平的鞑靼斯坦居民人数为 304000 人，2011 年的月平均工资低于很多其他地区：共和国的月平均工资为 20009 卢布，喀山市居民的月平均工资为 22799 卢布，而俄罗斯居民的平均工资为 23532 卢布）。

（2）穷人与富人之间的矛盾（社会阶层，居民收入水平两极分化：根据瑞典犯罪学家 X. 塔马和芬兰学者叶拉娜·埃尔文的研究，生活水平平均指标并非是主要的因素，而贫苦阶层的生活条件才是最关键的因素[②]）。

（3）劳动扩大自动化与劳动市场供应缩减之间的矛盾。

（4）劳动市场供应缩减（包括数量与质量）与劳动就业（失业）日益增加之间的矛盾：2010 年年初与年末喀山市登记的失业率分别为 1. 03% 和 1. 0%，卡马河畔切尔内市 2010 年年初与年末登记的失业率分别为 1. 78% 和 2. 03%，鞑靼斯坦 2010 年年初与年末登记的平均失业率分别为 1. 49% 和 1. 57%，比较而言－圣彼得堡市 2010 年年初与年末的平均失业率分别为 0. 8% 和 0. 78%，莫斯科市 2010 年年初与年末的平均失业率分别为 0. 8% 和 0. 6%，萨马拉市 2010 年年初与年末的平均失业率分别为 0. 9% 和 0. 6%，下诺夫哥罗德市 2010 年年初与年末的平均失业率分别为 0. 74% 和 0. 47%，存在较高的平均失业率的地区为乌法市 － 2. 14% 和 1. 55%；在一年之内，上述大部分城市的失业率均有所降低，但是卡马河畔切尔内市及鞑靼斯坦的很多城市均出现失业率有所增长的

① 德意志联邦共和国的马格丽特·肯尼迪的估算是很有意义的，她消除了一系列关于资金性质方面的误解。长期看来，付清利息在实践中和理论上都是无法做到的：在耶稣圣诞年投入 1 便士，按照 1750 年的 4% 的年息进行支付，则累计的连本带息金额加起来可以买下体积为地球大小的黄金；见斯米尔诺夫. 阿. 阿，上述专著，第 222 ~ 223 页。

② 犯罪与生活水平。莫斯科市：进步出版社，1982 年，第 71 页。

情况，并对社会紧张水平和刺激影子经济发展造成影响；对失业率的质量指标进行分析发现大城市劳动市场供需之间存在着尖锐的矛盾；雇主对喀山市大约64%的工作职位空缺提供的工资水平不超过15000卢布，其中28%不超过10000卢布，还有7%的工作职位空缺的工资低于最低生活费用水平；从事合法经营的雇主被迫压缩工资支出来维持必要的盈利率、产品价格及市场竞争力。

（5）提供的教育与专业劳动就业有限可能性之间的矛盾（为此，需要额外大量培养发挥自己真正才能的高级专家①）。

（6）人文教育专家过剩与技术专家、掌握熟练技能工人短缺之间的矛盾；例如喀山市74%的工作职位（25000个职位）需要熟练工人，在建筑行业中，超过35%的岗位需求（工人）而寻找工作的技术专家人数却很少。

（7）技术熟练劳动要求不高的行业当地劳动力不足与来自不发达国家的移民流过剩之间的矛盾（例如：2011年喀山市共办理9872份外国公民的工作许可，根据移民局的统计，共向俄罗斯联邦境内的外国公民发放10336份从事日常生活行业的工作执照，而这些外国公民来到俄罗斯却没有办理规定的签证；同时，根据2012年1月1日的城市统计，就业中心向2845位失业者提供了超过18000个选择工作的机会）。

（8）保证人员健康与大部分居民医疗保健条件不足、无法保持健康生活方式之间的矛盾。

（9）居民生活及公用需求增长与无法满足标准需求之间的矛盾。

（10）父母培养子女所需的必要时间不足与学龄前幼儿园数量

---

① 鲁涅耶夫．弗．弗，有组织犯罪的犯罪学特征……第46~47页。

缺少之间的矛盾（例如：喀山市593所幼儿园服务于10000名1岁至6岁的儿童，鞑靼斯坦有662所幼儿园，俄罗斯城市的幼儿园平均数量为935所；与俄罗斯不同，这一问题日益突出的原因在于鞑靼斯坦的人口出生率出现稳定的增长）；

（11）解决合法工作问题与必须以不合法的方式奖励职务人士或者立契约人来从事经营活动之间的矛盾。

4. 综合政治因素：政治矛盾（政治危机是其极端表现形式）

（1）居民日益增长的实现自己政治经济目标的需求与选举程序及方式落后之间的矛盾。

（2）居民试图发挥自己的政治经济才能与缺乏自由表达可能性之间的矛盾。

（3）获取客观政治经济信息的需求与官方及其他媒体报道失实之间的矛盾。

（4）大部分媒体独立性与其财务对政府、上流社会、寡头（有时对犯罪团伙）的依赖性之间的矛盾。

（5）解决经济生活中重要问题与解决过程中腐败机制（被贿赂的国家机关与市政机关）之间的矛盾。

（6）经济快速发展的需求与不匹配的政治管理形式之间的矛盾，这种形式将官僚主义和烦琐的公事程序合法化（例如：为了开工建设新工程，办理相关文件手续的时间大约需要两年）。

（7）社会经济发展总任务与歪曲理解（管理）的官僚形式之间的矛盾。

（8）全俄罗斯经济发展与各个地方政治管理限制（地方主义）之间的矛盾。

（9）保证统一经济（海关）空间需求与独联体国家范围内跨国边界管理不完善之间的矛盾。

(10) 有组织犯罪团伙物质、技术、金融能力与护法机关装置配备落后之间的矛盾。

(11) 对护法机关高水平权限与职业性技能的需求与培养专家的水平较低，劳动市场选择性较低之间的矛盾。

(12) 国家机关对经济的过度干预与国家法律调节经济过程不匹配之间的矛盾。

(13) 及时（适用于发展流程）、适当的法律调节经济关系与惩罚政策（例如：最初规定了虚假企业活动合法化的范围，而一年半后却对俄罗斯联邦刑法第 173.1 条又进行了修改）不稳定之间的矛盾。

(14) 护法机关对经营主体的业务经营活动过度干预与保护经营主体合法利益免受刑事犯罪，特别是有组织犯罪侵害之间的矛盾。

(15) 社会要求监督国家机关及护法机关的需求与不允许居民实施监督之间的矛盾。

5. 犯罪的综合法律因素：法律矛盾（法律危机是其表现的极端形式）

(1) 经济活动法律评估明朗化，明确回答与法律不确定性之间的矛盾。

(2) 稳定的经营法律关系和法律存在不稳定性之间的矛盾。

(3) 经济法律调节需求与法律问题之间的矛盾（特别尖锐的表现是在经济危机和经济衰退期，这时违法行为成为幸存的必要条件[①]）。

(4) 急于实施很多法令与缺乏犯罪学家对这些法令造成后果的应有评估（预测，鉴定）之间的矛盾。

---

① 埃基尼扬. 利，基林斯基. 雅，上述专著，第 71 ~ 72 页。

（5）国家保护经济主体合法利益与法律不作为之间的矛盾。

（6）控制危险社会经济活动的禁令与刑法评估问题之间的矛盾。

（7）立法活动社会利益需求与对议员进行关于经济主体单独等级法律非法游说之间的矛盾。

（8）打击犯罪的目的与当地部门实施措施之间的矛盾（例如：为追求统计数字，否定打击犯罪的崇高目标，而失去得到居民支持的崇高意义）。

（9）护法机关各种权限范围之间的矛盾。

6. 犯罪的综合心理因素：思想及心理矛盾（心理危机是其表现的极端形式）

（1）社会生活组织形式复杂化与大部分居民丧失了社会公认的人类理想之间的矛盾（对道德的绝对服从滞后于技术水平[①]）。

（2）生活法律组织复杂化及对法律，权利及国家的不信任之间的矛盾（法律虚无主义）。

（3）以非正常调节形式进行索取及个人总体精神堕落之间的矛盾（酗酒、酒精中毒、麻醉剂瘾、嗜毒癖、游戏机瘾、寄生的生活方式，需要经济犯罪形式满足其变态的需求）。

（4）创造新需求的新技术与不正常再生产方案之间的矛盾。

（5）精神生活复杂化与居民中智力障碍、心理疾病患者人数增加之间的矛盾，这些患者具备病理问题与有限刑事责任能力（这些人更容易被控制和利用来作为实施犯罪目的的廉价劳动力）。

（6）社会、经济对数字技术日益增长的依赖性与道德标准虚拟化之间的矛盾（人类道德品质出现堕落、犯罪活动出现全球化及信

---

① 卡比查．斯．普，库尔久莫夫．斯．普，马利涅茨基．格．格，上述专著，第6页。

息化趋势）。

（7）各种道德，思想概念与社会环境要求之间的矛盾。

（8）各种种族与宗教团体之间的矛盾（种族与宗教团体之间的冲突）。

（9）期待保证承担不可逃避责任的稳定刑法禁令与居民对刑法概念的认识水平很低之间的矛盾。

（10）保护居民、公正惩罚与制裁犯罪活动与人们对护法机关失去信任之间的矛盾。

对该段研究的大城市人员不合群现象的决定因素与现象规律性进行分析的结果促使我们转向下一步的工作：提供建议，采取最有效的措施打击城市经济范围内的有组织犯罪活动。

【小结】

1. 作为社会现象的犯罪及犯罪环境具备复杂混乱系统发展的规律性，具备概率论和不可逆的特征。在此情况下，概率及随机进程服从于因果关系规律。

2. 犯罪及其发展规律性的定义通过社会矛盾予以表现，通过增加选择的可能性予以实现，这样可以起到正面的作用。

3. 大城市条件下犯罪水平、犯罪的组织性，影子经济的规模通过导致犯罪的以下具体综合因素的反映予以确定：经济因素，社会因素，政治因素，法律因素，心理因素等。

4. 除了上述外部导致犯罪的综合因素外，内部因素也造成影响，这些内部因素包括犯罪的自我定义，谋取犯罪收入的职业化犯罪，犯罪的自我组织及传统型犯罪。

第三章　在大城市经济领域打击有组织犯罪活动的特征

第一节　检察机关联合其他护法机关在大城市经济领域截断有组织犯罪活动资助资金的专门协调措施（以鞑靼斯坦城市检察机关采取的行动为例）

法律未确定护法机关及其归类范围，但是执法实践却取得了相应的成绩。因为护法机关属于国家机关，国家赋予其专门打击犯罪的护法职能。护法机关的职能还包括维持社会秩序，实施侦查、调查、讯问及预审活动，组织实施刑事侦查，其中包括提起国家公诉、协调相关的行动等。

护法机关打击有组织犯罪的协调行动①，其中包括削弱有组织犯罪的经济基础，截断资金供给，这是检察院实施协调的总体本质特征②，同时确定采取措施的特征。这时，在侦查与反侦查的很多情况下，协调刑事侦查主体会出现刑事诉讼范围及业务侦查的特殊需求。对于打击犯罪活动的其他主体的行动同样需要进行协调，包括执行刑事处罚的刑事执法活动，与之相关的预防犯罪的执法行动（特别是针对重复犯罪活动）。③

针对犯罪团伙（犯罪组织）的案件，在犯罪活动开始及发展阶段，护法机关的协调活动就已经开始。各个护法机关（俄罗斯联邦安全局、内务部、税务警察局）的工作人员经常同时收到关于犯罪活动的第一手信息。在此情况下，出现各个执法部门同时采取行动的可能。由于各部门之间缺乏定期交换工作信息的配合，因此会出

① 除了检察院等护法机关的协调行动，今天，还建立了整个国家的国家机关打击犯罪协调系统（不仅仅包括护法机关），由联邦及其主体的高级职务人士负责；见：保证法律秩序的额外措施：俄罗斯联邦总统2010年12月11日第№1535命令//俄罗斯联邦法律汇编，2010年。№50. 第6656条；俄罗斯联邦跨部门打击极端主义委员会（包括《俄罗斯联邦跨部门打击极端主义委员会条例》）：俄罗斯联邦总统2011年7月26日第№988命令//俄罗斯联邦法律汇编，2011年。№31. 第4705条。护法机关的协调行动是全国协调活动的组成部分。

② 见：《俄罗斯联邦检察院法》第1条和第8条第2款，以及护法机关协调打击犯罪活动的条例，由俄罗斯联邦总统1996年4月18日第№567《关于护法机关协调打击犯罪活动的命令》（2003年11月25日第№1389版本）批准。

③ 科布扎列夫．费．米．检察院协调打击有组织犯罪的行动//有组织犯罪活动，恐怖主义及其表现的腐败和护法机关对它们的打击/编辑阿．伊．多尔果娃。-莫斯科市：俄罗斯犯罪学家协会，2005年，第90、94、96、98页。关于检察院打击有组织犯罪及其组织形式的特点。同样可见：别洛采尔科夫斯基．斯．德．检察院机关的行动……第112页；德别洛采尔科夫斯基．斯．德，有组织犯罪与护法机关打击有组织犯罪的协调活动//合法性。2011年。№12. 第9～11页；达维德科．利．米，地区（市）检察院制定措施预防犯罪及其他违法活动的行动。哈尔科夫市，1986年。第64页。关于护法机关协调打击有组织犯罪的行动及国家机关发生相互作用的问题。同样可见：莫霍夫．叶．阿，联邦安全局：打击有组织犯罪。莫斯科市：大学书籍，2006年，第140～168页。

现工作中的重复现象。[①] 在此情况下，检察官可以行使协调的全权，以此消除信息资料不足的缺陷。

正如奥．德．茹克曾经客观地指出，为了对有组织犯罪团伙成员实施的犯罪案件进行有效的刑事调查，没有侦查部门与各个业务调查部门之间的相互协调并发挥作用是不可能实现的。在此条件下，检察官应当组织下属护法机关进行刑事侦查的协调工作，并亲自参与实施。如果侦查员、侦查机关的领导不具备履行监督业务调查部门委托的全权，则检察官履行监督业务，侦查法律执行情况，有权保证无条件履行此类委托的法律要求。在此情况下，只有检察官可以协调履行业务调查工作活动的机关与初步调查机关。根据检察院调查的统一性，检察官必须利用《俄罗斯联邦刑事诉讼法》[②]、联邦法律《俄罗斯联邦检察院法》[③]、《案件侦查活动法》[④]、《打击腐败法》[⑤] 及其他标准法令规定的各种方法和全权。自起诉刑事案件之时起，检察官同时应当保证与法院、内务部、俄罗斯联邦安全局、俄罗斯联邦控制麻醉剂流通的部门、联邦执法处，以及其他护法机关在俄罗斯联邦主体与这些机关的中央管理机构共同发挥有组

---

① 茹克．奥．德，对有组织犯罪刑事案件（犯罪组织）进行的刑事追诉。莫斯科市：英夫拉出版社，莫斯科市。2004 年，第 95 ~ 96 页。

② 刑事诉讼法……

③ 关于俄罗斯联邦检察院：1992 年 1 月 17 日第№2202 – 1 法律；俄罗斯联邦最高苏维埃 1992 年 1 月 17 日第№2203 – 1 决议；1995 年 11 月 17 日第№168 号新版本联邦法律：俄罗斯联邦联邦会议国家杜马 1995 年 10 月 18 日通过：［2011 年 11 月 21 日的最新版本］//俄罗斯报纸，1992 年。2 月 18 日。最新版本文本："顾问 +" 法律公正系统。

④ 侦查工作：1995 年 8 月 12 日第№144 号联邦法律：俄罗斯联邦联邦会议国家杜马 1995 年 7 月 5 日通过：［2012 年 7 月 10 日的最新版本］//俄罗斯联邦法律汇编。1995 年№33. 第 3349 条。最新版本文本："顾问 +" 法律公正系统。

⑤ 打击腐败活动：2008 年 12 月 25 日第№273 号联邦法律：俄罗斯联邦联邦会议国家杜马 2008 年 12 月 19 日通过；俄罗斯联邦联邦会议联邦委员会 2008 年 12 月 22 日批准：［2011 年 11 月 21 日的最新版本］//俄罗斯联邦法律汇编，2008 年。№52（第 1 部分），第 6228 条。最新版本文本："顾问 +" 法律公正系统。

织的相互作用。①

鞑靼斯坦共和国城市打击有组织犯罪活动的经验表明，各个职能部门与检察院之间的配合协调可以保证在调查犯罪的初始阶段和过程中对有组织犯罪团伙组织者、首领及成员进行刑事追诉。

此外，进行刑事追诉，其中包括进行起诉的检察院等职能部门和机构②，应当在法院对此类刑事案件进行审判时予以协助。尤其是这些协助应当持续进行，预防并制止重复犯罪的出现，履行判刑的判决，执行执法机构和审前看守所的规章制度要求。③

在打击腐败领域，检察官具有最大的协调权力。根据联邦法律《打击腐败法》④ 第5条第6款和第1条第1款第2分款的规定，检察官具有打击腐败的全权，包括揭发、预防、截断、破获、调查所有腐败违法行为⑤，而不仅仅是打击犯罪行为。

护法机关基层部门（市级）的协调与联邦主体级或者国家级护法机关的协调有所区别，对于打击犯罪具有最重要的实践意义，联邦主体级或者国家级护法机关的协调主要是解决整体全局范围内的犯罪问题。同时市级协调活动也存在很多问题。因为，很多护法机

---

① 茹克．奥．德，对组织犯罪团伙的刑事案件进行刑事追诉。莫斯科市：阿尔法出版社，莫斯科市，2010年，第44～45页。

② 在规定的全权范围内，由检察院等机关进行刑事侦查，履行其职能。检察院进行刑事侦查的理论基础见：哈利乌林．阿．格，俄罗斯检察院履行刑事侦查功能，克麦罗沃市：库兹巴斯大学出版社，1997年，第223页。

③ 科巴扎列夫．费．米，上述专著。第99页；同时可见：纳菲科夫．伊．萨，对犯罪团伙“二十九个”的犯罪活动进行刑事案件侦查//城市、地区检察院经验交流研讨会材料。俄罗斯联邦总检察院高加索地区检察院，莫斯科市，2003年，第36～50页。

④ 打击腐败：联邦法律……

⑤ 此外，俄罗斯联邦总统1998年3月3日第№224《关于保证国家机关相互协调打击经济领域违法犯罪的命令》要求检察院保证护法机关相互协调，打击各种违法犯罪活动（不仅包括经济领域的犯罪）。见：关于保证国家机关相互协调打击经济领域违法犯罪的命令：俄罗斯联邦总统1998年3月3日第№224命令：［2000年7月25日的最新版本］//俄罗斯联邦法律汇编。1998年№10. 第1159条。最新版本文本：“顾问＋”法律公正系统。

关（俄罗斯联邦安全局，俄罗斯联邦控制麻醉剂流通的管理局）在联邦中心主体城市未设立它们的分支机构，这使市级协调行动变得复杂化。在许多城市除了当地的护法机关以外，还有其他的专门机构（交通管理部门、海关、环保部门、军事部门等）。法律与部门法令都未规定解决这些部门之间的协调问题的方法，未指定负责此类协调的部门。因此，地区护法机关与专门护法机关基层部门彼此之间存在着隔绝封闭的弊端，无法促进有效解决它们所面临的任务，其中包括在大城市打击有组织犯罪的任务。

鉴于此，我们建议修改现行的护法机关打击犯罪的协调行动条例，该条例经过俄罗斯联邦总统 1996 年 4 月 18 日第№567 命令批准（2003 年 11 月 25 日第 1389 条）[①]，而通过实施新的标准法令，规定地区、交通管理、军事及其他专门护法机关协调打击犯罪过程中应当承担的义务（特别是在打击有组织犯罪活动的过程中），这些协调行动由地区行政基层部门和城市（地区）检察官予以实施。同时，我们建议，如果在具体区域缺乏相关护法机关的分支机构，则不仅可以向护法机关的领导提供协调行动参与权（这是条例中规定的），而且也可以向护法机关领导的副手（根据分配的全权）提供协调行动的参与权。

以下防范有组织犯罪的措施具有重要意义，其中包括防范经济领域中的有组织犯罪：（1）及时破获导致犯罪的团伙聚集（特别是青年团伙聚集）；（2）防范具体的有组织犯罪团伙形成首领及吸纳成员，拒绝参与犯罪活动，分化瓦解犯罪团伙，收集关于犯罪团伙的信息；（3）调查向有组织犯罪团伙犯罪活动提供金融资金支持

① 关于护法机关协调一致采取行动打击犯罪：俄罗斯联邦总统 1996 年 4 月 18 日第№567 命令：［2003 年 11 月 25 日的最新版本］//俄罗斯联邦法律汇编。1996 年，№17. 第 1958 条。最新版本文本：“顾问 +” 法律公正系统。

的企业，瓦解犯罪活动物质基础。

作为护法机关，检察院本身具有打击经济领域有组织犯罪活动的监督权和其他全权。其中包括根据联邦法律（对犯罪途径获取收入进行合法化（洗钱）并资助恐怖活动犯罪进行打击）①，俄罗斯联邦总检察长和隶属于他的检察官对该联邦法律的执行情况进行监督。该监督包括该联邦法律所有主体的活动，包括从事资金业务或者其他财产业务的单位或者个人，应当向俄罗斯金融监督部门提供可疑业务及处于被监督业务范围的信息，同时向护法机关和监督部门提供所需信息。②

同时，我们认为迫切需要恢复检察官提起刑事诉讼（刑事调查）的权力。作为有效追究有组织犯罪团伙首领及参与者刑事责任的主要基础条件（同时将预审职能改革为司法职能，在双方平等辩论的基础上，以检察官为代表的刑事追诉只对双方中的一方起到辅助职能，该职能由国家公诉人员执行，积极起到有效保护平等的作用）。在最近一些年的实践中，发现侦查部门与调查部门之间的隔阂有所增加，它们更倾向于解决官方统计的指标问题，而不是及时解决犯罪团伙组织者和成员的刑事追诉问题。近些年来出现一些情况，尽管检察官要求消除违法现象，按照俄罗斯联邦刑事诉讼法第37条的规定采取刑事追诉措施，但是根据俄罗斯联邦刑法第210条的规定，还是没有达到刑事追诉要求的目标。根据检察官的决定对

① 打击对犯罪途径获取收入进行合法化（洗钱）并资助恐怖活动犯罪：2001年8月7日第№115联邦法律：俄罗斯联邦联邦会议国家杜马2001年7月13日通过；俄罗斯联邦联邦会议联邦委员会2001年7月20日批准：［2011年11月8日的最新版本］//俄罗斯联邦法律汇编。2001年，№33（第1部分），第3418条。最新版本文本："顾问+"法律公正系统。

② 关于犯罪途径获取收入合法化问题的更详细信息见：祖布科夫．弗．阿，奥西波夫．斯．克，对犯罪途径获取收入进行合法化（洗钱）并资助恐怖活动犯罪进行打击国际系统中的俄罗斯联邦，莫斯科市：专业书籍，2007年。

于先前破获的大部分犯罪团伙提起刑事案件诉讼，检察官拥有限大的权力来协调所有护法机关在法院的主导下共同努力实施刑事追诉。

同时，为了加强预审职务人员的诉讼自主权，我们认为必须推行法官调查制度。但是作为补充监督的调节，代替现有的侦查员制度，现在的这些侦查员过分听命于侦查部门领导的组织规定，追求统计要求。今天的情况表明他们的客观态度，他们试图回避积极履行起诉方的义务，更倾向于调查简单的问题，而不是调查复杂的令人扑朔迷离的犯罪案件，这样的复杂案件要花费大量的精力和相当长的时间。在此条件下，检察官作为国家起诉机关的代表，应当承担全部刑事追诉责任，不仅仅是在法庭会议审理案件过程中，而且是从起诉该案件之时起就应当对调查法官承担刑事追诉责任。这样可以允许控辩双方从诉讼程序预审阶段开始进行法庭辩论时，将法院出现错误的几率降到最低水平。刑事调查部门通过作为国家公诉全权代表的检察官达到自己行动的结果，评估刑事侦查开始前审理问题的合法性、完整性和可靠性。

从作者与其他地区同事的交流过程中得知：在有效打击有组织犯罪的现代条件下，现有的检察院结构分类影响对军事及民事性质犯罪的打击，这涉及其他护法机关。例如，伏尔加下游区域和阿斯特拉罕州的里海区域①的渔业部门的黑手党在边防局的掩护下从事犯罪活动，他们在从事水上工程专门作业时使用武器，经常威胁民事护法机关工作人员的安全。这些事件并不是单一的。环保和地区民事检察官无权检查它们及它们保护下的工作人员，而军事检察院对于这些问题并不感兴趣。这一点是否可以说明：向犯罪市场提供

① 由于有组织犯罪活动大量攫取鲟鱼子，造成里海鲟鱼数量减少，外国作者也指出这一点；见：舍利．列，上述专著，第27页。

非法武器和弹药的主要供应商是否就是军队本身?[①]

打击有组织犯罪的最有效方法之一是查明作为实施有组织犯罪活动经济基础的有组织犯罪团伙的“资金”来源。必须截断有组织犯罪团伙与腐败和影子经济之间的关系网络（其中包括护法机关采取侦查和防范犯罪的措施)。[②]

这些现象的负面作用表现在全俄罗斯及俄罗斯的主体国家范围中。但是，它最发挥作用的地方还是在决定居民主要生活问题的市政方面[③]，其中包括土地，不动产，财产，贸易发展，工程施工，住宅公用设施建设及许多其他日常生活问题。在市政财产的私有化过程中，违反预算及反垄断法从事洗钱，资金对冲，影子资金流动的比重达到对外贸易额的30－80%，这些活动给有组织犯罪及腐败提供了资金支持。

我们认为，最有效的防范监管措施是及时防止犯罪团伙对市政资金的非法攫取或者截断犯罪团伙的非法经营渠道，使犯罪团伙非法经营的经济成果仅仅达到最小化，或者确定应当承担相应责任的过失人。

---

① 根据专家的评估，其份额不超过非法市场提供所有武器的45%，见：托洛贝金.奥.尤，有组织犯罪及武器、军械品、两用技术的非法流通问题//犯罪经济与有组织犯罪/编辑阿.伊.多尔果娃。莫斯科市：俄罗斯联邦犯罪学家协会，2007年，第70页；同时可见：科列茨基.德.阿，杰姆利亚奴西娜.列.米，武装犯罪者的身份及预防武装犯罪。圣彼得堡市：法律中心新闻，2003年。第131～132页。关于军人犯罪现象的更详细信息见：埃米诺夫.弗.米，马茨克维奇.伊.米，军人的犯罪：犯罪学家的社会法律分析术语。莫斯科市：PENATES家园，1999年。第259页。马茨克维奇.伊.米，军人的犯罪：犯罪学及社会法律问题：学位论文.……法律学博士：12.00.08.莫斯科市，2000年，第357页。

② 特列季亚科夫.弗.伊，有组织犯罪与犯罪收入合法化：学位论文……第13页。

③ 见：关于俄罗斯联邦地方自治机关的一般原则：2003年10月6日第№131联邦法律：俄罗斯联邦联邦会议国家杜马2003年9月16日通过；俄罗斯联邦联邦会议联邦委员会2003年9月24日批准：[2012年7月10日的最新版本]//俄罗斯联邦法律汇编。2003年，№40.第3822条。最新版本文本：“顾问+”法律公正系统。

的确如此，喀山市检察院进行有效干预的成果是阻止了犯罪团伙经过市政当局批准的打着投资幌子非法提取金额为1亿3500万卢布的预算资金并汇往塞浦路斯的离岸公司。[①] 根据检察官的调查，检察院对地方自治代表机构法令草案做出了否定的结论，并采取跨部门共同行动的形式，由市检察官召开跨部门联席会议并邀请地方自治执行机构的领导参加。采取这些预防措施的结果是喀山市执委会从喀山市杜马会议日程中撤销了可能造成市政预算损失的提案。

一年后，还出现过一次企图提取市政预算资金并汇往塞浦路斯的情况。但是已经有价值6亿卢布的以有害日常生活废料收集、废物利用、出口为标的物的公开招标采购，而该招标的主要举办人就是一家离岸公司。执委会领导向检察官声明保证不违反法律规定，并防止达成明显不利于城市利益的交易行为。[②]

根据喀山市检察院对喀山收入预算的分析结果，发现的问题表明：市政部门参与组建的公司经营存在经济效率低下的问题，因此市政部门得不到应得的红利。分析发现：市政部门参与组建的21个经营公司中只有5家企业有能力分配红利。最近3年来，进行总金额为80亿卢布的城市财产资本化运作，从中只得到3100万卢布的红利，仅占本金的0.4%。与将城市财产进行商业出租的租金收入相比，这一点红利要少70倍；或者与将城市财产进行拍卖（按照开盘价格计算）所得的销售收入相比，这点红利要少260倍。最近3年来，这些经营主体中只有一家公司（市政不动产的最大持有人）的资金周转超过15亿卢布，但是这家公司始终没有向市政当局支付红利。在此情况下，市政部门只能依靠租金收入充抵预算收入。检察官向喀山市杜马提出消除腐败因素的要求。为此，建议对

① 喀山市检察院档案。案件目录№2.1.4－2011。

② 喀山市检察院2012年未归档案件目录。案件目录№2.8.5－2012。

私有化预先计划进行修改，在地方自治代表机构会议上审理市政执行委员会所建立的经营公司的工作效率问题。检察官的要求得到了执行。作为开放式股份公司、市值达50亿卢布的市政资产最大持有人开始向市政国库返还不动产项目资产。①

我们注意到：喀山市存在大量的市政单一制企业，这些企业的创办与其应承担的社会功能并不相符。通过这些企业的运作，“绕过”应有的程序而大量出售市政资产，从而造成预算资金的流失。在此情况下，多家企业不向城市预算支付自己应付的利润或者使用市政土地地段却不支付租金。因此，这些市政企业仅仅从事市政资产的销售工作，共有60个市政资产项目被交付给这些市政企业管理，而其中38个市政资产项目已经被出售。企业从事这些经营活动支付的费用为从预算中拨付给它的1亿8000万卢布，而得到的销售收入却仅为8000万卢布。也就是说亏损额达到1亿卢布，而城市预算从中却什么也没有得到。喀山市执委会根据检察院的要求通过决议撤销了该企业，并将该企业从2011年的私有化计划中予以删除。此外，市检察院将市政单一制企业经营活动的检查材料寄往联邦反垄断管理局，检查这些企业是否存在违反竞争法的行为。如果存在违法行为，将对这些企业提起反垄断案件诉讼，并向市政机构和市政单一制企业提供相关规章制度。对执委会领导提供预先提示声明后，根据其他正在进行的交易情况显示，类似的资产出售交易过程中没有出现违反私有化法的情况。②

根据检察官向喀山市市长提供的信息成立了专门委员会，该委员会的职责是将市政单一制企业的数量从60个缩减为10－12个，并使个别市政单一制企业旷日持久的清算及破产程序在最短的期限

---

① 喀山市检察院档案。案件目录№1. 11－2011。

② 喀山市检察院档案。案件目录№2. 8. 5－2011。

内完成。[①]

分析金融资金流动的情况时，喀山市检察院注意到大量名义股东单位（虚假公司）的活动。例如：自然人C先生同时成为693个法人公司的经理，其中554家公司被“转迁”到其他地区，121家公司进行了重组，4家公司处于重组阶段，14家公司正在运作。还有一些自然人同时成为300～400家法人的经理。[②] 2011年年末生效的刑法新条款规定，冒名顶替的人参与创办公司应承担的责任。[③]但是，注册“虚假公司”的情况并没有下降，因为注册法规定允许按照任何法定地址进行公司注册，而无需经过地址所有人的同意。根据与税务部门跨部门联席会议的研究结果，检察院制定出建议，并将这些建议寄给联邦主体立法机构，由俄罗斯联邦国家杜马执行立法提案权。根据俄罗斯联邦联邦会议的准备情况立法提案拒绝改革民法文件的规定，[④] 提案的本质是简单的：在改革俄罗斯联邦民事法典基本原则前，规定企业在登记时必须提供申报的关于法定地址的法律文件和申请人如果向登记机关提供虚假信息应承担的行政责任。准备大量的文件需要拖延很长时间，借助于随意登记的“虚假公司”可以向“影子”公司兑现和汇兑很大金额的资金。根据检查是否遵守打击收入合法化（洗钱）法，仅一家银行“T”的喀山分行一年内提走来自“虚假公司”的现金金额低于30亿卢布[⑤]。喀山市有将近五十家银行，这还不包括外地银行设置

① 喀山市检察院档案。案件目录№1.11－2011。

② 喀山市检察院档案。案件目录№2.1.1－2011。

③ 关于对俄罗斯联邦刑法及俄罗斯联邦刑事诉讼法第151条进行修改：2011年12月7日第№419联邦法律；俄罗斯联邦联邦会议国家杜马2011年11月22日通过；俄罗斯联邦联邦会议联邦委员会2011年11月29日批准：//俄罗斯联邦法律汇编，2011年，№50.第7361条。

④ 喀山市检察院2012年未归档案件目录。案件目录№2.1.4－2012。

⑤ 喀山市检察院2012年未归档案件目录。案件目录№2.1.1－2012。

的分支机构。

限制影子经济范围的措施包括压缩腐败的资金供给，这些措施脱离反腐败行动将无法有效发挥作用①。“腐败行为成为经济活动和其他活动的组成部分，它可以控制大量的资金流动”。② 为了实施反腐败行动③，首先必须提供必要的信息分析保障。为此，鞑靼斯坦共和国检察院向联邦税务管理局递交申请，请后者向喀山市检察院开放可以远程登录的统一国家法人登记和私人企业家信息库。此类登录信息库的申请也递交给俄罗斯登记机关。

从联邦《打击腐败法》实施第一天开始，喀山市检察院就利用上述信息库和技术检查市政机构对法律的执行情况，从中发现很多市政公务人员兼职参与公司的经营管理（共 42 起）。④ 根据检察官的提议，7 名市政公务人员被解职，其余违纪市政公务人员被处以纪律处分。根据反垄断法，检察官对上述公务人员提起行政诉讼，审理后违纪公务人员被追究行政责任。并向市长和共和国总统提供了相关的信息。采取的措施取得了正面的结果：此后此类违纪现象明显地减少。

需要强调的是，必须经常寻求新的监督方法，对信息收集及分析方法进行更新，查处腐败违法现象。而且，检察院还询问了商业组织——官方经销商（Yamaha，BRP，Polaris 及其他组织）的信息，包括销售自行式运输工具（个人船艇、雪地汽车、四轮驾驶工具、摩托越野汽车）及购买这些运输工具的信息。随后将得到的资

---

① 腐败在今天被视为犯罪资本积累的来源之一；见.：有组织犯罪与私人投资（使用信息技术分析私人投资领域中的有组织犯罪活动）：教学参考书/总编弗．伊．波波夫，阿．斯．奥夫钦斯基，莫斯科市：俄罗斯内务部莫斯科学院，1998 年，第 48 ~ 53 页。

② 舍加布基诺夫．鲁．沙．上述专著。第 66 页。

③ 关于喀山市检察院反腐败实践活动详见：纳菲科夫．伊，市政府采取的打击腐败的措施//法制。2012 年№6．第 3 ~ 8 页。

④ 喀山市检察院档案。案件№2.8.2 – 2009。

料与登记机关（国家小型船只检查局和国家技术监督局）和购买者居住地税务检查局现有的信息进行核对。检查结果表明：超过90%以上的购买者未在登记机关对自己所购交通工具进行登记。这一情况违反了一系列法律的规定，其中包括国家汽车交通工具登记法、税法及打击腐败法。必须指出，根据发动机的种类及功率，一辆交通设备应当缴纳的交通税金额达到10万–12万卢布/年。自行交通工具的买主中有国家公务人员及市政管理人员，他们隐瞒了购买自行交通工具的事实，没有提交进行核算的相关信息，在过去的财产申报中也没有如实反映。这些人采取行动逃避了支付交通税，而这些税款本应被计入共和国的预算中，他们的行为违反了国家及市政公务法及打击腐败法的规定。检察院采取措施要求自行交通工具所有人及时申报并向预算支付交通税，并按照法律规定追究他们应负的责任。①

在喀山市检察院的实际工作中，采取了以下措施防范市政腐败行为：

（1）研究市政标准及非标准法令的内容是否存在滋生腐败的因素。

（2）与税务机关合作，共同要求并检查市政公务人员的收入信息可靠性。

（3）研究市政当局从经营主体获取利润的标准法令，随后确定这些主体的范围及它们与职务人员之间的隶属关系。

---

① 喀山市检察院档案。案件目录№2. 1. 1 – 2011。

(4) 对市政当局活动滋生腐败的范围进行规律的启发式分析①。

(5) 系统分析预算支出与预算收入的结构。

(6) 从市政采购、签订合同，选择承包单位的角度研究市政机关的工作。

(7) 收集市政单一制企业经营活动的综合信息。

(8) 分析市政单一制企业及其承包单位银行账户的资金流动，评估它们实施的经营业务。

(9) 研究市政当局职务人员与经营主体之间从预算来源及市政资产使用过程中占据强势地位、获取经济优惠及利润进行协调的特点。

(10) 确定私有化法及市政当局订单法的标准要求流程图。

(11) 长期监控电子贸易平台上进行的市政采购。

(12) 分析电子媒体及印刷媒体的违法信息。

(13) 检察院与俄罗斯金融监督局，警察业务部，市政机关监督核算部门进行合作。

在检查过程中检察官注意到不寻常的交易和资金业务，这些业务交易与大部分企业经营主体的正常经营活动相比较而言是特殊的。经常出现的情况是：这些不同寻常的业务交易为复杂的腐败活

---

① 研究方法，这是不完全的数学理论根据（或者是“不完全的、不具体的”），但是实际上存在一个有用的算法，可以对大部分重大事件提供让人接受的解决方案。研究方法的依据是使用某些可供选择的方法对问题的解决策略进行智能搜索。广泛采用该策略，解决复杂程度高的计算任务，也就是说可以替代大量耗时的选择方案，有时从技术上是不可能的，采用该策略的速度明显快很多，但是理论上讲，该算法的理论根据不充足。可以证明：探试算法从形式上是不可靠的，它可以在个别（相当少）的情况下提供不可靠的结果或者不精确的结果，但是该结果是可以接受的。见：试探法［电子资源］//科学院图书馆词典与百科全书。URL：http：//www. dic. academic. ru/dic. nsf/ruwiki/703585（访问日期2012年5月30日）。

动奠定了基础。例如，市政当局在年中作出决议成立一家市政单一制企业《“B”》，其注册资本为2亿卢布。过了一些天后，市政当局对决议作出修改。注册资本变更为1亿4500万卢布。限额减少后的预算拨款分配给若干个市政机关（预算中未规定市政单一制企业的具体拨款金额）。经过不长的时间，市政当局通过决议同意市政单一制企业进行一笔大额交易，然后进行第二笔大额交易。在此情况下，交易金额不超过投入的注册资本。所有条件都具备了－证明存在腐败活动的不同寻常的资金交易，这样的交易绕过了现行法律的限制（在此情况下适用的法律为市政采购法）。只有检察院的及时干预才能够防范此类活动对城市经济造成负面影响。作为检察院采取的措施，由检察官出面警告地方自治当局执委会不要违反法律的规定，而且检察官向联邦反垄断管理局建议对此事件进行反垄断调查。其结果却是市政当局与相关经营主体串通后拒绝执行协调行动。①

为了集中加强喀山市检察院的监督工作并进行优化处理，我们尝试确定腐败标签②（腐败指标），与其他市政当局相比，这些指标可以评估经济和腐败的影子化程度。

检察院监督工作实践包括的因素应当集中更大的注意力评估经济的腐败因素比重程度或者影子化程度，并采取打击措施：

1. 人为降低额外收入的支出或者从上级预算中得到的预期划拨及其他进款、银行贷款。

2. 吸纳预算外资金及经营公司的金融资金，这些资金应当被列

① 喀山市检察院档案。案件目录№11. 11－2011。

② 维基百科定义标签，同样的标记（特别在计算技术中）；在其他知识领域中，某些值的物质指标；划分元素使用的标记，见：标签［电子资源］//维基百科：自由百科全书，URL：http：//www. ru. wikipedia. org/wiki/标签（访问日期2012年2月5日）。

入预算，或者用于预算资金的周转。

3. 大部分市政单一制企业的成立是不合理的。它们经营管理的大部分市政资产未经拍卖程序或者被投入到经营公司的注册资本中。

4. 市政单一制企业欠下很多预算债务，对承包商却拥有债权－与此同时，总承包商对自己的分包商欠下很多债务；而分包商根据民法合同对临时施工工程队的工人拖欠很多工资。

5. 大量的家族关系：地方自治机关及商业高级管理机关存在着亲属关系及特殊关系。

6. 满足市政需要的大规模采购、工程施工及提供服务由同一批大型地方企业实施。超过50%的比例可以清楚地证明市政资金流动管理过程中存在着“人为”因素。

7. 以拍卖方式对数量不多的土地地段进行征用交易，并在该地段上建设大量的住宅建筑。在此情况下，拍卖是强制性的和必需的。根据社会招聘信息显示住宅数量缺乏（或者数量不多），因此必须大量建设住宅。

8. 行政部门对贸易实施的压力表现为：

（1）企业经营主体将承担一次性（议定书规定的）委托及被委托承担额外的财产义务。

（2）不得不接受很多“人为的”决议，这些决议绕开了法律的约束和民主程序，也没有经过公开的论证。

（3）市政当局通过的很多关于土地、城市建设、投资及其他贸易发展决议是不合理的。

（4）企业经营活动不得不向其他地区“转移”。

（5）大量的市政标准法令与法律相抵触，存在着滋生腐败的因素。

鞑靼斯坦共和国检察院监督工作实践表明：市政机关开始更负责任地对待通过法令决议的过程。这是因为俄罗斯联邦总检察院和共和国检察官发出指示，要求在法令决议通过前必须对每个标准法令草案进行仔细研究。该措施使很多不合理的决议在准备阶段就被取消。

这样，检察院可以控制腐败因素发挥作用的范围有所扩大。百万人口的大城市检察院的工作实践中腐败现象和经济影子化的指标可以更有效地规划检察院打击腐败的措施，并优化分配自己的人力资源。对每一个腐败因素进行单独分析，检察院采取相应的对策，这些措施可以明显限制影子经济的范围，并控制未经监督程序市政资金的支出。

我们提供的这些指标可以用于确定本地区腐败和影子经济的程度[①]。现在，当各种等级的国家及市政信息已经网络化和公开化，我们认为完全可以建立通用程序系统，由该系统在汇总经济、社会和其他因素的基础上对每个联邦主体和市政当局的腐败及影子经济程度进行远程评估。

该系统应当包括哪些内容？

首先，必须科学地制定数量核算标准，这一点在当今发达的电脑时代是不难做到的。

其次，必须确定国家机关能够运行该系统并处理系统信息。该机关可以是俄罗斯联邦安全委员会，俄罗斯联邦总统下属的打击腐败委员会或者是俄罗斯金融监管局。重要的是：该机关看问题不是从狭隘的“追求”统计指标的部门角度，而是查明问题原因并消除

---

① 详见：纳非科夫.伊.萨，社会经济因素作为本地区有组织“影子化”经济及猖獗腐败的指标//刑法，犯罪学，刑事执行法的迫切问题：科学专著合集/总编阿.格.别兹维尔霍娃，萨马拉市：萨马拉大学，2012 年，第 211 ~216 页。

产生问题的根源。为此，应当对各个地区的问题进行深入研究分析，这是国家机关，其中包括护法机关所面临的任务。

再次，最重要的是保证该信息的公开性，可以允许访问护法机关、其他国家机关及民间社会研究所的信息。

公开显示腐败风险的信息可以使国家机关和舆论及时有效地采取措施，同时促使存在腐败因素的主体自觉采取果断措施消除腐败，促使局面向好的方面发展。

为了有效打击城市发展过程中的腐败行为及影子经济，必须采取综合措施，首先包括警告措施。采取行政干预并快速通过决议阻止正在谋划的违法现象，不仅可以及时保护市政当局的利益，而且可以约束市政工作人员的行为，避免他们在以后的工作中出现违法现象。

【小结】

1. 在打击有组织犯罪的过程中特别需要刑事侦查主体行动的协调，包括在刑事诉讼阶段、案件侦查阶段，执法阶段和护法机关工作的其他阶段。法律规定由检察官承担该协调工作义务。

2. 在打击犯罪的过程中，基层护法机关（市级）的协调具有最重要的实践意义，但在该级别的协调过程中也存在一系列的协调不到位问题，因此必须制定并通过新的协调标准法令。

3. 必须恢复检察官的刑事起诉（刑事追诉）权，这是有效追究有组织犯罪团伙首领及成员刑事责任的主要基本条件。

4. 为增强职务人士进行诉讼的独立性，必须进行预审，我们认为必须推行法官侦查制度。

5. 防范有组织犯罪的主要活动包括：及时破获预谋犯罪的青年团伙，分化瓦解有组织犯罪团伙，孤立他们的首领，截断犯罪团伙的资金来源，破坏犯罪活动的经济基础。

6. 在市政级别防范并打击有组织犯罪活动的经济基础是最富成果的，而且最有效的措施是预先防范。

7. 限制影子经济范围的措施应当包括综合反腐败措施。

8. 考虑到我们在分析经济、社会及其他因素基础上制定的腐败标签清单（腐败指标），我们认为可以在全国建立通用程序系统，由该系统对每个联邦主体和市政当局的腐败及影子经济程度进行远程评估。

第二节　刑法专项措施及进一步完善的必要性

为了有效打击影子经济有组织犯罪活动必须进一步完善刑法①，特别是作为犯罪经济周期阶段之一的犯罪收入合法化问题。法律文献中指出，合法化是正式（合法）经济与影子经济犯罪部门之间的连接环节。②

本国法律与执法实践③规定个人罪犯的犯罪收入合法化特征，但是没有评估其造成的社会危害。在现代条件下合法化的特征可以

① 关于研究打击犯罪措施及犯罪应承担刑事责任的研究所的作用详见：科扎琴科.伊.雅，刑事责任：表现措施及形式：讲座教材，斯维尔德洛夫斯克市：斯维尔德洛夫斯克政法学院，1987 年。第 45 页，第 2 段。

② 波耶娃.奥.尤，伊德利索娃.斯.费，上述专著，第 801 页；关于收入合法化的问题同样可见：托苏尼扬.格.阿，维库林.阿.尤，对金融信贷系统资金合法化（洗钱）进行打击：经验，问题，前景：教学实践参考书，莫斯科市，事业出版社，2001 年，第 256 页。

③ 关于非法企业经营活动及犯罪途径取得的资金或者其他财产合法化（洗钱）案件的司法实践：俄罗斯联邦最高法院 2004 年 11 月 18 日全体会议第№23 决议：［2010 年 12 月 23 日的最新版本］//俄罗斯联邦最高法院公报，2005 年，№1. 最新版本的文本："顾问 +" 法律公正系统。

为有组织团伙及犯罪团伙提供专门服务。[①]“洗钱是国际腐败的仆人……”[②]

根据俄罗斯联邦刑法第 174 条和第 174.1 款的规定，上述犯罪的目标是资金或者犯罪途径取得的其他财产。通过对国际法标准进行分析，正如很多作者所指出的[③]，合法化的对象包括物品（资金及有价证券），各种能源及原料，超出传统概念的物品（例如：电能及燃气），其他财产（其中包括财产权，索赔权），工程项目及提供服务，新技术，信息，智力活动成果（发明，科学发现，工业样品，商标，服务标志，公司名称及商业代码），其中包括专属权利（知识产权）。刑法中规定：具备本质财产特点的无形资产不被列入财产范围。这些资产包括商品及服务，企业与组织的个人资金。其中包括商品（财产）特征的域名（与所有其他个体化工具一样），即具备价值和有用性。俄罗斯内务部下诺夫哥罗德学院的研究者们[④]研究了法院在 7 年期间审理的 172 宗个体化案件：它们都与资金相关，涉及所有者的所有权、使用权、分配权。它们作为单位的资产被投入到注册资本中，并进行具体的资金价值评估。虽然俄罗斯批准了采取各种方式确定合法化对象的斯特拉斯堡公约，但是立法者并不认为这部分财产是合法的。

关于知识产权日益增长的价值可以由可口可乐公司资产结构的

---

① 特列季亚科夫．费．伊，有组织犯罪及犯罪收入合法化：学位论文……第 11 页。

② 沃格尔．费，行贿受贿是国际化的问题//打击腐败。国际大会材料《打击跨国犯罪与腐败的国际合作》，叶卡捷林堡市，2000 年，第 18 页。

③ 见：卡内金．弗．伊，关于合法化的法律需要进一步完善//犯罪收入合法化威胁俄罗斯的经济安全：协调打击犯罪的国际法机制的理论，实践及技术：论文合集/编辑弗．米．巴拉诺夫，利．利．费图尼，下诺夫哥罗德市：俄罗斯内务部下诺夫哥罗德学院，2009 年，第 33 页；巴拉诺夫．弗．米，丘普洛娃．阿．尤，上述专著，第 63 ~ 64 页。

④ 同上，第 65 页。

资料予以佐证。2007年前，该公司价值1013亿美元，其中900亿美元为商标价值（几乎等于俄罗斯石油公司“鲁科伊尔”及其所有石油储备的价值）。①

应当指出，涉及洗钱的犯罪活动中，除了逃避缴税及缴纳海关关税的犯罪刑罚种类以外，境外外汇资金均未返还。同时，在国际实践中（美国、荷兰、芬兰、瑞士）打击洗钱的法律适用于任何以不诚实方式获取的收入。② 在现代法律文献中阐述了以下观点：立法机关可以修改俄罗斯联邦刑法第174条和174.1条的规定，拓宽该犯罪内容范围，不仅仅包括以犯罪方式购买的财产，而且还包括……所有者未向预算支付的款项或者国外未返还的应付款项。③

很多作者认为，有效利用俄罗斯联邦刑法第174条和174.1条的规定可以保证合法拥有、使用、分配资金或者其他财产。与俄罗斯立法机关有所不同，美国的立法机关在确定类似的客观对象时不规定实施犯罪的任何目的，因为任何犯罪收入的业务处理必须投入到合法周转中并需要进行伪装。而俄罗斯法律规定的合法化目的是理由不足的，因此需要从法律文本中将该条删除。④

美国对“洗钱”的刑事侦查同时也考虑到了从事资金运输活动的公司，这些公司与大金额的现金打交道（例如，哥伦比亚可卡因卡特尔将毒品生意获取的现金投入到黄金贸易中）。⑤ 俄罗斯从事

---

① 同上，第65~66页。

② 奥夫钦斯基．弗．斯，腐败与危机……第70页。

③ 雅尼．普．犯罪途径取得财产的合法化：犯罪对象//合法性，2012年，№9．第30页。

④ 斯捷潘诺夫，耶基扬茨．弗．格，按照美国法律资金合法化（洗钱）的责任//犯罪收入合法化是俄罗斯经济安全的威胁：协调打击犯罪的国际法机制的理论，实践及技术：论文合集/编辑弗．米．巴拉诺夫，利．利．费图尼，下诺夫哥罗德市：俄罗斯内务部下诺夫哥罗德学院，2009年，第176页。

⑤ 卡恰洛夫．斯．尤，对犯罪首领收入进行监控及打击犯罪收入合法化的问题，同上。第811~812页。

大金额犯罪现金的运输（转运），包括犯罪资金的套现却未追究刑事责任。虽然俄罗斯在这方面的特点是有组织犯罪经济基础就是合法或者半合法经营及金融活动（与西方国家的区别是：70－80%的有组织犯罪是从事传统的犯罪生意①），这些生意的收入不仅仅合法（根据对现代俄罗斯法律的理解），而且可以转入“影子”状态为犯罪活动提供资金。我们得出的结论是：犯罪组织向我国输入了大量的“黑色”现金，而从我国向国外输出了大量的“经过清洗的”黑钱，我国成为世界有组织犯罪资金的“大型洗衣房”。

我们建议，根据其他国家的经验，对俄罗斯联邦刑法第 YIII 篇第 22 章第 174，174.1 条进行修订，拓宽合法化（洗钱）的概念，使之包括协助犯罪资金汇兑的活动；采取不真实的（虚假的）金融业务活动，将犯罪方式获取的非现金资金及其他民事财产兑现为现金或者变为金融票据等活动。同时，我们支持根据俄罗斯联邦总统2009 年 11 月 28 日第№ПР－3169 委托书而制定的刑法在经济领域中的扩展概念②，俄罗斯联邦刑法第 174 条（新版本）建议删除将该交易③作为实施犯罪方式的内容。在此情况下，我们建议将洗钱合法化的行为定义为：采取任何方式谋取犯罪收入、侵害民事权利的虚假行为；或将犯罪收入转移给他人进行管理、分配的行为（我们以法国和波兰的情况为例）。同时，我们建议给犯罪收入合法化（洗钱）确定全新的科学法律地位。在俄罗斯立法者的现代概念中仅仅有合法化的概念，而绝不是洗钱的概念。

---

① 德米特里耶夫．奥．弗，上述专著，第 51 页。

② 根据俄罗斯联邦总统 2009 年 11 月 28 日第№ПР－3169 委托确定的经济领域适应现代化的刑法概念/自主非商业组织“法律及经济研究中心”（莫斯科市）（及其他城市）；利．米．格里戈里耶夫（及其他人），URL：http：//www. insor－russia. ru/files/modernUK. pdf（访问日期：2012 年 5 月 20 日）。

③ 传统俄罗斯法律制定、修改与终止公民法律关系的法律作用。

有组织犯罪团伙经常进行“洗钱”，其主要标准在俄罗斯联邦最高法院的解释中有所阐述，包括活动稳定，成员联系紧密，协调采取行动，服从于团伙纪律，犯罪活动的方法及形式具有稳定性。我们赞同法律文献中阐述的意见，最高法院不总是考虑现代犯罪的现实情况，其中包括犯罪活动的方法及形式是否具有稳定性未必作为区别有组织犯罪的犯罪特征。有组织犯罪集团擅于采取复杂的犯罪形式，为了进行不断变化及完善，必须保证犯罪生意的长期存在并繁荣发展。①

“洗钱”活动经常具备跨国犯罪特征。犯罪团伙成员彼此并不认识。他们通过互联网进行联系，彼此不存在并列从属关系。他们之间的本质特征是独立性，进行虚拟联系，区域相距遥远，年龄、受教育水平和世界观均存在差距。不存在传统意义上的紧密联系、没有分层次的联系、没有统一的领导和互相包庇，而只有共同的“生意”。鉴于此，我们赞同法律文献陈述的观点：……使用信息技术的犯罪活动及单独项目的跨国犯罪活动，认定有组织犯罪活动的主要特征是犯罪团伙成员实施犯罪计划时具有很高的协调水平，犯罪团伙存在时间长，具备协调性是其存在的必要条件。② 控制环境中存在有效的犯罪组织，具备非传统的分层网络结构③。

很多研究者注意到：法律对社会安全经济犯罪活动的惩罚存在不相符性，其中包括对造成危害进行罚款的惩罚。在很多责任标准中最初就规定很高平的犯罪盈利率，从而激发不安分的公民从事违

① 卡内金．弗．伊，上述专著。第34页。

② 同上。第35~36页。

③ 奥西本科．阿．利，关于影响有组织网络计算机犯罪活动增加的因素//打击现代犯罪：对惩治政策的效率及刑法性质的评估：学术著作汇编/编辑尼．阿．洛巴申科；萨拉托夫市。有组织犯罪与腐败问题研究中心。萨拉托夫市：卫星出版社，2010年。第295页。

法犯罪活动。[①]

在俄罗斯联邦刑法第285.1条第1部分，挪用超过一百五十万卢布的大金额预算资金犯罪，对此规定实施10万-30万卢布的罚款。由此可见，在最高罚款的情况下，上述犯罪的初始利润率达到500%，而进行合法化的大金额犯罪收入超过600万卢布（俄罗斯联邦刑法第174条第2部分），则初始利润率达到2000%。鉴于此，采取办法免除承担刑事责任或者免于惩罚或者缓刑的机会是很多的，实施类似的犯罪可以被视为《顺利的有利可图的商业交易》[②]。

例如，在英国，规定各种罚款金额，对于实施犯罪的惩罚取决于各种人员的物质条件。为了避免逃避明显应当承担的义务，法院会查明被告的经济状况。为此，法院在作出判决前会要求被告通知自己的财务状况信息。提供虚假的信息被视为刑法犯罪行为。[③]

没收不被列入刑罚种类，而被列入刑法的其他措施，这并不有助于有效地打击有组织经济犯罪活动。作为一种刑法种类，根据其他国家的经验，没收具备本质的警告意义。与被剥夺自由的刑事处罚相比，人们更害怕没收。[④]

如果不将采取查封没收作为刑罚种类，将不可能进行侦查、查封和向国家返还被盗窃资产的国际合作。2003年后的此类要求是极少数，而回收通常是不存在的。在1997年-1999年期间，根据具体的刑事案件，每年可以顺利返还数百万美元的被窃资产。每次外国法院均要求俄罗斯确认这些资金可以被查封、没收来作为对犯罪分子的惩治。而现在不允许提供这样的确认。[⑤]

---

① 巴拉诺夫．弗．米，丘普洛娃．阿．尤，上述专著。第55~56页。
② 同上，第56页。
③ 同上，第57页。
④ 同上，第58页。
⑤ 奥夫钦斯基．弗．斯，腐败及危机……第70页。

考虑到返还资产的现代国际法机制，必须恢复俄罗斯联邦刑法关于财产没收的条例作为一种刑罚[①]并完善涉及国际合作的刑事诉讼标准。

【小结】

1. 要求制定新版本的俄罗斯联邦刑法第174，174.1条，将该交易作为实施犯罪方式的内容予以删除。建议：

（1）将（洗钱）合法化确定为以任何方式谋取民事权利犯罪收入来源的理由虚假行为或者将这些权利转交其他人士进行管理及分配；

（2）列入的范围包括协助资金汇兑和虚假（伪造）金融活动，对将以犯罪方式获取的非现金资金及其他民事财产兑现为现金或者变为金融票据等活动；

（3）从上述活动中排除抑制刑法标准有效实施的合法拥有、使用、支配犯罪对象的目的（在其他国家的法律中并没有规定）；

（4）拓宽合法化对象，确定俄罗斯联邦民法规定的所有民法项目。

2. 利用全球通信互联网进行犯罪收入合法化的有组织犯罪活动的特征是非传统的，分层次的，而且具备网络结构特征。认定有组织犯罪团伙的主要指标是实施犯罪计划时犯罪团伙成员具有很高的协调性，而不仅仅是具备公认的犯罪活动稳定性和固定方法，这些方法均处于经常变化的状态和存在于不断完善的过程中。

---

① 必须指出：根据俄罗斯联邦民法第243条的规定，没收的概念是根据法院判决对犯罪行为或者其他违法行为采取的制裁措施。见：1994年11月30日№51俄罗斯联邦民法（第一部分）：俄罗斯联邦联邦会议国家杜马1994年10月21日通过；俄罗斯联邦№52联邦法律1994年11月30日实行：［2011年12月6日的最新版本］//俄罗斯联邦法律汇编，1994年，№32，第3301条。最新版本的文本："顾问+"法律公正系统。根据俄罗斯联邦行政处罚法（第3.2条，第3.7条）没收是行政处罚的一种措施。

3. 建议恢复刑法中的没收财产制度作为一种刑罚措施，并列入俄罗斯联邦刑法特别部分系列条款，作为强制的补充刑罚（现在它被列入其他的刑法措施，这会阻碍侦查工作、查封工作和向国家返还被盗窃资产的国际合作）。

第三节 控制影子经济的一般经济、法律及思想措施及提高这些措施的潜力

预防有组织犯罪的措施及防范全国范围内对影子经济的资助具备自己独有的特征。首先，这些措施不能脱离对腐败活动的打击，这是一个互相关联的过程。其次，这些打击措施应当被提高到国际合作的水平上。

综上所述，我们研究了大城市中这些现象的社会犯罪预防措施及专门刑法措施。

我们认为，必须由全社会采取预防措施，其中包括以下措施：

1. 经济措施

（1）打击经济生活中的垄断行为，创造竞争条件。

（2）支持实际生产部门和工业加工部门。

（3）土地改革与农业改革。

（4）对税务系统进行完善。

（5）重建预算相互关系，消除下级公共权力机关建立影子资源、实施经济生活与政治生活领域违法行为的企图。

（6）制定降低有组织犯罪活动利润的措施。

(7）封锁黑手党感兴趣的社会领域（在纽约创办国营建筑公司[①]；采取措施截断建立自发停车场，在城市中进行调节等)。

(8）使用稳定资金，黄金外汇储备，私营－国营合作形式的大型企业资金及其他资源而建立的大型工业及建筑项目：发展莫斯科周围的其他大型经济中心，降低区域发展的不平衡，促进全国整体经济发展；例如，发展三个城市中心，使之成为自我发展的区域和集中发展的周围区域，并提高城市之间的通讯（交通）水平[②]。

(9）现金的周转（现金、资金流，与大型地下河流相比，这些资金不仅仅冲击国家的经济，而且也影响国家的社会体制……如果我们能够消除兑换现金的系统，那么就不会产生其他社会问题，诸如腐败、“灰色”劳动市场，并截断有组织犯罪的“氧气供应”。要知道现金可以被用于支付贿赂，可以采用信封方式支付工资，犯罪团伙也需要现金来实施花样翻新的犯罪活动[③])。

(10）建立财务收入、财产状况和资本流动的监督系统。

(11）提高黑色金属与有色金属的出口关税。

2. 社会措施

(1）培养中产阶级。

(2）消除贫富悬殊的差距。

(3）解决教育、就业、医疗保健、住房及共用设施的需求问题。

(4）消除腐败活动对民众的压榨。

3. 政治措施

① 英沙科夫．斯．米，上述专著，第213、318页。

② 科尼亚耶娃．阿．尼，上述专著，第138～139页。

③ 雅科夫列娃．伊．尼，上述专著，第177页。

（1）在人民的支持下，国家领导人下决心采取实际行动进行自我清洗（以意大利、哥伦比亚和美国的情况为例，在最初阶段联合社会的健康力量，然后由果断开明的社会人士出面，最后采取信息轰炸，集中社会舆论打击有组织犯罪活动，此后的结果是选举产生出具备健康力量的社会领袖，他是先进思想的载体，在他的领导下采取组织周密的措施[①]）。

（2）消除国家管理方面官僚主义盛行的现象。

（3）保护宪法体制和民主机制（例如：举行选举，消除"黑箱"操作，避免犯罪因素对政府的渗透）。

（4）打击对政府机关议员进行非法施压来谋取公司及个人的私利。

（5）制定国家战略打击有组织犯罪，其中包括采取中和处理有组织犯罪经济基础的方式。

（6）发展打击有组织犯罪、腐败、"洗钱"，其他有组织犯罪活动经济组成部分的跨国合作。

3. 法律措施

（1）消除法律调节的漏洞[②]，并消除法律之间的矛盾，确定清晰的法律规则，消除歧义；切扎列·别卡利亚还指出：您想警告犯罪行为吗？那就这样做：使法律变得清晰简单，集中全民族的所有力量来保护法律，而不是践踏法律来谋取个人私利。[③]

---

① 英沙科夫．斯．米，上述专著，第310～318页。

② 但是，正如经济文件中指出的：法律禁令不会停止交易，而仅仅是改变交易的条件；见：哈尔奇拉娃．格．普，上述专著，第105～106页。

③ 别卡利亚．恰，犯罪与惩罚，莫斯科市：斯杰尔斯出版社，1995年，第231～232页。

（2）法律执行的效率[1]。

（3）通过《打击有组织犯罪特别法》（国家杜马1995年通过，俄罗斯联邦联邦会议联邦委员会通过，但俄罗斯联邦总统未签字；此后，根据护法机关领导2006年9月4日根据协调会议的决议而建立的跨部门行动小组还制定了一条相关的联邦法律草案[2]）；很久以前，就存在着单独法律标准之间形成互相逻辑联系的必要性，调节数量众多的单独标准法律文件规定的法律行动，并借鉴其他国家的先进经验（明显的例子是美国的RICCO）；这一领域的俄罗斯法律未考虑今天的现实情况与经济活动中吸引的行业专利基金；在此情况下，法律显得过分自由化；可以参考格鲁吉亚的经验，各种各样擅于钻法律空子的“窃贼”长期影响着法律的执行。

（4）重建专门打击有组织犯罪（包括金融经济及腐败组成部分）的侦查分局，在当前形势下，作为赋有职业道德意义的专门机构，侦查分局应当在现有的联邦禁毒局的基础上建立：取得并借鉴打击有组织犯罪活动的丰富侦查经验并采取措施，这些经验及措施不受地域分类的影响，可以达到很高的公务纪律及责任水平，具有

---

① 有时不合理的法律及标准法令甚至会给实施犯罪提供条件。因此，在法律学中经常建议对实施的法律标准和其他国家决议进行犯罪学鉴定；见：拉多斯杰娃．尤．弗，罗基欧诺娃．奥．尼，犯罪学鉴定：综合科学方法，叶卡捷林堡市：乌拉尔国立法律科学院，2011年，第34页；拉多斯杰娃．尤．弗，对打击跨国有组织犯罪犯罪措施系统进行犯罪学鉴定：打击跨国有组织犯罪领域的法律合作专家组报告草案//法律及现代化：优先权及战略：第五届亚欧法律大会执行委员会报告，叶卡捷林堡市：乌拉尔国立法律科学院，2011年，第44页。

② 在草案中规定针对与有组织犯罪组织有关的人士一系列措施：正式警告；法院规定该人士不得与某些人士进行联系，不得更换居住地址或者在规定时间内固定居住在指定地点，不得访问规定地点，进行法院医学检查或者法院心理检查，必要时使用合法来源的收入进行专门治疗，维持生命，向税务机关提供收入及财产申报单，其中包括投资、有价证券、参与公司经营、财产信托管理、标明单位名称及要件，根据这些信息保持联系，根据委托书取得财产的使用权等；见：多尔果娃．阿．伊，有组织犯罪的犯罪学评估……第627～628页。

精心挑选出的掌握打击腐败领域（税务领域，现在则是毒品问题）犯罪活动丰富经验的人才；组建的部门可以称为“联邦打击腐败及有组织犯罪局”（《联邦打击腐败及有组织犯罪局》）。

（5）通过一系列现在处于联邦会议审议阶段的法律：《关于非法汇兑业务应承担的责任》,《监督失去自由的人员行为》。

（6）这些法律概念规定运用侦查业务手段，电子监控，这些措施在很多国家的法律中早已存在，它们可以更有效地打击有组织犯罪[①]（相关条例见联合国打击跨国有组织犯罪公约第21条）。

（7）通过其他诉讼程序确认的进行刑事诉讼审判前决定的条例（仲裁、民事、行政诉讼），这是俄罗斯刑法中判定不承担法人刑事责任而最必要的条例。

（8）对俄罗斯联邦民法第二部分第y第46章第861条作出修改[②]，在该条中规定经济活动的主要主体：雇主、经营公司（根据承包合同、合作及其他义务等）支付给公民的各种收入形式的结算义务等。非现金程序除外（将来，根据俄罗斯经济法则的发展情况，可以转向对现金周转的更本质限制）。

（9）对№129联邦法律《关于法人与私人企业家的国家登记》作出修改（重新规定俄罗斯联邦民法基础原则的转换期）[③]，排除冒名顶替的可能性（要求强制提供法律规定的法定登记地址），在

---

① 茨维特科娃．阿．斯，按照国际法标准国家机构履行打击跨国犯罪法律的意义//联合国打击跨国有组织犯罪公约条例及该条例在俄罗斯使用过程中出现的问题/编辑奥．斯．卡比努斯；俄罗斯联邦总检察院科学院。莫斯科市，2011年，第92～93页。

② 民事法典，第二部分。

③ 关于法人与私人企业家的国家登记：2011年8月8日第№129联邦法律：俄罗斯联邦联邦会议国家杜马2001年7月13日通过；俄罗斯联邦2001年7月20日联邦会议联邦委员会通过：［2012年7月28日最新版本］//俄罗斯联邦法律汇编，2001年，№33（第1部分），第3431条。最新版本的文本：“顾问+”法律公正系统。

俄罗斯联邦行政处罚法典[①]中规定申请人向登记机关提供虚假信息应承担的行政责任[②]。

（10）进一步制定民法，税务及金融方面的以下措施：没收非法收入资金，对犯罪收入进行行政扣押，冻结及法院判决禁止进行资金业务活动、付款、不动产及交易登记，这些措施由检察院及其他国家全权专门机构执行，其中包括对俄罗斯联邦民法作出修改及补充（对第60章第二节进行修改）[③] 及对俄罗斯联邦民事诉讼法作出修改及补充（对第1篇第4章第45条及第6章第56条及第2篇第23章第249条作出修改及补充；对第2篇第24.1章第3节《对职务人士谋求不当收入案件的处罚程序》）[④]，在这些法律中应当规定检察官处理递交给法院处罚的职务人士谋求不当收入申请书的权力，承担购买高金额（法律中约定金额）财产、接受服务和其

---

① 俄罗斯联邦2001年12月30日第№195行政处罚法典：俄罗斯联邦联邦会议国家杜马2001年12月20日通过；俄罗斯联邦2001年12月26日联邦会议联邦委员会通过；俄罗斯联邦2001年12月30日第№196联邦法律实施：［2012年7月28日最新版本］//俄罗斯联邦法律汇编。2002年，№1（第1部分），第1条。最新版本的文本："顾问+"法律公正系统。

② 考虑到这一条例制定实践建议，关于修改相关法令的联邦法律草案（附带解释性说明），在专著附件中予以援引。

③ 俄罗斯联邦1996年1月26日第№14民法（第二部分）：俄罗斯联邦联邦会议国家杜马1995年12月22日通过；俄罗斯联邦1996年1月26日第№15联邦法律实施：［2011年11月30日最新版本］//俄罗斯联邦法律汇编，1996年，№5第410条。最新版本的文本："顾问+"法律公正系统。

④ 俄罗斯联邦2002年11月14日第№138民事诉讼法：俄罗斯联邦联邦会议国家杜马2002年10月23日通过；俄罗斯联邦联邦会议联邦委员会2002年10月30日通过：俄罗斯联邦2002年11月14日第№137联邦法律实施：［2012年6月14日最新版本］//俄罗斯联邦法律汇编，2002年，№46第4532条。最新版本的文本："顾问+"法律公正系统。

他物质福利合法性的举证责任[①]。

（11）对俄罗斯联邦刑事执行法典做出修改[②]，并规定关押及惩处有组织犯罪活动参与者的特殊程序（关押在人数少的单独囚室，无权保持经济官僚主义作风，无权提前释放及获得赦免，但是打击有组织犯罪的机构提出申请的情况除外；进行规定的根据是与这些机构之间进行的协商：会面、转达、寄送包裹及通信。

（12）规定参与市政部门的限制活动，禁止提拔参与严重罪行及特殊严重罪行人员。

可以参考中国香港特别行政区的经验，十年期间“三人法庭”一直在活动。由专设机构监督“三人法庭”成员资格的取消过程。取消程序由三人法庭成员公开声明退出三人小组，在此情况下，退出的成员应当标明自己所在“三人法庭”的名称，组建地点及时间，结构，讲述其中的仪式，招收新成员的过程，标明在该犯罪组织中自己承担的职务。检查口供的可靠性后，向其出具退出“三人法庭”的证明，该证明的有效期为五年。在此期间，对大约1200名申请人进行监督。[③]

---

① 该条例与俄罗斯联邦宪法不抵触，第49条第2部分规定：在追究刑事责任时无需对实施犯罪的被告进行证明，而在承担民法或者其他法律责任时不适用。见：俄罗斯联邦宪法（1993年12月12日全民投票通过，考虑2008年12月30日对№6联邦法律，2008年12月30日对№7联邦法律做出的修改）//俄罗斯联邦法律汇编。2009年№4. 第445条。与此同时，腐败应承担刑事责任公约建议缔约国研究采取这些措施的可能性。见：腐败应承担刑事责任公约（1999年1月27日于斯特拉斯堡签订。由第№125联邦法律2006年7月25日批准）//俄罗斯联邦法律汇编，2009年，№20. 第2394页。

② 俄罗斯联邦1997年1月8日第№1联邦刑事执行法典：俄罗斯联邦联邦会议国家杜马1996年12月18日通过；俄罗斯联邦联邦会议联邦委员会1996年12月25日通过；俄罗斯联邦1997年1月8日第№2联邦法律实施：［2012年5月3日最新版本］//俄罗斯联邦法律汇编，1997年，№2.，第198条。最新版本的文本：“顾问+”法律公正系统。

③ 辛岩（音译），亚布洛科夫．尼．普，打击中国的黑手党，莫斯科市：标准出版社，2006年，第153~154页。

美国的经验值得借鉴[①]，美国的反腐败法和“反影子经济”法律包括：

（1）信息公开法，根据该法律，任何公民有权获取关于任何人员的信息（机密信息除外），包括关于该人员的财产、完成的交易、诉讼程序等信息；

（2）关于公众人物的法律，了解关于他们的信息无需经过他们的同意，没有任何限制就可以发布关于他们的信息；

（3）关于揭发者的法律，规定举报违法活动（其中包括举报金融犯罪）的奖励及保护机制。

会计的职业具有特殊的地位，它可以最可靠地保持财务核算工作的合法性。合计工作人员应当具备会计的职业伦理和会计的信誉。必要时可以收回会计资格证书或者吊销会计员的许可证。[②]

在很多国家，例如芬兰，违反企业会计核算规定并导致会计核算失实及虚假的，相关人员应承担刑事责任。[③] 比较法律研究表明，与很多欧洲国家相比，俄罗斯对经济领域的刑法保护力度较弱，俄罗斯法律仅对造成严重损失的案件予以关注，其惩罚（与其他犯罪活动相比）的总体力度要超过2－4倍。[④]

必须指出，近年来，鞑靼斯坦共和国制定了一系列地区范围内的法律[⑤]及组织措施，用以消除影子经济现象。鞑靼斯坦共和国通

---

① 比留科夫．弗．普，上述专著，第137～138页。

② 普利瓦洛夫．克．弗，上述专著．第186页。

③ 科依斯吉涅恩．雅，俄罗斯的经济犯罪。俄罗斯与芬兰历史与社会学中企业经济活动范围内对经济违法活动的刑事处罚的法律比较分析：论文内容提要……法律学博士，赫尔辛基市，2012年，第12页。

④ 同上，第26～27页。

⑤ 关于调节鞑靼斯坦法律关系的国家法律经验见：纳菲科夫．伊．萨，限制及压缩影子经济范围的国家法律调节（根据鞑靼斯坦共和国的经验）//喀山科技大学公告，2012年，第15卷，№7．，第210～213页。

过2011－2015年社会经济发展规划①，在该规划中列出专门章节来介绍减少影子经济的措施。建立了电子贸易信息平台及国家和市政订单透明机制。在此基础上，现在已建成《统一交易目录》配套产品程序，来揭示操作预算资金的发包商从事影子交易的资金流通情况。建立“互联网”全球通讯网络，使“电子政府”信息规划顺利运作，任何公民都可以了解政府机构的工作状态，监督文件传递，其中包括内部工作流程。共和国的所有国家与市政机关在该规划中实现了一体化。共和国内阁建立了跨部门打击“灰色”劳动市场及收入合法化委员会，该委员会的工作效率比较高。采取的措施及持续探讨影子资本操作者的作用机制允许在资金核算以外进行规划的社会公益大额投资，避免给自己造成有害的后果，其中包括采取免费方式进行投资。

4. 思想措施

（1）制订统一思想战略，形成全民思想，擅于联合（在自愿基础上）公民正面社会力量，形成打击有组织犯罪活动及腐败的局面，打击犯罪行为及传统作用机制。

（2）将这一问题列入国家及法律任务之列。

（3）利用各种正面思想渠道，对社会意见（艺术、文学、电视及其他媒体）发挥作用。

（4）建立对护法机关的信任。

（5）展示打击有组织经济领域犯罪活动的正面成果。

（6）截断社会舆论与国家领导人眼中的有组织犯罪活动与腐败

① 关于批准2011～2015年鞑靼斯坦共和国社会经济发展规划：鞑靼斯坦共和国2011年4月22日№13法律……见其他地区标准法令：关于批准2015年前鞑靼斯坦共和国轻工业发展战略：鞑靼斯坦共和国部长会议2010年12月30日№1167决议；鞑靼斯坦共和国反腐败政策战略：鞑靼斯坦共和国2005年4月8日№УП－127总统命令。

之间的联系。

（7）在惩罚教育机构对有组织犯罪活动的首领及成员进行教育未预防犯罪。

（8）利用社会援助。

现在，其他作者也分享了打击犯罪问题上的“唯心主义”观点。最重要的问题是：保持及重建文化传统制度及人类价值观[①]，借助于现代社会生活中的精神作用及意识形态，对市场投机意图进行平衡。正如二十世纪杰出的社会学家（俄罗斯籍美国人）皮特林·索罗金公正地指出，奖励或者惩罚的影响或者价值不仅仅取决于奖励或者惩罚的性质及内容本身，而且取决于适合的人的天性与特点……[②]因此，他总结并得出人类行为的社会规律性：某种奖励或者惩罚对各种人的影响取决于人们的科学、宗教、道德世界观及对世界认识的水平及深度（程度）。这一条件是精神奖励及惩罚领域的决定性因素，它对人类生活起到过并正在起着巨大的作用，对人类的行为产生过并正在产生着巨大的影响。[③] 随后他又指出，人们信仰的特点及其对信仰的坚定程度具有重要的意义……[④]人们不断地重复加强着他们的信仰：增强道德、法律观念（他们倡议的决定）的一个本质条件是重复已经习惯的事实……经常重复同一行为，人们会因为不断重复而改变、减弱或者增强他们的心理底线及

① 舍斯塔科夫．德．阿，上述专著。第319页；同样可见：阿扎尔金．尼．米．意识形态与国家//合法性，1999年，№11.，第35～38页；兹乌亚金采夫．阿．格．国家体制基础的法制观念与精神性//合法性，2008年，№2.，第42～46页。二十世纪美国社会学家塔尔科特·帕森斯同样强调社会系统中信念、价值与思想的巨大作用，见：帕森斯·塔，社会系统//帕森斯·塔，关于社会系统，莫斯科市：科学院设计方案，2002年，第452～517页。

② 索罗金．普．阿，犯罪与惩罚，功勋与奖励：关于社会行为与道德主要形式的社会专著。莫斯科市，阿斯特列尔出版社，2006年，第243页。

③ 同上，第244页。

④ 同上，第250页。

信仰。[①]

甚至传统的关于合理经济活动的“利己主义”或者“自私自利”经济科学理论，借助于享乐主义的对外经济心理概念，在现代科学研究中没有遭受任何批评。因此，根据二十世纪杰出的美国社会学家塔尔科特·帕森斯的意见：经济动机 - 这不是指动机的等级，而是确定各种动机的类型及同时存在的观点：自尊，认可，有益的成果，满意，情感依恋（审美感）。在这一错综复杂的事物中还包括资金收入，在很大程度上是职业地位与认可的公认特征。这样，经济动机的主要元素之一是罪恶感或者羞耻感给人造成压力（损害）所保证的道德系统（同时，作为一种象征性的惩罚或者其他制裁），在努力实现时会带来债务感。在具体的个人动机与相互作用造成的个人动机之间，人们在选择行为模式时会产生摇摆。[②]此时，个人与社会所信奉的道德准则能够起到主导的作用。因此，最重要的问题是提供法令标准及国家机关决议的道德基础[③]。

正如哲学文献中指出：法律文化包括法律知识，法制观念和社会法律活动。[④] 完善这些条例时，我们在法律知识中包括了法律事实中反映的法律思想和积累的经验，这些思想与经验存在于人们的意识及感觉中，通过人们的交往转达道德法律信息，提供社会的标准及法律系统，使居民掌握信息。在法制观念下，我们理解法律事实及现象的自觉性，坚定意志及准备采取行动，或者不做不合心意的事情，社会成员有能力区分建设性的情况与破坏性的情况（根据

---

① 同上，第256～259页。

② 帕森斯·塔，经济活动的目的，弗．切斯诺科娃娅的译文。帕森斯·塔，社会行为的结构。第2版。莫斯科市：科学院设计方案，2002年，第329～353页。

③ 详见：塔萨科夫．斯．弗，侵犯人身的犯罪刑法标准的道德基础。圣彼得堡市：法律中心出版社，2008年，第315页。

④ 阿米洛夫．克．费，作为劳动集体社会积极性发展因素的法律文化：论文……哲学副博士，喀山市，1989年，第19～20页。

法律标准）并进行追踪。对于社会法律活动，我们研究固定的行为，标准，社会相互作用与人类行为的前例，日常实践及法律关系规定的具体活动。所有这些法律文化元素形成打击有组织犯罪的稳定系统，抑制影子犯罪，其中包括经济领域的犯罪，诉讼及现象。

正如犯罪学文献中公正指出的：应当修订现有的打击犯罪的概念[①]。关于通过《联邦预防犯罪法》的建议同样表达了相同的意见。[②] 总而言之，今天的犯罪学必须面对制定有效打击犯罪活动的全新概念问题。

应当指出，有组织犯罪的活跃活动不仅仅局限于影子经济部门。犯罪的本性使其积极拓宽自己能够发挥影响的范围。犯罪组织试图积极渗透并进入正规的经济领域和合法的经济、社会、政治及国家系统中。有组织犯罪活动每天不断地与公民社会和国家进行经济活动领域中的竞争，并破坏合法体系的基础。

从社会学观点看，有组织犯罪活动是社会自我组织的选择形式，是社会现实的特殊形式，是对抗公民社会的负面形式。

从政治理论观点看，有组织犯罪活动损害了社会的政治体系。

如果以图表形式反映有组织犯罪活动，则它们属于互相交叉的对抗逻辑概念。

社会生活组织两种系统的竞争结果取决于主要社会需求的满足水平，其中首先是安全与物质保障的需求：（1）谁能保证更平静的生活？（2）在此情况下，谁能提供更有保证的生活（从正常需求水平的观点看）？

每个社会自我组织形式具备自己的优势及弱势。

---

① 阿米洛娃．德．克，谋杀犯罪学。喀山市：大师莱恩，2000 年，第 108 页。

② 彼得罗娃．伊．斯，在俄罗斯与外国造成个人伤害的谋杀罪应承担的刑法责任。喀山市：知识，2008 年，第 132 页。

1. 有组织犯罪具备的优势：

（1）与正式规则和约定无关，因此其活动的结果更有效（而积极的民间社会活动必须遵守法律、办理法律手续等）。

（2）在社会生活中可以更快地进行变更，可以回应任何社会需求，并以不当的方式钻法律空子，不进行调节或者进行调节（在积极的社会中需要谋求理解，进行讨论，媒体予以公布，制定法律方案，通过并实施法律方案需要经过官僚机构长时间的审议）。

（3）采取经济刺激手段（收买）及利用公共权力机关的腐败，可以很容易找到追随者（因此，公民社会越能有效地激励公民进行劳动，并采取各种可能的社会监督形式，则有组织犯罪团伙实施犯罪的可能性就越小）。

2. 积极的民间社会活动具备的优势

（1）公共权力机关、护法机关及其他强力部门履行自己的职责（因此国家机关的腐败程度越低，则它就越能服务于全社会，而不是为有组织犯罪活动谋利）。

（2）法律伦理机制，合法化，开放性，道德优越感（这些主要的优势在于：至今还没有一个家长想把自己的孩子培养成罪犯，哪怕这个家长是刑事犯）。

因此，成绩不仅取决于强力部门的行动，还取决于公民社会及其制度。任务是联合全体国民各种分散的力量，激发全民的思想意识。在此条件下采取的措施可以找到积极的动力，对局面的改观可以带来正面的实际影响。

【小结】

1. 为了防范有组织犯罪和抑制给有组织犯罪提供资金的影子经济，必须由全国采取经济、社会、政治、法律及意识形态方面的措施。

2. 必须通过《打击有组织犯罪专门法》，该法于1995年由国家杜马和俄罗斯联邦联邦会议联邦委员会通过，但是俄罗斯联邦总统未签字。

3. 必须重建打击有组织犯罪（包括其经济金融组成部分）及腐败的案件侦查处。

4. 俄罗斯刑法未规定法人承担的刑事责任，最需要的条例是通过其他诉讼程序确认的进行刑事诉讼审判前决定的条例（仲裁、民事、行政诉讼）。

5. 在俄罗斯经济制度对现金资金流动的本质限制尚未准备就绪的条件下，在现代俄罗斯社会发展的这一阶段，作为预防措施，建议作出法律修订，规定经济活动的主要主体：雇主、经营公司（根据承包合同、合作及其他义务等）支付给公民的各种收入形式的结算义务等（非现金程序除外）。将来根据俄罗斯经济法则的发展措施，可以转向对现金周转更本质的限制。

6. 在重订俄罗斯联邦民法基础原则前的转换期进行企业登记时，对必须按照申报的法定地址提供法律规定文件的法律作出修改，并规定申请人向登记机关提供虚假信息应承担的行政责任。

7. 必须对法律作出修改与补充，规定向国家机关（例如，检察院）递交申请书，要求对职务人士的非法致富进行罚款，要求证明他们购买的高额（金额在法律中予以规定）财产、享有的服务及其他物质福利的合法性。

8. 需要重建预算关系，这种关系应当避免下级公共权力机关创建影子金融资源，避免它们从事经济及政治领域的违法活动。

9. 必须针对有组织犯罪活动成员规定特别的监管和惩罚程序。

10. 应当限制实施重罪及特别重罪的人员参与权力机关的可能性。

11. 根据鞑靼斯坦共和国的经验，在地区水平上可以实施一系列的措施：采取的措施和持续建立打击影子资金运作的机制需要投入可观的核算外资金，来避免产生对自己有害的后果，需要向社会公益事业投入资金，其中包括采取无偿的方式。

12. 制定意识形态战略的问题应当属于国家及法律任务的范畴。最重要的是精神传统及价值观、人类及社会文化、教育问题等。必须使全体国民树立不接受任何形式有组织犯罪的观念，其中包括有组织犯罪的经济组成部分。在树立这种观念的过程中政治意愿将起到重要的作用。

结论

在专著研究的过程中，我们得出以下主要结论：

1. 影子经济现象与有组织犯罪活动之间有规律地表现出相互依赖，相互作用及其他联系。

2. 影子经济是有组织犯罪活动的物质（经济）基础。

3. 有组织犯罪活动是影子经济的结构化和组织保证（组织－调解形式和监督形式，上层建筑机制）。但这不是消极的形式，它积极作用于影子经济部门。根据犯罪的形式，确定此领域的总体规定，尽管影子经济不仅仅包括犯罪活动，而且还包括非犯罪经营活动。

4. 大城市中影子经济范围约占对外贸易企业的45%至80%。超过三分之一的影子经济具备犯罪活动特征，并直接由有组织犯罪团伙操控。

5. 有组织犯罪活动与影子经济部门的相互作用形式包括若干种。其中主要表现为：控制在影子部门工作的企业家的活动，在企业经营过程中利用有组织犯罪的金融资源直接参与违法活动。鉴于此，应当采取各种打击措施。在第一种情况下，这是大多数影子企业家得出的结论：为他们创造优越的贸易条件，与国家机关建立伙伴关系。在第二种情况下，则必须截断合法贸易及非法贸易的违法投资。

6. 有组织犯罪团伙对高额利润及高潜伏性表现出最大的积极性。

7. 随着经济发展及社会经济生活的复杂化（公民社会的消极作用及国家机关腐败），影子经济部门的数量有所增加，与此同时，有组织犯罪活动的社会危害性程度也有所增强。

8. 有组织犯罪团伙试图扩大自己的影响，侵害合法经济及其制度与公民社会和国家机构进行竞争。有组织犯罪团伙利用自己控制未核算影子经济资源的垄断优势，渗透进入合法经济，破坏公平竞争的基础。

9. 有组织犯罪团伙试图达到更高程度的垄断，控制新的部门，影响新的领域。鞑靼斯坦各个大城市中的犯罪团伙与俄罗斯其他城市保持联系，或者在俄罗斯其他城市设立自己的分支机构。

10. 最近十年来，有组织犯罪活动表现出“经济化”的趋势。因此，如果说在九十年代有组织犯罪团伙具有更高的匪帮特征，则在2000年以后的有组织犯罪团伙活动明显趋向于经济领域中的犯罪。

11. 在2000年以后，某些个别有组织犯罪团伙表现出“政治化”的趋势。因为在这一期间，十分之一的犯罪团伙具有政治极端主义特征，而在前十年期间，这种特征是不存在的。所有类似的团伙都把影子经济活动作为自己从事犯罪活动的基础。

12. 有组织犯罪活动的主要形式是腐败官僚主义，官僚从非法经济中取得红利，制定有利于犯罪活动的政策，与寡头和犯罪团伙首领一起制定犯罪计划。他们是影子经济的主要创造者和利息获得者。如果不实施有效的反腐败措施，打击有组织犯罪及其在经济领域中的现象是不可能的。

13. 由于制定财产权和土地高回报交易诉讼程序尚未完成，利用业内人士消息从事土地影子交易的潜力很大，我们预测：最近有组织犯罪团伙将集中力量积极参与高利润回报的土地“贸易”，这就要求采取防范措施消除腐败因素，并协助通过解决这一问题的相关决议。

14. 一个城市的有组织犯罪活动可以扩散到全国境内及国外。

15. 如果没有全民社会的支持，一个国家无法胜任打击有组织犯罪活动的任务。如果忽略公民社会的利益，则这个社会就会变成犯罪型社会（国家机构将呈现犯罪化趋势）。

16. 国家制度所依赖的公民社会足以抑制有组织犯罪活动，而社会道德力量更具优势。

17. 鞑靼斯坦共和国城市打击有组织犯罪的经验表明：不取决于全国的整体形势，在单独的城市中有组织犯罪（及其经济基础）将被削弱，有组织犯罪活动的后果从根本上被限制到最低程度。

18. 在很多情况下，为了截断有组织犯罪活动及克服影子经济，应当使违法者承担国家系统规定的风险，追究违法者应承担的法律责任。在此情况下，从经济角度讲，犯罪活动本身就不具备支付能力。

19. 几乎在鞑靼斯坦的各大城市都存在有组织犯罪团伙。在大多数情况下，这些犯罪团伙的活动与影子经济和犯罪形式的经济密切相关。占四分之三比例的从事多种犯罪活动的有组织犯罪组织依靠大城市的大型企业及中等贸易公司的影子经济活动进行发展。在各种情况下，这些犯罪活动的前期均出现过依赖“共同赃款”生存的小型团伙以及对儿童及青年实施的敲诈勒索活动。

20. 充实有组织犯罪“队伍”的后备力量是青年。大部分团伙和犯罪团伙是建立在街头流氓的青年团伙基础上的，起初他们划定地盘成立团伙。

21. 研究参与有组织犯罪活动成员所处的独特社会阶层可以发现：受教育程度很低的成员恰恰担任犯罪经济与政治领域中最高级别的职务。

22. 组织性达到更高水平后，犯罪团伙就变得更加稳定（70%的犯罪团伙的存在时间已经超过7年，55%的团伙在成立的最初3年就已经被破获），保护犯罪团伙首领（由于竞争风险增大，首领被视为大的目标“赌注”）的风险明显增加（如果匪帮主要头领的更换率仅为20%，则犯罪团伙首领的更换率达到67%）。

23. 防范有组织犯罪的主要活动包括：及时破获预谋犯罪的青年团伙，分化瓦解有组织犯罪团伙，孤立他们的首领，截断犯罪团伙的资金来源，破坏犯罪活动的经济基础。

24. 由于国家法律调节手段存在着不确定性，力度不足，造成发展影子经济部门的“培养基液”出现在上述领域中，它控制有组织犯罪的资金流动，具备极高的盈利性，占有“灰色”收入的很大份额。为此，必须关注并消除造成半合法商业活动的法律空白点，这些法律空白点将引起有组织犯罪团伙的兴趣。

25. 很多具备熟练特征的职业犯罪集团的经济犯罪被判为轻微罪行或者中等罪行，因为根据俄罗斯联邦刑法第210条的规定，对复杂型有组织犯罪团伙参与者实施的犯罪活动无法确定其造成的影响。俄罗斯联邦刑法很多条款规定对有组织犯罪集团实施的犯罪活动最高量刑为剥夺4年以下人身自由。同时联合国打击跨国有组织犯罪公约责成成员国保证：成员国的国内法律应当将有组织犯罪集团参与实施的所有犯罪判处重刑（剥夺最长不超过4年的人身自由）。根据影子经济繁荣发展及补充有组织犯罪资本的确定组成条件，通常未规定有组织犯罪集团实施犯罪的分类特征。

26. 必须进一步完善刑法，特别是完善关于作为犯罪经济周期中一个阶段的犯罪收入合法化问题的法律。

27. 俄罗斯刑法未规定法人承担的刑事责任，最需要的条例是通过其他诉讼程序确认的进行刑事诉讼审判前决定的条例（仲裁，民事，行政诉讼）。

28. 作为相同的犯罪学预防措施，应该对俄罗斯法律关于非法致富及其导致法律后果的现有规定进行完善。必须对法律作出修改与补充，规定向国家机关（例如，检察院）递交申请书，要求对职务人士的非法致富进行罚款，要求证明他们购买的特别高金额（金额在法律中予以规定）的财产、享有的服务及其他物质福利的合法性。

29. 要求对法人及私人企业家登记法做出修改，以防止他人冒名顶替。

30. 需要重建预算之间的关系，这种预算关系应当避免下级公共权力机关会建立影子金融资源，避免他们从事经济及政治领域的违法活动。

31. 必须制定关于打击有组织犯罪的联邦法律。

32. 必须重建打击有组织犯罪和腐败活动（包括它们的经济金融组成部分）的专门侦查部门。

33. 考虑到我们在分析经济、社会及其他因素基础上制定的腐败特征清单（腐败指标），我们认为可以在全国建立通用程序系统，由该系统对每个联邦主体和市政当局的腐败及影子经济程度进行远程评估。

34. 必须恢复检察官的刑事起诉（刑事追诉）权，这是有效追究有组织犯罪团伙首领及成员刑事责任的主要基本条件。

35. 为增强职务人士进行诉讼的独立性，必须进行预审，我们认为必须推行法官侦查制度。

36. 侦查城市有组织犯罪案件的经验证明：必须在俄罗斯联邦刑事诉讼法中规定将案件从初级侦查机关转到高级侦查机关的程序（“垂直”侦查程序），并排除侦查机关实践中存在的腐败因素，这些因素可能造成人为地干预此类案件并终止案件审理，因此必须增强诉讼的独立性及提高侦查员的地位。

37. 制定意识形态战略的问题应当属于国家及法律任务的范围。最重要的是精神传统及价值观，人类及社会文化，教育问题等。必须使全体国民树立不接受任何形式有组织犯罪的观念，其中包括有组织犯罪的经济组成部分，在树立这种观念的过程中政治意愿将起到重要的作用。

本研究仅包括与大城市打击有组织犯罪活动与影子经济相关的主要问题，还存在一系列需要进一步研究的其他重要观点。我们的研究揭示了很多方面的问题，他们需要在实践中由执法机关进行检验并继续研究。如果将本研究中陈述的限制影子经济范围和有组织犯罪活动的方法及建议进一步应用于实践中，则可以提高打击损害社会利益活动的效率。

参考文献

法律及其他标准法令，其他官方文件

1. 俄罗斯联邦宪法（1993 年 12 月 12 日全民公决通过，考虑俄罗斯联邦 2008 年 12 月 30 日第№6 – ФКЗ 法律，2008 年 12 月 30 日第№7 联邦法律作出的修订）//俄罗斯联邦法律汇编，2009 年，№4，第 445 页。

2. 关于打击资助恐怖主义的国际公约（2000 年 1 月 10 日于纽约市签订。根据申请由 2002 年 7 月 10 日第№88. 联邦法律批准）//国际条约公报，2003 年，№5。

3. 打击跨国有组织犯罪的公约（2000 年 11 月 15 日，纽约，联合国第 55 届大会第 62 次全会第 55/25 决议案通过，2000 年 11 月 15 日备忘录予以补充。根据申请由 2004 年 4 月 26 日第№26. 联邦法律批准）//俄罗斯联邦法律汇编，2004 年，№40.，第 3882 页。

4. 反腐败刑事责任公约（1999 年 1 月 27 日于斯特拉斯堡市签订。2006 年 7 月 25 日第№125. 联邦法律批准）//俄罗斯联邦法律汇编，2009 年，№20.，第 2394 页。

5. 1996 年 6 月 13 日俄罗斯联邦第№63 刑法：俄罗

斯联邦联邦会议国家杜马 1996 年 5 月 24 日通过；俄罗斯联邦联邦会议联邦委员会 1996 年 6 月 5 日核准；俄罗斯联邦联邦第№64 法律 1996 年6 月 13 日生效：［2012 年 7 月 28 日最新版本］//俄罗斯联邦法律汇编，1996 年，№25.，第 2954 页，最新版本文本：“顾问 +”法律公正系统。

6. 2001 年 12 月 18 日№174. 联邦刑事诉讼法：俄罗斯联邦联邦会议国家杜马 2001 年 11 月 22 日通过；俄罗斯联邦联邦会议联邦委员会 2001 年 12 月 5 日核准；俄罗斯联邦联邦第№177. 法律 2001 年 12 月 18 日生效：［2012 年 7 月 28 日最新版本］//俄罗斯联邦法律汇编，2001 年，№52（第 1 部分），第 4921 条，最新版本文本：“顾问 +”法律公正系统。

7. 1997 年 1 月 8 日№1 俄罗斯联邦刑事执行法：俄罗斯联邦联邦会议国家杜马 1996 年 12 月 18 日通过；俄罗斯联邦联邦会议联邦委员会 1996 年 12 月 25 日核准；俄罗斯联邦联邦№2 法律 1997 年 1 月 8 日生效：［2012 年 5 月 3 日最新版本］//俄罗斯联邦法律汇编，1997 年，№2，第 198 条，最新版本文本：“顾问 +”法律公正系统。

8. 1994 年 11 月 30 日俄罗斯联邦№51 民法（第一部分）：俄罗斯联邦联邦会议国家杜马 1994 年 10 月 21 日通过；俄罗斯联邦联邦№52 法律 1994 年 11 月 30 日生效：［2011 年 12 月 6 日最新版本］//俄罗斯联邦法律汇编，1994 年，№32.，第 3301 条，最新版本文本：“顾问 +”法律公正系统。

9. 1996 年 1 月 26 日俄罗斯联邦№14 民法（第二部分）：俄罗斯联邦联邦会议国家杜马 1995 年 12 月 22 日通过；俄罗斯联邦联邦№15 法律 1996 年 1 月 26 日生效：［2011 年 11 月 30 日最新版本］//俄罗斯联邦法律汇编，1996 年，№5.，第 410 条，最新版本文本："顾问+"法律公正系统。

10. 2002 年 11 月 14 日俄罗斯联邦№138 民事诉讼法：俄罗斯联邦联邦会议国家杜马 2002 年 10 月 23 日通过；俄罗斯联邦联邦会议联邦委员会 2002 年 10 月 30 日核准：俄罗斯联邦联邦№137 法律 2002 年 11 月 14 日生效：［2012 年 6 月 14 日最新版本］//俄罗斯联邦法律汇编，2002 年，№46.，第 4532 条，最新版本文本："顾问+"法律公正系统。

11. 2001 年 12 月 30 日俄罗斯联邦№195 行政违法处罚法典：俄罗斯联邦联邦会议国家杜马 2001 年 12 月 20 日通过；俄罗斯联邦联邦会议联邦委员会 2001 年 12 月 26 日核准；俄罗斯联邦联邦№196 法律 2001 年 12 月 30 日生效：［2012 年 7 月 28 日最新版本］//俄罗斯联邦法律汇编，2002 年，№1（第 1 部分），第 1 条，最新版本文本："顾问+"法律公正系统。

12. 1992 年 1 月 17 日俄罗斯联邦№2202－1 检察院法：1992 年 1 月 17 日俄罗斯联邦最高苏维埃第№2203－1 决议生效；1995 年 11 月 17 日俄罗斯联邦№168 新版本法律陈述：俄罗斯联邦联邦会议国家杜马 1995 年 10 月 18 日通过：［2011 年 11 月 21 日最新版本］//俄罗斯天然气工业出版社，1992 年，2 月 18 日，最新版本文本："顾问+"法律公正系统。

13. 案件侦查行动：1995 年 8 月 12 日№144 法律：俄罗斯联邦联邦会议国家杜马 1995 年 7 月 5 日通过：［2012 年 7 月 10 日最新版本］//俄罗斯联邦法律汇编，1995 年，№33.，第 3349 条，最新版本文本："顾问+"法律公正系统。

14. 打击犯罪获取收入合法化（洗钱）及资助恐怖活动：2001 年 8 月 7 日№115. 联邦法律：俄罗斯联邦联邦会议国家杜马 2001 年 7 月 13 日通过；俄罗斯联邦联邦会议联邦委员会 2001 年 7 月 20

日核准：［2011 年 11 月 8 日最新版本］//俄罗斯联邦法律汇编，2001 年，№33（第 1 部分），第 3418 条，最新版本文本：“顾问+”法律公正系统。

15. 俄罗斯联邦地方自治总体组织原则：2003 年 10 月 6 日 №131 联邦法律：俄罗斯联邦联邦会议国家杜马 2003 年 9 月 16 日通过；俄罗斯联邦联邦会议联邦委员会 2003 年 9 月 24 日核准：［2012 年 7 月 10 日最新版本］//俄罗斯联邦法律汇编，2003 年，№40，第 3822 条，最新版本文本：“顾问+”法律公正系统。

16. 国家对组织赌博活动的调节及对俄罗斯联邦若干法律作出的修改：2006 年 12 月 29 日 №244. 联邦法律：俄罗斯联邦联邦会议国家杜马 2006 年 12 月 20 日通过；俄罗斯联邦联邦会议联邦委员会 2006 年 12 月 27 日核准：［2011 年 7 月 18 日最新版本］//俄罗斯联邦法律汇编，2007 年，№1（第 1 部分），第 7 条，最新版本文本：“顾问+”法律公正系统。

17. 打击腐败：2008 年 12 月 25 日 №273 联邦法律：俄罗斯联邦联邦会议国家杜马 2008 年 12 月 19 日通过；俄罗斯联邦联邦会议联邦委员会 2008 年 12 月 22 日核准：［2011 年 11 月 21 日最新版本］//俄罗斯联邦法律汇编，2008，№52（第 1 部分），第 6228 条，最新版本文本：“顾问+”法律公正系统。

18. 建筑物及设施安全的技术规定：2009 年 12 月 30 日 №384 联邦法律：俄罗斯联邦联邦会议国家杜马 2009 年 12 月 23 日通过；俄罗斯联邦联邦会议联邦委员会 2009 年 12 月 25 日核准//俄罗斯联邦法律汇编，2010 年，№1.，第 5 条。

19. 对俄罗斯联邦单独法令作出的修改：2011 年 7 月 20 日 №250 联邦法律；俄罗斯联邦联邦会议国家杜马 2011 年 7 月 6 日通过；俄罗斯联邦联邦会议联邦委员会 2011 年 7 月 13 日核准//俄罗

斯联邦法律汇编，2011 年，№30（第 1 部分），第 4598 条。

20. 法人与私人企业家的国家登记：2001 年 8 月 8 日№129 联邦法律：俄罗斯联邦联邦会议国家杜马 2001 年 7 月 13 日通过；俄罗斯联邦联邦会议联邦委员会 2001 年 7 月 20 日核准：［2012 年 7 月 28 日最新版本］//俄罗斯联邦法律汇编，2001 年，№33（第 1 部分），第 3431 条，最新版本文本："顾问 +" 法律公正系统。

21. 对俄罗斯联邦刑法及俄罗斯联邦刑事诉讼法第 151 条作出的修改：2011 年 12 月 7 日№419 联邦法律；俄罗斯联邦联邦会议国家杜马 2011 年 11 月 22 日通过；俄罗斯联邦联邦会议联邦委员会 2011 年 11 月 29 日核准//俄罗斯联邦法律汇编，2011 年，№50，第 7361 条。

22. 协调打击犯罪的护法机关的行动：俄罗斯联邦总统 1996 年 4 月 18 日№567 命令：［2003 年 11 月 25 日最新版本］//俄罗斯联邦法律汇编，1996 年，№17.，第 1958 条，最新版本文本："顾问 +" 法律公正系统。

23. 俄罗斯联邦经济安全国家战略（主要条例）：俄罗斯联邦总统 1996 年 4 月 29 日№608 命令//俄罗斯联邦法律汇编，1996 年，№18.，第 2117 条。

24. 保证打击经济范围违法活动的国家机关的相互作用：俄罗斯联邦总统 1998 年 3 月 3 日№224 命令：［2000 年 7 月 25 日的最新版本］//俄罗斯联邦法律汇编，1998 年，№10.，第 1159 条，最新版本文本："顾问 +" 法律公正系统。

25. 2020 年前俄罗斯联邦国家安全战略：俄罗斯联邦总统 2009 年 5 月 12 日№537 命令//俄罗斯联邦法律汇编，2009，№20.，第 2444 条。

26. 保证法律秩序的补充措施：俄罗斯联邦总统 2010 年 12 月

11 日№1535 命令//俄罗斯联邦法律汇编，2010，№50.，第 6656 条。

27. 关于俄罗斯联邦跨部门打击极端主义委员会（与《俄罗斯联邦跨部门打击极端主义委员会条例》同时生效）：俄罗斯联邦总统 2011 年 7 月 26 日№988 命令//俄罗斯联邦法律汇编，2011 年，№31.，第 4705 条。

28. 2012－2013 年期间打击腐败的国家计划及对俄罗斯联邦总统打击腐败问题若干法令作出的修改：俄罗斯联邦总统 2012 年 3 月 13 日№297 命令//俄罗斯联邦法律汇编，2012 年，№12.，第 1391 条。

29. 国家标准清单与法规汇编（此类标准及法规汇编部分），应用这些标准与法规时必须保证遵守联邦《建筑物及设施安全技术规定》的要求：俄罗斯联邦政府 2010 年 6 月 21 日№1047－p 命令，//俄罗斯联邦法律汇编，2010 年，№26.，第 3405 条。

30. "关于打击非法途径获取收入（洗钱）" 联邦法律草案：俄罗斯联邦联邦会议国家杜马 1997 年 11 月 19 日第№1908－II 格Д 决议通过//俄罗斯联邦法律汇编，1997 年，№48.，第 5503 条。

31. 关于法官应用法律追究盗匪活动责任的实践：俄罗斯联邦 1997 年 1 月 17 日最高法院全会第№1 决议//俄罗斯联邦最高法院公报，1997 年，№3。

32. 关于凶杀案件的法院实践（俄罗斯联邦刑法第 105 条）：俄罗斯联邦 1999 年 1 月 27 日最高法院全会第№1 决议：[2009 年 12 月 3 日的最新版本] //俄罗斯联邦最高法院公报，1999 年，№3. 最新版本文本："顾问＋" 法律公正系统。

33. 关于盗窃，抢劫和诈骗案件的法院实践：俄罗斯联邦 2002 年 12 月 27 日最高法院全会第№29 决议：[2010 年 12 月 23 日的最新版本］//俄罗斯联邦最高法院公报，2003 年，№2. 最新版本文本：“顾问 +” 法律公正系统。

34. 关于非法企业活动及以犯罪途径谋取的资金或者其他财产合法化（洗钱）案件的法院实践：俄罗斯联邦 2004 年 11 月 18 日最高法院全会第№23 决议：［2010 年 12 月 23 日的最新版本］//俄罗斯联邦最高法院公报，2005 年，№1. 最新版本文本：“顾问 +” 法律公正系统。

35. 关于审理组织犯罪团伙（犯罪组织）或者参与犯罪团伙（犯罪组织）活动刑事案件的法院实践：俄罗斯联邦 2010 年 6 月 10 日最高法院全会第№12 决议//俄罗斯联邦最高法院公报，2010 年，№8。

36. 关于恐怖活动犯罪刑事案件法院实践的若干问题：俄罗斯联邦 2012 年 2 月 9 日最高法院全会第№1 决议//俄罗斯联邦最高法院公报，2012 年，№4。

37. 俄罗斯联邦最高法院全会［俄罗斯联邦 2012 年 4 月 5 日最高法院全会会议信息］//俄罗斯联邦最高法院公报，2012 年，№6，第 1 ~ 2 条。

38. 城市建设卫生标准与规则 2. 07. 01 – 89。城市及农村居民点规划及建设：1989 年 5 月 16 日苏联国家建设部第№78 决议批准：1990 年 7 月 13 日苏联国家建设部№61 批准的决议修改与补充，1992 年 12 月 23 日俄罗斯联邦建设部№269 命令，1993 年 8 月 25 日俄罗斯联邦国家建筑和建设委员会№18 – 32 决议，2010 年 12 月 28 日俄罗斯联邦地区政策部№820 命令：具有现实意义的分类号为 СП42. 13330. 2011 的文件版本［电子资源］自 2011 年 5 月 20 日起生效//“保证人”法律公正系统：URL：http//www. base. garant. ru/2305985/（访问日期：2012 年 5 月 30 日），第 1. 4 点。

39. 关于组织防范非法收入流入银行及其他贷款机构的方法建议：俄罗斯银行1997年7月3日№479信函//银行公报，1997年，№28。

40. 关于批准评估隐蔽（非正规）经济的主要方法条例［包括“隐蔽（非正规）经济的主要计算指标的方法条例”，“考虑到对非正规经济的评估而确定工业生产的总规模的方法规定”，“考虑到非正规经济的指标而计算施工及投资活动的方法规定”，“确定非正规部门及隐蔽生产农业产品规模的方法规定”，“确定联邦非正规贸易活动指标的方法规定”，“考虑到非正规经济的规模而确定居民有偿服务总规模的方法”］：俄罗斯联邦国家统计委员会1998年1月31日第№7决议（俄罗斯联邦国家统计委员会2000年2月25日第№15决议，2005年6月27日第№36决议的修改及补充），访问“顾问+”法律公正系统（访问日期2012年4月17日）。

41. 关于批准1999年酒精产品零售流通额的临时方法条例：俄罗斯联邦国家统计委员会1999年6月11日第№40决议，访问“顾问+”法律公正系统（访问日期2012年4月17日）。

42. 关于批准考虑到对隐蔽型及非正规活动的评估而确定的居民有偿服务总规模的方法：俄罗斯联邦国家统计委员会2000年2月25日第№15决议，访问“顾问+”法律公正系统（访问日期2012年4月17日）。

43. 关于俄罗斯联邦境内建筑产品价值确定方法的批准及生效（包括道路建设部81-35.2004方法）：俄罗斯联邦国家建筑与建设问题委员会2004年3月5日第№15/1决议//标准，方法及标准设计文件的信息公报，2004年，№6。

44. 关于批准考虑到对隐蔽型及非正规活动的评估而确定固定资本投资的方法规定：俄罗斯联邦国家统计委员会2005年6月27

日第№36决议，访问“顾问+”法律公正系统（访问日期2012年4月17日）。

45. 关于批准鞑靼斯坦共和国2011－2015年期间社会经济发展规划：鞑靼斯坦共和国2011年4月22日第№13法律：鞑靼斯坦共和国国家委员会2011年3月31日通过//鞑靼斯坦共和国，2011年，5月4日。

46. 鞑靼斯坦共和国打击腐败政策战略：鞑靼斯坦共和国2005年4月8日第№УП－127总统命令//鞑靼斯坦共和国，2005年，4月14日。

47. 关于批准鞑靼斯坦共和国2015年前期间的轻工业发展战略：鞑靼斯坦共和国内阁2010年12月30日第№1167决议//鞑靼斯坦共和国内阁决议及命令和政府执行机关标准法令汇编，2011年，№12.，第0396条。

48. 2010年执行委员会及其领导活动报告：喀山市杜马2011年3月3日№3－4决议//喀山市政文件及法令汇编，2011年，3月17日，№10。

49. 喀山市2011－2015年期间市政社会经济发展规划：喀山市杜马2011年10月24日№2－8决议//喀山市市政文件及法令汇编，2011年，11月10日，№44.，第4~99条。

法院、侦查部门及检察院的实践来源经验的数据

50. 鞑靼斯坦共和国最高法院档案。案件№№02п01/2－1980年，02п01/164－1994年，02п01/6－1995年，02п01/9－1996年，02п01/204－1996年，02п01/278－1996年，02п01/172－1997年，02п01/15－1998年，02п01/216－1998年，02п01－2/03/1999，2－11/2001，2－29/2001，2－5/2002，2－39/2002，02п01/116－2002，2－4/2005，2－5/2005，2－44/2005，2－5/2006，2－11/

2006，2－27/2006，2－31/2006，2－101/2006，2－6/2007，2－7/2007，2－8/2007，2－34/2007，2－2/2008，2－3/2008，2－4/2008，2－5/2008，2－6/2008，2－8/2008，2－32/2008，2－3/2009，2－4/2009，2－79/2009，2－96/2009，2－3/2010，2－5/2010，2－6/2010，2－12/2010，2－15/2010，2－18/2010，2－26/2010，2－45/2010，2－53/2010，2－76/2010，2－80/2010，2－2/2011，2－3/2011，2－7/2011，2－10/2011，2－33/2011，2－35/2011，2－36/2011，2－57/2011，2－60/2011，2－92/2011，2－96/2011，2－3/2012，2－13/2012，2－14/2012，2－29/2012，2－44/2012。

51. 喀山市瓦西托夫斯基区法院档案。案件№1－377/2010。

52. 鞑靼斯坦共和国喀山市苏维埃区法院档案。案件№1－72/2008。

53. 喀山市莫斯科区法院档案。案件№№1－321/2011，1－15/2012。

54. 喀山市航空工程区法院档案。案件№1－204/2011。

55. 下卡姆斯克市法院档案。案件№№1－899/2009，№1－1109/2009，№1－69/2010。

56. 鞑靼斯坦共和国检察院档案。刑事案件监察程序№№22263/202282，30639，9214，11109，104182，117，15185，174250，38698，73404，117249，93884，139592，300101，119047，599146，119468，34446，114524，255860，71103，194419，300084，460561，242376，102454，4393，242526，625512，194460，66164，242548，169032，161367，58696，244534，919586，63578，236128，129103，913782，597611，911950，919865，914451，919866，912963，1955，914450，

042150。

57. 喀山市检察院档案。案件目录№№2.8.2－2009，1.11－2011，2.1.1－2011，2.1.4－2011，2.8.5－2011，11.11－2011；刑事案件监察程序№№919026.716210，726772。

58. 下卡姆斯克市检察院档案。刑事案件监察程序№№138161，242577，242588。

59. 俄罗斯内务部卡马河畔切尔内市管理局档案。2004年信息分析材料。

60. 鞑靼斯坦共和国最高法院未结案及未归档案件目录。案件№№2－2/2012，2－37/2012，2－61/2012，2－66/2012，2－77/2012。

61. 喀山市瓦西托夫斯基区法院2012年未结案及未归档案件目录。案件№№1－13/2012，1－165/2012。

62. 喀山市苏维埃区法院2012年未结案及未归档案件目录。案件№1－655/2012。

63. 喀山市莫斯科区法院2012年未结案及未归档案件目录。案件№1－92/2012。

64. 卡马河畔切尔内市法院2012年未结案及未归档案件目录。案件№№1－1071/2012，1－1090/2012。

65. 鞑靼斯坦共和国检察院2012年未结案及未归档案件目录。刑事案件监察程序№№541974，100883，123073，913072，194421，243325，917064，803844，222260，131695，197447，40623，913065。

66. 喀山市检察院2012年未结案及未归档案件目录。案件目录№№2.1.1－2012，2.1.4－2012，2.8.5－2012；刑事案件监察程序№№773289，642307，642341。

67. 卡马河畔切尔内市检察院 2012 年未结案及未归档案件目录。刑事案件监察程序№№17834，874163。

68. 俄罗斯内务部喀山市管理局 2012 年未结案案件目录。刑事案件№№642307，642341，600471。

69. 卡马河畔切尔内市青少年非正式组织的特点：2000 年 8 月 22 日№9 社会研究结果报告/卡马河畔切尔内市政府社会研究，经济分析及发展企业活动管理局代理局长尼．阿．克拉波托娃//卡马河畔切尔内市政府档案。

70. 卡马河畔切尔内市青少年社会化及适应过程的管理效率及前景：2000 年 5 月 16 日№7 社会研究结果报告/卡马河畔切尔内市政府社会研究，经济分析及发展企业活动管理局代理局长尼．阿．克拉波托娃；经办人，主任专家斯．克．阿尔斯拉诺娃//卡马河畔切尔内市政府档案。

书籍（专著，教科书，教学参考书）

71. 阿加波夫．普．弗，打击有组织犯罪活动责任规程理论基础［正文］：专著/普．弗．阿加波夫；学术编辑：法律学博士，教授尼．阿．洛巴申科，圣彼得堡市：俄罗斯内务部圣彼得堡大学，2011 年，第 328 页。

72. 阿米洛夫．克．费，腐败：概念，打击，责任：教学参考书/克．费．阿米洛夫，斯．伊．加利耶娃；联邦教育署；高等职业教育国立教育机构喀山国立工业大学，喀山市：喀山国立理工大学，2009 年，第 193 页。

73. 阿米洛夫．德．克，凶杀犯罪学［正文］/德．克．阿米洛夫，喀山市：大师莱恩，2000 年，第144 页。

74. 安东尼扬．尤．米，犯罪学研究短训班［正文］：教学参考书/尤．米．安东尼扬，利．欺．萨伯利纳；由尤．米．安东尼扬编辑，莫斯科市：国立莫斯科经济学院，1997 年，第 160 页。

75. 巴巴耶夫．米．米，人口统计对犯罪的影响［正文］/米．米．巴巴耶夫，埃．弗．库兹涅佐瓦，叶．布．乌尔拉尼斯，莫斯科市：法律文献出版社，1976 年，第 176 页。

76. 巴巴耶夫．米．米，俄罗斯联邦境内人口贸易犯罪状况的评估［正文］：科学实践参考资料/米．米．巴巴耶夫，弗．伊．科瓦连科，莫斯科市：俄罗斯联邦内务部全国科学研究院，2011 年，第 63 页。

77. 巴巴耶夫．米．米，首都外来人员的犯罪活动［正文］：教学参考书/米．米．巴巴耶夫，米．弗．科罗廖娃；苏联内务部科学院，莫斯科市：苏联内务部科学院，1990 年，第 78 页。

78. 别卡利亚．切，犯罪与惩罚［正文］/切扎列·别卡利亚．莫斯科市：斯杰尔斯出版社，1995 年，第 304 页。

79. 别克利亚舍夫．阿．克，影子经济［正文］：教学参考书/阿．克．别克利亚舍夫；俄罗斯联邦内务部，俄罗斯联邦内务部鄂木斯克科学院，莫斯科市：［未标明出版社］，2004 年，第 179 页。

80. 别洛采尔科夫斯基．斯．德，俄罗斯联邦检察院打击有组织犯罪的活动［正文］：方法参考资料/斯．德．别洛采尔科夫斯基；俄罗斯联邦总检察院科学院，莫斯科市：［未标明出版社］，2010 年，第 112 页。

81. 俄罗斯的贸易与安全［正文］：中小型贸易及大型贸易的实践参考资料/设计书负责人赫．弗．扎利亚洛夫；创作集体：德．费．曼古舍夫，伊．阿．雅内舍夫，德．阿．伊万诺夫，斯．弗．科尔巴科夫，喀山市：［未标明出版社］，2001 年，第 400 页。

82. 比克耶夫．伊．伊，俄罗斯刑法规定的具有增高危险的物质对象：普通问题及专门问题［正文］/伊．伊．比克耶夫，喀山市：知识出版社，2007 年，第 272 页。

83. 比克耶夫．伊．伊，非法持有武器应承担的刑事责任［正文］/伊．伊．比克耶夫，喀山市：知识出版社，2007 年，第 312 页。

84. 巴洛托夫．斯．弗，有组织犯罪的经济化．制度关系机制［正文］：专著/斯．弗．巴洛托夫，斯．米．普洛雅娃，莫斯科市：尤尼基出版社：法律与权力，2008 年，第 127 页。

85. 巴洛茨基．布．斯，在独联体国家打击毒品工业收入的洗钱活动［正文］/布．斯巴洛茨基，阿．格．沃列沃德兹，叶．弗．沃洛诺娃，布．费．卡拉切夫，莫斯科市：尤尔利金福姆出版社，2001 年，第 248 页。

86. 布拉托夫．利．米，导致犯罪的城市区域青少年团伙：刑法与犯罪学观点［正文］/利．米．布拉托夫，阿．弗．舍斯列尔，喀山市：鞑靼斯坦图书出版社，1994 年，第 155 页。

87. 布赫果利茨．埃，社会犯罪学［正文］/埃．布赫果利茨，德．列克沙斯，利．哈尔特曼；主任编辑尼．阿．斯特鲁奇科娃；编辑塔．阿．利亚布什金娜雅，莫斯科市：进步出版社，1975 年，第 272 页。

88. 沃尔任金．布．弗，公务犯罪［正文］/布．弗．沃尔任金，莫斯科市：法律出版社，2000 年，第 368 页。

89. 沃尔科夫斯基．弗，打击经济领域的有组织犯罪［正文］/弗．沃尔科夫斯基，莫斯科市．：俄罗斯图书目录学研究所，2000 年，第 216 页。

90. 加利莫夫．伊．格，有组织犯罪：趋势，问题，解决方案［正文］/伊．格．加利莫夫，费．利．苏杜洛夫，喀山市：［未标明出版社］，1998 年，第 234 页。

91. 格拉西莫夫．斯．伊，莫斯科市的预防犯罪措施（经验与展望）［正文］/斯．伊．格拉西莫夫，莫斯科市：莫斯科“盾牌”出版社，2000 年，第 271 页。

92. 吉登斯．埃，社会学［正文］/安东尼·吉登斯，莫斯科市：URSS 的社论，1999 年，第 704 页。

93. 吉登斯．埃，社会组织：结构化理论的特征［正文］/安东尼·吉登斯，莫斯科市：科学院设计书，2003 年，第 528 页。

94. 格拉德基赫．弗．伊，对特大城市小企业经营从事犯罪活动的预防［正文］：参考资料/弗．伊．格拉德基赫，普．尼．科别茨，叶．米．列奥诺夫；俄罗斯内务部前全国科学研究院，莫斯科市：［未标明出版社］，2002 年，第 90 页。

95. 戈洛瓦诺夫．尼．米，影子经济与犯罪收入合法化［正文］/尼．米．戈洛瓦诺夫，弗．叶．别列基斯洛夫，圣彼得堡市：彼得堡出版社，2003 年，第 303 页。

96. 古洛夫．阿．伊．职业犯罪：过去与当代［正文］/阿．伊．古洛夫，莫斯科市：法律文献出版社，1990 年，第 301 页。

97. 达维坚科．利．米．区（市）检察院制定防范犯罪及其他违法活动的措施［正文］/利．米．达维坚科，哈尔科夫市：［未标明出版社］，1986 年，第 64 页。

98. 德米特里耶夫．奥．弗，市场经营系统条件下经济犯罪及对其的打击［正文］/奥．弗．德米特里耶夫；责任编辑米．普．克列伊苗诺夫，莫斯科市．：法律出版社，2005 年，第 396 页。

99. 多尔果娃．阿．伊，对有组织犯罪及腐败的犯罪学评估，法律争执及国家安全［正文］/阿．伊．多尔果娃，莫斯科市：俄罗斯犯罪学家协会，2011 年，第 668 页。

100. 多尔果娃．阿．伊，犯罪学［正文］：短期培训班/阿．伊．

多尔果娃，莫斯科市：标准出版社：英夫拉，莫斯科出版社，2001年，第272页。

101. 多尔果娃．阿．伊，犯罪，犯罪组织性及犯罪团伙［正文］/阿．伊．多尔果娃，莫斯科市：俄罗斯犯罪学家协会，2003年，第572页。

102. 多尔果娃．阿．伊，有组织犯罪活动的分析方法［正文］/阿．伊．多尔果娃，奥．阿．耶夫拉诺娃，莫斯科市：俄罗斯犯罪学家协会，2005年，第128页。

103. 杜比宁．尼．普，遗传学，行为，责任：关于反社会行为的特性及预防措施［正文］/尼．普．杜比宁，伊．伊．卡尔别茨，弗．尼．库德里亚夫采夫，第2版，修订与补充，莫斯科市：政治出版社，1989年，第351页。

104. 茹克．奥．德，对有组织犯罪团伙刑事案件的侦查［正文］/奥．德．茹克，莫斯科市：阿尔法，莫斯科出版社，2010年，第480页。

105. 茹克．奥．德，对组织犯罪团伙（犯罪组织）的刑事案件的刑事侦查［正文］/奥．德．茹克，莫斯科市：英夫拉，莫斯科出版社，2004年，第271页。

106. 扎维杜夫．布．德，普通诈骗与高科技领域的诈骗［正文］：实践参考书/布．德．扎维杜夫，莫斯科市：普里奥尔出版社，2002年，第32页。

107. 祖布科夫．弗．阿，俄罗斯联邦在国际社会上打击犯罪收入合法化（洗钱）及资助恐怖活动［正文］/弗．阿．祖布科夫，斯．克．奥西波夫，第2版，修订与补充，莫斯科市：专业书籍出版社，2007年，第752页。

108. 英沙科夫．斯．米，外国犯罪学［正文］/斯．米．英沙科夫，莫斯科市：英夫拉，莫斯科标准出版社，1997 年，第 383 页。

109. 卡巴诺夫．普．阿，俄罗斯的政治腐败：犯罪学特征与防范措施［正文］/普．阿．卡巴诺夫，下卡姆斯克市：国立莫斯科经济学院科学商业研究所，1998 年，第 74 页。

110. 康科．弗．阿，时间格式［正文］/弗．阿．康科，第 2 版，补充，莫斯科市：URSS 的社论，2002 年，第 230 页。

111. 卡比查．斯．普，协同作用与预测未来［正文］/斯．普．卡比查，斯．普．库尔久莫夫，格．格．马里涅茨基，第 3 版，莫斯科市：URSS 的社论，2003 年，第 288 页。

112. 科拉尔克．利，美国的犯罪活动，特征，原因，防范与监督意见［正文］/利．科拉尔克；编辑布．斯．尼基福洛娃；英译本．阿．斯．尼基福洛娃；绪论．布．斯．尼基福洛娃，弗．弗．鲁涅耶娃，莫斯科市：珍贵书籍出版社，2002 年，第 480 页。

113. 克列伊苗诺夫．米．普，民间犯罪学绪论［正文］：专著/米．普．克列伊苗诺夫；俄罗斯联邦内务部，鄂木斯克科学院，鄂木斯克市：［俄罗斯联邦内务部鄂木斯克科学院］，2004 年，第 243 页。

114. 克列伊苗诺夫．米．普，经济活动中的犯罪学操作：犯罪学特征与防范［正文］：专著/米．普．克列伊苗诺夫，阿．尤．费奥多罗夫，鄂木斯克市：鄂木斯克州印刷厂，2008 年，第 189 页。

115. 克列伊苗诺夫．米．普，犯罪学［正文］：学习《法律学》方向，《法律学》《执法活动》专业的高校大学生教科书/米．普．克列伊苗诺夫，第 2 版，修订与补充，莫斯科市：标准出版社：英夫拉，莫斯科出版社，2012 年，第 431 页。

116. 克列伊苗诺夫．米．普，刑法预测［正文］/米．普．克列伊苗诺夫；俄罗斯苏维埃联邦社会主义共和国内务部鄂木斯克高等警察学校，托木斯克市：托木斯克大学出版社，1991 年，第 167 页。

117. 克利亚姆金．伊．米，影子化的俄罗斯［正文］：社会经济研究/伊．米．克利亚姆金，利．米．季莫费耶夫，莫斯科市：俄罗斯国立人文大学，2000 年，第 595 页。

118. 科扎琴科．伊．雅，刑事责任：措施及表达形式［正文］：讲座课本/伊．雅．科扎琴科；以利．阿．鲁德涅科命名的斯维尔德洛夫法律学院，斯维尔德洛夫斯克：斯维尔德洛夫法律出版社，1987 年，第 45 页。

119. 科列茨基．德．阿，武装犯罪分子的身份及防范武装犯罪［正文］/德．阿．科列茨基，利．米．杰姆利亚奴西娜，圣彼得堡市：法律出版中心，2003 年，第 189 页。

120. 犯罪学［正文］：教学参考书/总编：法律学博士，教授弗．叶．埃米诺娃，莫斯科市：英夫拉，莫斯科市标准出版社，1997 年，第 160 页。

121. 犯罪学［正文］：教科书/编辑弗．尼．库德利亚夫采娃，弗．叶．埃米诺娃，第 2 版，修订与补充，莫斯科市：法律出版社，1999 年，第 678 页。

122. 犯罪学［正文］：大学教科书/主编：阿．伊．多尔果娃，第 2 版，修订与补充，莫斯科市：标准出版社，2002 年，第 848 页。

123. 犯罪学［正文］：教科书/总编阿．伊．多尔果娃，第 4 版，修订与补充，莫斯科市：标准英夫拉，莫斯科出版社，2010 年，第 1007 页。

124. 库德利亚夫采夫．弗．尼，犯罪的起源。犯罪学模式经验

[正文] /弗. 尼. 库德利亚夫采夫：教学参考书，莫斯科市：论坛，英夫拉，莫斯科出版社，1998 年，第 216 页。

125. 库德利亚夫采夫. 弗. 尼，犯罪学的因果关系（个人犯罪行为的结构）[正文] /弗. 尼. 库德利亚夫采夫，莫斯科市：法律文献出版社，1968 年，第 176 页。

126. 拉托夫. 尤. 弗，影子经济 [正文]：大学教学参考书/尤. 弗. 拉托夫，斯. 尼. 科瓦列夫；编辑弗. 雅. 基科基亚，格. 米. 卡基阿赫梅洛娃，莫斯科市：标准出版社，2006 年，第 336 页。

127. 利莉. 普，肮脏的交易，世界洗钱实践、国际犯罪及恐怖主义的秘密真相 [正文] /彼捷尔. 利莉，顿河罗斯托夫市：凤凰出版社，2005 年，第 400 页。

128. 罗基诺夫. 叶. 利，有组织经济犯罪 [正文]，第 1 卷第 3 部分，全球化世界有组织犯罪的变化/叶. 利. 罗基诺夫；国家经济安全学院，莫斯科市：国家经济安全学院出版社，2008 年，第 272 页。

129. 罗基诺夫. 叶. 利，有组织经济犯罪 [正文]，第 2 卷第 3 部分，世界经济中的犯罪合作生意团伙/叶. 利. 罗基诺夫；国家经济安全学院，莫斯科市：国家经济安全学院出版社，2008 年，第 318 页。

130. 罗基诺夫. 叶. 利，经济安全的系统问题 [正文]，第 2 卷第 20 部分，经济安全：地理经济学。世界经济强力竞争方法/叶. 利. 罗基诺夫；编辑：弗. 利. 马卡洛娃；国家能源安全学院，莫斯科市：科学技术文献出版社，2007 年，第 327 页。

131. 罗基诺夫. 叶. 利，经济安全的系统问题 [正文]，第 8 卷第 20 部分. 经济安全：有组织犯罪。全球化世界有组织犯罪的变化/叶. 利. 罗基诺夫；编辑：弗. 利，马卡洛娃；国家能源安全学院，莫斯科市：科学技术文献出版社，2007 年，第 272 页。

132. 鲁涅耶夫．弗．弗，二十世纪的犯罪．世界，地区及俄罗斯的趋势［正文］/弗．弗．鲁涅耶夫；俄罗斯科学院绪论，弗．尼．库德利亚夫采娃，莫斯科市：标准出版社，1999 年，第 516 页。

133. 马卡洛夫．德．格，影子经济与刑法［正文］/德．格．马卡洛夫，莫斯科市：尤尔利金福姆出版社，2003 年，第 216 页。

134. 马尔科夫．弗．普，著作选编［正文］，第 2 卷第 3 部分/弗．普．马尔科夫，喀山市：知识出版社，2011 年，第 524 页。

135. 马尔科夫．弗．普，著作选编［正文］，第 3 卷第 3 部分/弗．普．马尔科夫，喀山市：知识出版社，2011 年，第 324 页。

136. 卡尔·马克思，资本论［正文］，第 1 卷/卡尔·马克思，莫斯科市：国家政治出版社，1955 年，第 794 页。

137. 明达古洛夫．阿．赫，超大城市组织预防违法活动：明斯克市执委会内务局经验［正文］：教学参考书/阿．赫．明达古洛夫，弗．阿．比斯卡列夫，莫斯科市：［未标明出版社］，1982 年，第 72 页。

138. 莫霍夫．叶．阿，联邦安全局：打击有组织犯罪［正文］/叶．阿．莫霍夫，莫斯科市：大学书籍，2006 年，第 316 页。

139. 奥夫钦斯基．阿．斯，犯罪模式［正文］/阿．斯．奥夫钦斯基，斯．奥．切波塔列娃；科学编辑：弗．斯．奥夫钦斯基，莫斯科市：标准出版社，2006 年，第 112 页。

140. 奥夫钦斯基．弗．斯，打击俄罗斯的黑手党［正文］：内务部机关工作人员问答参考资料/弗．斯．奥夫钦斯基，斯．斯．奥夫钦斯基，莫斯科市：俄罗斯内务部联合编辑部，1993 年，第 72 页。

141. 有组织犯罪［正文］：法律文献出版社圆桌会议/编辑：阿．伊．多尔果娃，斯．弗．季亚科娃，莫斯科市：法律文献出版社，1989 年，第 351 页。

142. 有组织犯罪与私人投资（利用信息技术分析私人投资领域内的有组织犯罪活动）［正文］：教学参考书/总编：弗．伊．波波娃，阿．斯．奥夫钦斯基，莫斯科市：俄罗斯内务部莫斯科学院，1998 年，第 396 页。

143. 帕森斯．季，关于社会系统［正文］/季．帕森斯；编辑：弗．费．切斯诺克娃，斯．阿．别拉诺夫斯基，莫斯科市：学术项目，2002 年，第 832 页。

144. 帕森斯．季，关于社会作用的结构［正文］/季．帕森斯，第 2 版，莫斯科市：学术项目，2002 年，第 880 页。

145. 彼得罗夫．埃．伊，在中小城市预防犯罪的综合规划模式［正文］/埃．伊．彼得罗夫，莫斯科市：俄罗斯联邦总检察院科学研究所，2000 年，第 26 页。

146. 彼得罗娃．伊．斯，俄罗斯及外国凶杀案件造成人员伤害应承担的刑法责任［正文］/伊．斯．彼得罗娃，喀山市：知识出版社，2008 年，第 164 页。

147. 宾克维奇．季．弗，有组织经济犯罪：犯罪学观点［正文］/季．弗．宾克维奇，阿．伊．埃尔卡诺夫，斯塔夫罗波尔市：斯塔夫罗波尔服务学校，2001 年，第 78 页。

148. 波兹德尼亚科夫．埃．阿，犯罪哲学：送给不担心失去幻想的人［正文］/埃．阿．波兹德尼亚科夫，莫斯科市：国际旅行社广告公司，2001 年，第 576 页。

149. 波波夫．尤．尼，市场经营系统中的影子经济［正文］：教科书/尤．尼．波波夫，米．叶．塔拉索夫，莫斯科市：事业出版社，2005 年，第 240 页。

150. 普利果仁．伊，时代，混论，量子．解决时代的奇异现象［正文］/伊．普利果仁，伊．斯杰格尔斯，第 5 版，英译修改版，莫斯科市：URSS 社论，2003 年，第 240 页。

151. 拉多斯杰娃．尤．弗，犯罪学鉴定：综合教学方法［正文］/尤．弗．拉多斯杰娃，奥．尼．罗季欧诺娃，叶卡捷林堡市：乌拉尔斯克国立法律研究院，2011 年，第 34 页。

152. 拉德琴科．奥．弗，铁路运输范围内的有组织犯罪（根据东西伯利亚地区的材料）［正文］：专著/奥．弗．拉德琴科，尼．尤．日加洛夫，格．米．坦博夫采娃，伊尔库茨克市：俄罗斯联邦内务部东西伯利亚研究所，2008 年，第 163 页。

153. 列别茨卡娅．阿．利，有组织犯罪。影子经济。俄罗斯犯罪市场［正文］/阿．利．列别茨卡娅，莫斯科市：尤尔利金福姆出版社，2010 年，第 191 页。

154. 洛伍兹－阿克曼．斯，腐败与国家。原因，后果与改革［正文］/斯．洛伍兹－阿克曼，莫斯科市：“莲花”出版社，2003 年，第 343 页。

155. 萨乌什金．弗．弗，有组织经济犯罪的经济法律观点［正文］/弗．弗．萨乌什金：讲座，多莫杰多沃市：俄罗斯内务部全俄进修学院，2003 年，第 21 页。

156. 萨法洛夫．阿．阿，喀山奇异现象的尽头，清除鞑靼斯坦有组织犯罪团伙的历史［正文］/阿．阿．萨法洛夫，喀山市：无边界的世界，2011 年，第 384 页。

157. 西格勒．斯，犯罪人群［正文］/西庇阿·西格勒//犯罪人群/俄罗斯科学院心理学研究所，莫斯科市：标准程序库＋，1999 年，第 49～50 页。

158. 辛燕。打击中国的黑手党［正文］/辛燕，尼．普．雅布洛科夫。二十一世纪的黑手党：中国制造［正文］/弗．斯．奥夫钦斯基，莫斯科市：标准出版社，2006年，第192页。

159. 斯科布利科夫．普．阿，追讨债务与有组织犯罪［正文］/普．阿．斯科布利科夫，莫斯科市：法律出版社，1997年，第152页。

160. 索罗金．普．阿，犯罪与惩罚，功勋与奖励：主要社会行为与道德形式的社会学研究［正文］/皮季里姆·亚历山大洛维奇·索罗金；编制文章的绪论与备注：弗．弗．萨波娃，莫斯科市：阿斯特列尔出版社，2006年，第618［6］页。

161. 苏莱曼诺夫．斯．米，打击消费市场犯罪活动的理论基础：专著［正文］/斯．米．苏莱曼诺夫，莫斯科市：尤尼蒂－达纳出版社：法律与权力，2008年，第143页。

162. 塔兰．米．弗，经济活动范围的犯罪：理论问题与法律调节［正文］/米．弗．塔兰，喀山市：喀山大学出版社，2001年，第388页。

163. X所在的位置。犯罪与生活水平［正文］/X所在的位置；总编：法律学博士弗．普．舒比洛夫的介绍文章；瑞典学者尼．叶．波果基纳和伊．利．什米德修改，莫斯科市：进步出版社，1982年，第252页。

164. 塔萨科夫．斯．弗，侵害个人的犯罪活动刑法标准的道德基础［正文］/斯．弗．塔萨科夫；法律协会中心。圣彼得堡市：法律出版中心，2008年，第315页。

165. 托苏尼扬．格．阿，打击金融信贷系统的资金（洗钱）合法化：经验，问题，前景［正文］：教学实践参考书/格．阿．托苏尼扬，阿．尤．维库林，莫斯科市：事业出版社，2001年，第

256页。

166. 特列季亚科夫．弗．伊，有组织犯罪与犯罪收入合法化：犯罪学相互联系与防范问题［正文］：专著/弗．伊．特列季亚科夫；俄罗斯联邦内务部，伏尔加格勒科学院，伏尔加格勒市：俄罗斯联邦内务部伏尔加格勒科学院，2009年，第267页。

167. 丘宁．弗．伊，刑法与经济活动（历史与当代）［正文］：专著/弗．伊．丘宁，圣彼得堡市：俄罗斯内务部圣彼得堡大学出版社，2000年，第215页。

168. 哈利乌林．阿．格，行使俄罗斯检察院的刑事侦查功能［正文］/格．格．哈利乌林；克麦罗沃国立大学，法律系，克麦罗沃市：库兹巴斯大学出版社，1997年，第223页。

169. 赫利斯丘克．阿．阿，打击地区范围内的有组织犯罪活动［正文］：教学参考书/阿．阿．赫利斯纠克，莫斯科市：尤尔利金福姆出版社，2011年，第176页。

170. 恰申．阿．尼，诈骗，或者如何不落入骗子设置的陷阱［正文］/阿．尼．恰申，莫斯科市：事业与服务，2009年，第192页。

171. 沙瓦耶夫．阿．格，团体的安全。犯罪学，刑法及组织问题［正文］/阿．格．沙瓦耶夫，莫斯科市：银行业务中心，1998年，第240页。

172. 舍加布基诺夫．鲁．沙，与腐败相关的有组织经济犯罪。打击犯罪的状况，趋势及措施［正文］：专著/鲁．沙．舍加布基诺夫，莫斯科市：尤尼蒂，达纳出版社：法律与权力，2010年，第279页。

173. 舍斯列尔．阿．弗，经济活动范围内的犯罪学特征及防范犯罪［正文］：教学参考书/阿．弗．舍斯列尔，秋明市：秋明国立世界经济大学，管理与法律，2005年，第81页。

174. 舍斯列尔．阿．弗，集团犯罪：犯罪学及刑法观点［正文］：教学专业培训班/阿．弗．舍斯列尔；俄罗斯联邦教育部；萨拉托夫国立法律学院，美国大学（美国，华盛顿市）；萨拉托夫犯罪与腐败问题研究中心，萨拉托夫市：卫星出版社，2006年，第152页。

175. 舍斯列尔．阿．弗，有组织犯罪的犯罪学观点［正文］：教学参考书/阿．弗．舍斯列尔；俄罗斯内务部秋明法律学院，秋明市：俄罗斯内务部秋明法律学院，2009年，第85页。

176. 埃米诺夫．弗．叶，俄罗斯打击有组织犯罪的概念［正文］/弗．叶．埃米诺夫，莫斯科市：道路出版社，2007年，第46页。

177. 埃米诺夫．弗．叶，腐败犯罪与打击腐败［正文］：高等院校《犯罪学》培训班教学参考书/弗．叶．埃米诺夫，斯．弗．马克西莫夫，伊．米．马茨凯维奇；俄罗斯“开放式社会”网络支持律师联盟（索罗斯基金会），莫斯科市．：国家律师出版社，2001年，第128页。

178. 埃米诺夫．弗．叶，军人的犯罪：历史，犯罪学社会法律分析［正文］/弗．叶．埃米诺夫，伊．米．马茨凯维奇，莫斯科市：PENATES，守护神出版社，1999年，第259页。

179. 埃米诺夫．弗．叶，俄罗斯犯罪原因［正文］：犯罪学及社会心理分析/弗．叶．埃米诺夫；犯罪侦察学家与犯罪学家联盟，莫斯科市：标准出版社：英夫拉，莫斯科出版社，2011年，第126页。

180. 雅科夫列娃．伊．尼，迈出决定性的一步，消灭切尔宁斯基犯罪团伙的历史［正文］/伊．尼．雅科夫列娃，卡马河畔切尔内市：伊杰尔出版社，2011 年，第 328 页。

181. 雅尼．普．斯，盗匪活动的等级问题［正文］：讲座/普．斯．雅尼；俄罗斯联邦总检察院科学院，领导干部进修学院，莫斯科市：俄罗斯联邦总检察院科学院领导干部进修学院，2007 年，第 45 页。

论文（报告提纲）

182. 阿扎尔金．尼．米，意识形态与国家［正文］/尼．米．阿扎尔金//合法性，1999 年，№11.，第 35 ~ 38 页。

183. 阿伊基尼杨．利，组织的职能理论与有组织犯罪［正文］/利．阿伊基尼杨，雅．基凌斯基//有组织犯罪研究：俄美对话：论文合集/编辑：尼．费．库兹涅佐娃，列．舍利，尤．格．科兹洛娃，莫斯科市：奥林匹克出版社，1997 年，第 60 ~ 77 页。

184. 阿尔谢尼耶娃．米．伊，未成年人犯罪的特征及新城市条件下的防范措施［正文］/米．伊．阿尔谢尼耶娃//新建的发展中城市犯罪研究及防范/负责研究犯罪原因及制定犯罪防范措施的国家研究所，莫斯科市：［未标明出版社］，1981 年，第 56 ~ 64 页。

185. 巴拉诺夫．弗．米，对犯罪途径获取收入合法化进行打击的现代趋势［正文］/弗．米．巴拉诺夫，阿．尤．丘普洛娃//犯罪收入合法化对俄罗斯经济安全的威胁：国际法与国家打击机制的理论，实践及技术：论文合集/编辑：弗．米．巴拉诺夫，利．利．费图尼，下诺夫哥罗德市：俄罗斯内务部下诺夫哥罗德科学院，2009 年，第 48 ~ 66 页。

186. 别兹维尔霍夫．阿．格，俄罗斯刑法公务犯罪研究的发展趋势［正文］//刑法、犯罪学、刑事执行法面临的迫切问题：科学著作汇编/编辑：阿．格．别兹维尔霍夫，萨马拉市：萨马拉大学，2012 年，第 170 ~ 194 页。

187. 别洛采尔科夫斯基．斯．德，有组织犯罪与护法机关打击有组织犯罪的协调行动［正文］/斯．德．别洛采尔科夫斯基//合法性，2011 年，№12.，第 9～11 页。

188. 别尔津．奥．阿，腐败是有组织犯罪团伙的特征［正文］/奥．阿．别尔津//打击腐败：现代发展的新方法与矢量：全俄科学实践会议的材料，俄罗斯，伏尔加格勒市，2010 年 11 月 15－25 日．/高等职业教育国家教育机构伏尔加格勒国立大学，伏尔加格勒州检察院；编辑部．：弗．弗．丘里科夫（责任编辑）［及其他人员］，伏尔加格勒市：伏尔加格勒国立大学，2011 年，第 68～79 页。

189. 博贝里．米．弗，影子经济：对抗作用的本质与问题［正文］/米．弗．博贝里，阿．尤．格鲁德金//经济安全是俄罗斯国家安全的组成部分：科学著作汇编/总编：阿．格．哈比布林，第 2 版，补充与修订，莫斯科市：俄罗斯内务部经济安全科学院，2007 年，第 105～111 页。

190. 波耶娃．奥．尤，《影子》资本是犯罪经济周期的元素［正文］/奥．尤．波耶娃，斯．费．伊德利索娃//犯罪收入合法化是对俄罗斯经济安全的威胁：国际法与国家防范机制的协调理论，实践与技术：论文汇编/编辑：弗．米．巴拉诺夫，利．利．费图尼，下诺夫哥罗德市：俄罗斯内务部下诺夫哥罗德科学院，2009 年，第 799～805 页。

191. 布拉托夫．利．米，喀山《当地青少年流氓团伙》：妨害社会利益的亚文化特点［正文］/利．米．布拉托夫//关于非正式青年团伙的犯罪学，莫斯科市：法律文献出版社，1990 年，第 158～167 页。

192. 贝科夫．弗．米，犯罪团伙组织（犯罪组织）［正文］／弗．米．贝科夫//合法性，2010 年，№2，第 18～21 页。

193. 沃格尔．费，作为国际问题的行贿受贿［正文］／费．沃格尔//打击腐败：国际会议材料《打击跨国犯罪与腐败的国际合作》／美国司法部，叶卡捷琳堡市：［未标明出版社］，2000 年，第 14～21 页。

194. 沃洛布耶夫．阿，俄罗斯与腐败：谁战胜谁？［正文］／阿．沃洛布耶夫//打击腐败：国际会议材料《打击跨国犯罪与腐败的国际合作》／美国司法部，叶卡捷琳堡市：［未标明出版社］，2000 年，第 25～30 页。

195. 格林基娜．斯．普，俄罗斯市场经济转型时期影子经济转强的原因及特点［正文］／斯．普．格林基娜//有组织犯罪研究：美俄对话：论文汇编/编辑：尼．费．库兹涅佐娃，列．舍利，优．格．科兹洛娃，莫斯科市：奥林匹克出版社，1997 年，第 249～268 页。

196. 古洛夫．阿．伊，有组织犯罪与影子经济［正文］／阿．伊．古洛夫//影子经济：汇编/编制人：布．阿．德鲁日宁，莫斯科市．：经济出版社，1991 年，第 111～124 页。

197. 德尔维奇奥．乔治奥，权力哲学［正文］／乔治奥．德尔维奇奥//世界权力思想文集：第 5 卷第 3 部分．欧洲．美国：十七世纪至二十世纪/国家社会科学基金会；科学工程项目的领导格．尤．谢米金，莫斯科市：思想出版社，1999 年，第 719～722 页。

198. 叶西波夫．弗．米，经济关系的变异与经营主体的犯罪经济行为［正文］／弗．米．叶西波夫//有组织犯罪的研究：美俄对话：论文汇编/编辑．尼．费．库兹涅佐娃，列．舍利，尤．格．科兹洛娃，莫斯科市：奥林匹克出版社，1997 年，第 291～294 页。

199. 扎利妮娜．伊．弗，色情产品的流通是犯罪市场的变异结果（以萨拉托夫州为例）［正文］/伊．弗．扎利妮娜//有组织犯罪与腐败：犯罪社会学研究成果；第 4 版/编辑：尼．阿．洛巴申科；萨拉托夫市．有组织犯罪与腐败问题研究中心，萨拉托夫市：卫星出版社，2009 年，第 117～124 页。

200. 兹维亚金采夫．阿．格，法制观念与精神方面是国家体制的基础［正文］/阿．格．兹维亚金采夫//合法性，2008 年，№2，第 42～46 页。

201. 佐洛塔廖夫．弗．伊，确定“影子经济”等级的问题［正文］/弗．伊．佐洛塔廖夫，斯．弗．阿姆布洛西耶夫//经济安全是俄罗斯国家安全的组成部分：科学著作汇编/总编：阿．格．哈比布林，第 2 版，补充与修订，莫斯科市：俄罗斯内务部经济安全科学院，2007 年，第 96～104 页。

202. 伊斯普拉夫尼科夫．弗．奥，影子经济：个性，企业活动，犯罪化国家［正文］/弗．奥．伊斯普拉夫尼科夫//影子经济与有组织犯罪：科学实践会议的材料，1998 年 6 月 9～10 日，莫斯科市：俄罗斯内务部莫斯科学院，1998 年，第 62～79 页。

203. 卡内基．弗．伊，必须完善关于合法化的法律［正文］/弗．伊．卡内基//犯罪收入合法化是俄罗斯经济安全的威胁：国际法与国家防范机制的协调理论，实践与技术：论文汇编/编辑：弗．米．巴拉诺夫，利．利．费图尼，下诺夫哥罗德市：俄罗斯内务部下诺夫哥罗德科学院，2009 年，第 30～36 页。

204. 卡恰洛夫．斯．尤，监督犯罪首领的收入及打击犯罪收入合法化［正文］/斯．尤．卡恰洛夫//犯罪收入合法化是俄罗斯经济安全的威胁：国际法与国家防范机制的协调理论，实践与技术：论文汇编/编辑：弗．米．巴拉诺夫，利．利．费图尼，下诺夫哥罗德市：俄罗斯内务部下诺夫哥罗德科学院，2009 年，第 805 ~ 814 页。

205. 科列依苗诺夫．伊．米，破产条件下的犯罪情况［正文］/伊．米．科列依苗诺夫//犯罪经济与有组织犯罪/编辑阿．伊．多尔果娃，莫斯科市：俄罗斯犯罪学家协会，2007 年，第 28 ~42 页。

206. 科布扎列夫．费．米，检察院打击有组织犯罪活动的协调行动［正文］/费．米．科布扎列夫//有组织犯罪，恐怖主义，腐败的现象与打击防范/编辑阿．伊．多尔果娃，莫斯科市：俄罗斯犯罪学家协会，2005 年，第 90 ~100 页。

207. 库兹涅佐夫．阿．阿，地区护法机关在揭露、评估及截断影子经济犯罪组成部分行动中发挥的作用［正文］/阿．阿．库兹涅佐夫//经济安全是俄罗斯国家安全的组成部分：科学著作汇编/总编：阿．格．哈比布林，第 2 版．，补充与修订，莫斯科市：俄罗斯内务部经济安全科学院，2007 年，第 238 ~259 页。

208. 科利亚金娜．塔．伊，对影子经济规模的数量评估与检察院机关在其规模发展过程中发挥的作用［正文］/塔．伊．科利亚金娜//影子经济与有组织犯罪：科学实践会议的材料，1998 年 6 月 9 ~10 日，莫斯科市：俄罗斯内务部莫斯科学院，1998 年，第 128 ~ 136 页。

209. 拉托夫．尤．弗，影子经济是经济历史的普遍现象［正文］/尤．弗．拉托夫//影子经济与有组织犯罪：科学实践会议的材料，1998 年 6 月 9 ~ 10 日，莫斯科市：俄罗斯内务部莫斯科学院，1998 年，第 323 ~326 页。

210. 鲁涅耶夫．弗．弗，俄罗斯有组织犯罪的犯罪学特征［正文］/弗．弗．鲁涅耶夫//对有组织犯罪进行的研究：美俄对话：

论文汇编/编辑：尼．费．库兹涅佐瓦，列．舍利，尤．格．科兹洛娃，莫斯科市：奥林匹克出版社，1997 年，第 33 ~48 页。

211. 利亚赫马诺夫．叶．伊，犯罪收入合法化是有组织犯罪现象之一［正文］/叶．伊．利亚赫马诺夫，塔．利．拉利奥诺娃//犯罪收入合法化是俄罗斯经济安全的威胁：国际法与国家防范机制的协调理论，实践与技术：论文汇编/编辑：弗．米．巴拉诺夫，利．利．费图尼，下诺夫哥罗德市：俄罗斯内务部下诺夫哥罗德科学院，2009 年，第 814 ~820 页。

212. 马祖尔．斯．费，打击消费市场犯罪的个别问题及其在经济活动领域中防范其他犯罪的地位［正文］/斯．费．马祖尔//犯罪收入合法化是对俄罗斯经济安全的威胁：国际法与国家防范机制的协调理论，实践与技术：论文汇编/编辑：弗．米．巴拉诺夫，教授利．利．费图尼，下诺夫哥罗德市：俄罗斯内务部下诺夫哥罗德科学院，2009 年，第 673 ~685 页。

213. 马雷洛夫．米．阿，俄罗斯经济中的犯罪分配［正文］/米．阿．马雷洛夫//打击犯罪市场、经济犯罪及有组织犯罪的问题：代表会议的材料，莫斯科市：俄罗斯犯罪学家协会，2011 年，第 67 ~69 页。

214. 米赫耶娃．伊．弗，犯罪收入合法化背景下的历史古迹私有化：法律规定的作用［正文］/伊．弗．米赫耶娃//犯罪收入合法化是对俄罗斯经济安全的威胁：国际法与国家防范机制的协调理论，实践与技术：论文汇编/编辑：弗．米．巴拉诺娃，利．利．费图尼，下诺夫哥罗德市：俄罗斯内务部下诺夫哥罗德科学院，2009 年，第 544 ~556。

215. 蒙多霍诺夫．阿．尼，犯罪组织或是犯罪团伙？［正文］/阿．尼．蒙多霍诺夫//合法性，2009 年，№10，第 35 ~37 页。

216. 纳菲科夫．伊．萨，限制及压缩影子经济范围的国家法律调节程序（根据鞑靼斯坦共和国的经验）［正文］/伊．萨．纳菲科夫//喀山工业大学公报，2012 年，第 15 卷，№7，第 210～213 页。

217. 纳菲科夫．伊．萨，“影子”经济的容量（以喀山市为例进行的犯罪学评估）［正文］/伊．萨．纳菲科夫//萨拉托夫国立法律科学院公报，2012 年，№3（86），第 205～213 页。

218. 纳菲科夫．伊．萨，未成年人及青年之中团伙犯罪现象的犯罪学特征，防范他们从事犯罪活动的特点（根据卡马河畔切尔内市社会犯罪学研究材料）［正文］/伊．萨．纳菲科夫//鞑靼斯坦共和国未成年人犯罪：打击犯罪的现状，趋势及问题：圆桌会议材料汇编，喀山市：俄罗斯内务部政法学院喀山分院，2008 年，第 30～33 页。

219. 纳菲科夫．伊，为了打击市政犯罪而采取的措施［正文］/伊．萨．纳菲科夫//合法性，2012 年，№6，第 3～8 页。

220. 纳菲科夫．伊．萨，有组织犯罪是“影子”经济的上层建筑机制（组织调解形式）［正文］/伊．萨．纳菲科夫//经济与法律的现实问题，2011 年，№4（20），第 279～283 页。

221. 纳菲科夫．伊．萨，对犯罪团伙“二十九个”犯罪刑事案件进行侦查［正文］/伊．萨．纳菲科夫//城市，区检察院工作经验交流讨论会材料/俄罗斯联邦总检察院高加索地区检察院，莫斯科市：俄罗斯联邦总检察院高加索地区检察院，2003 年，第 36～50 页。

222. 纳菲科夫．伊．萨，影子经济的概念（作为有组织犯罪的物质基础进行研究）［正文］/伊．萨．纳菲科夫//喀山工业大学公报，2012 年，第 15 卷，№12，第 277～284 页。

223. 纳菲科夫．伊．萨，社会经济因素是本地区有组织“影子化”经济及猖獗腐败的指标［正文］//刑法、犯罪学，刑事执行法的现实问题：科学专著汇编/总编：阿．格．别兹维尔霍娃，萨马拉市：萨马拉大学，2012 年，第 211 ~ 216 页。

224. 纳菲科夫．伊．萨，有组织犯罪的刑法及犯罪学特点［正文］/伊．萨．纳菲科夫//俄罗斯法律的问题：历史与当代：国际科学实践会议的材料，陶里亚蒂市，2012 年 2 月 21 – 22 日/编辑委员会：利．弗．扎科莫尔金［及其他编辑］；全国工业联合会管理科学院萨马拉人文科学院分院，陶里亚蒂市，萨马拉市：萨马拉人文科学院，2012 年，第 163 ~ 171 页。

225. 纳菲科夫．伊．萨，导致犯罪的增强因素及预防犯罪特征（见卡马河畔切尔内市的例证）［正文］/伊．萨．纳菲科夫//参加竞赛者．科学杂志特刊《劳动与社会关系》，2005 年，№2（29），第 90 ~ 97 页。

226. 尼佐瓦娅．斯．阿，毒品与精神科药物的非法流通是克拉斯诺达尔边疆区犯罪市场的组成部分［正文］/斯．阿．尼佐瓦娅//有组织犯罪与腐败：社会犯罪学研究成果；第 5 版/编辑：尼．阿．洛巴申科；萨拉托夫市．有组织犯罪与腐败问题研究中心，萨拉托夫市：卫星出版社，2010 年，第 150 ~ 156 页。

227. 尼基福洛夫．阿．斯，我们如何应对有组织犯罪？［正文］/阿．斯．尼基福洛夫//有组织犯罪研究：美俄对话：论文汇编/编辑：尼．费．库兹涅佐瓦，列．舍利，尤．格．科兹洛娃，莫斯科市：奥林匹克出版社，1997 年，第 114 ~ 130 页。

228. 奥夫钦斯基．弗．斯，腐败与危机［正文］/弗．斯．奥夫钦斯基//有组织犯罪与腐败：社会犯罪学研究成果；第 4 版/编辑：尼．阿．洛巴申科；萨拉托夫市，有组织犯罪与腐败问题研究中心，萨拉托夫市：卫星出版社，2009年，第68~71页。

229. 奥西本科．阿．利，影响计算机网络犯罪组织增加的因素［正文］/阿．利．奥西本科//打击现代犯罪：对惩罚政策与刑法进行评估：科学专著汇编/编辑：尼．阿．洛巴申科；萨拉托夫市，有组织犯罪与腐败问题研究中心，萨拉托夫市：卫星出版社，2010年，第293~296页。

230. 普赫塔·格奥尔格·弗里德里希，法律百科全书［正文］/格奥尔格·弗里德里希·普赫塔//世界法律思想选集，第5卷第3部分，欧洲，美国：17~20世纪./国家社会科学基金会；科学项目主持人格．尤．谢米金，莫斯科市：思想出版社，1999年，第279~283页。

231. 拉多斯杰娃．尤．弗，打击跨国有组织犯罪措施系统的犯罪学鉴定：打击跨国有组织犯罪领域法律合作专家组报告方案［正文］/尤．弗．拉多斯杰娃//权利与现代化：优先权与战略：第五届亚欧法律大会执委会报告，叶卡捷琳堡市：乌拉尔国立法律科学院，2011年，第44页。

232. 列兹尼克．格．米，新兴城市的发展与防范犯罪问题［正文］/格．米．列兹尼克//新兴发展中城市犯罪的研究与防范/责任编辑：斯科沃尔措夫．克．费；全苏犯罪原因研究与制定防范犯罪措施研究院，莫斯科市：［未标明出版社］，1981年，第5~19页。

233. 国家公诉人，卡马河畔切尔内市检察官，高级法律顾问纳菲科夫．伊．萨的发言（起诉舒库洛夫沙．伊及其同伙劫持人质和其他犯罪案件［正文］/伊．萨．纳菲科夫//国家公诉人的法庭发言：参考资料/俄罗斯联邦总检察院加强合法性与法律秩序问题科学研究所；编辑：阿．雅．苏哈列娃，莫斯科市：埃克斯利特出版社，2003年，第109~135页。

234. 斯科布利科夫．普，学位论文的生意，科学界存在的腐败：非正式术语与概念词典［正文］/普．斯科布利科夫//法律报，2011 年，№20，第 6、8 ~9 页。

235. 斯利尼科．米．伊，根据订单从事谋杀：综合研究经验［正文］/米．伊．斯利尼科//有组织犯罪研究：美俄对话：论文汇编/编辑：尼．费．库兹涅佐瓦，列．舍利，尤．格．科兹洛娃，莫斯科市：奥林匹克出版社，1997 年，第 78 ~104 页。

236. 索罗金娜．阿．阿，武器犯罪贸易是有组织犯罪的种类之一（以萨拉托夫州为例）［正文］/阿．阿．索罗金娜//有组织犯罪与腐败：社会犯罪学研究成果；第 5 版/编辑：尼．阿．洛巴申科；萨拉托夫市．有组织犯罪与腐败问题研究中心，萨拉托夫市：卫星出版社，2010 年，第 80 ~86 页。

237. 索茨卡娅．塔．弗，后工业社会范围的影子经济制度检查概念［正文］/塔．弗．索茨卡娅//社会与法律，2010 年，№2，第 301 ~304 页。

238. 斯捷潘诺夫，叶基杨茨．弗．格，根据美国法律对从事资金合法化（洗钱）应承担的责任［正文］/弗．格．斯捷潘诺夫 - 叶基杨茨//犯罪收入合法化是对俄罗斯经济安全的威胁：国际法与国家防范机制的协调理论，实践与技术：论文汇编/编辑：弗．米．巴拉诺娃，利．利．费图尼，下诺夫哥罗德市：俄罗斯内务部下诺夫哥罗德科学院，2009 年，第 173 ~182 页。

239. 杰列申科．阿．普，影子经济是对实施现代化政策，进行创新和国家与地区经济招商引资的威胁［正文］/阿．普．杰列申科//社会与法律，2010 年，№5，第 270 ~272 页。

240. 托洛贝京．奥．尤，有组织犯罪与武器、军械品及两种用途技术的非法流通问题［正文］/奥．尤．托洛贝京//犯罪经济与有组织犯罪/编辑：阿．伊．多尔果娃，莫斯科市：俄罗斯犯罪学家协会，2007 年，第 68 ~ 74 页。

241. 特列季亚科夫．弗．伊，参与跨国有组织犯罪使犯罪收入合法化［正文］/弗．伊．特列季亚科夫//犯罪收入合法化是对俄罗斯经济安全的威胁：国际法与国家防范机制的协调理论，实践与技术：论文汇编/编辑：弗．米．巴拉诺娃，利．利．费图尼，下诺夫哥罗德市：俄罗斯内务部下诺夫哥罗德科学院，2009 年，第 192 ~ 206 页。

242. 乌累宾．克．阿，熟悉的陌生人［正文］/克．阿．乌雷宾//影子经济，莫斯科市：经济出版社，1991 年，第 5 ~ 26 页。

243. 法特胡林．尼．斯，造成卡马河畔切尔内市，泽列诺多利斯克市未成年人异常行为的某些社会因素［正文］/尼．斯．法特胡林，伊．萨．纳菲果夫［即纳菲科夫．伊．萨．］//改革条件下国家法律工作的社会学观念（根据鞑靼苏维埃社会主义自治共和国未成年人犯罪研究材料，社会舆论研究材料：援助护法机关苏维埃、党、经营资产及工作人员的方法材料）：第 2 部分，喀山市：苏维埃社会主义共和国联盟鞑靼组织委员会出版社，1990 年，第 60 ~ 68 页。

244. 茨维特科娃．阿．斯，打击跨国犯罪的国际法标准对履行国际法律准则的意义［正文］/阿．斯．茨维特科娃//联合国打击跨国犯罪公约条例及在俄罗斯的应用问题/编辑：奥．斯．卡比努斯；俄罗斯联邦总检察院科学院，莫斯科市：俄罗斯联邦总检察院科学院，2011 年，第 86 ~ 95 页。

245. 舍利．列，后苏联时代有组织犯罪的国际前景［正文］/列．舍利//有组织犯罪的研究：美俄对话：论文汇编/编辑：尼．费．库兹涅佐娃，列．舍利，尤．格．科兹洛娃，莫斯科市：奥林匹克出版社，1997 年，第 15 ~ 32 页。

246. 舍斯塔科夫．德．阿，《人口贸易》是犯罪的表现形式［正文］/德．阿．舍斯塔科夫//有组织犯罪与腐败：社会犯罪学研究成果；第 6 版/编辑：尼．阿．洛巴申科；萨拉托夫市．有组织犯罪与腐败问题研究中心，萨拉托夫市：萨拉托夫国立法律科学院，2011 年，第 311 ~ 319 页。

247. 雅尼·普，犯罪途径购买财产的合法化：犯罪对象［正文］/普．雅尼//合法性，2012 年，№9，第 28 ~ 33 页。

学位论文及内容摘要

248. 阿米洛夫．卡．法，作为劳动集体社会积极性发展因素的法律结构［正文］：学位论文……哲学副博士：09. 00. 02/阿米洛夫·卡费尔·法赫拉杰耶维奇，喀山市，1989 年，224 页，图书分类学：第 167 ~ 224 页。

249. 比留科夫．弗．彼，俄罗斯影子经济规模缩减过程的管理［正文］：学位论文……经济学副博士：05. 13. 10/比留科夫·弗拉基米尔·彼得洛维奇，莫斯科市，2008 年，172 页，图书分类学：第 158 ~ 172 页。

250. 瓦久西娜．洛．利，俄罗斯影子经济及其犯罪特点［正文］：学位论文……经济学副博士：08. 00. 01/瓦久西娜·洛扎·利弗福娜，莫斯科市，2003 年，第 162 页，图书分类学：第 138 ~ 149 页。

251. 加良宁．亚．维，影子经济系统中的经济犯罪研究所：组织特点与限制方向［正文］：学位论文……经济学副博士：08. 00. 01/加良宁·亚历山大·维亚切斯拉沃维奇，萨拉托夫市，2010 年，172 页，图书分类学：第 157 ~ 172 页。

252. 杰米多夫．林．索，影子经济：犯罪学分析［正文］：学位论文……法律学副博士：12.00.08/杰米多夫．林奇－尼马．索德诺莫维奇，莫斯科市，2003 年，第 192 页，图书分类学：第 172～191 页。

253. 叶西波夫．弗．米，市场改革阶段打击犯罪经济的经济组织机制［正文］：学位论文……经济学博士：08.00.05/叶西波夫．弗拉基米尔．米哈伊洛维奇，莫斯科市，2004 年，第 380 页，图书分类学：第 321～350 页。

254. 科伊斯基涅恩．雅，俄罗斯的经济犯罪．俄罗斯与芬兰的历史与社会背景下企业活动范围内对经济违法进行刑事处罚的法律比较分析［正文］：学位论文内容摘要……法律学博士/科伊斯基涅恩．雅尔莫，赫尔辛基市（芬兰），2012 年，第 52 页。

255. 科尼亚耶娃．阿．亚，国家对影子经济发挥作用的战略发展：制度方法［正文］：学位论文……经济学副博士：08.00.01/科尼亚耶娃．阿拉．亚历山大罗夫娜，莫斯科市，2008 年，第 208 页，图书分类学：第 174～195 页。

256. 库兹缅科．弗．谢，公务人员实施经济活动领域犯罪的刑法特点及犯罪学特点［正文］：学位论文内容摘要……法律学副博士/库兹缅科·弗拉基米尔·谢尔盖耶维奇，下诺夫哥罗德市，2009 年，第 36 页。

257. 库普列申科．尼．比，保证俄罗斯经济安全的系统对影子经济的打击（理论，方法论的方法）［正文］：学位论文……经济学博士：08.00.05/库普列申科·尼古拉·比马诺维奇，莫斯科市，2008 年，第 368 页，图书分类学：第 328～346 页。

258. 马卡洛夫．德．根，作为影子经济成分的社会危险活动犯罪化基础与界限：根据联邦税务警察局机构的材料［正文］：学位论文……法律学副博士：12.00.08/马卡洛夫·德米特里·根纳季耶维奇，莫斯科市，2003 年，第 210 页，图书分类学：第 200 ~ 210 页。

259. 马茨克维奇．伊．米，军人的犯罪：犯罪学及社会法律问题［正文］：学位论文……法律学博士：12.00.08/马茨克维奇·伊戈尔·米哈伊洛维奇，莫斯科市，2000 年，第 357 页，图书分类学：第 321 ~ 341 页。

260. 普里瓦洛夫．康．维，民主国家及极权主义国家的影子经济：法律理论研究［正文］：学位论文……法律学副博士：12.00.01/普里瓦洛夫·康斯坦丁·维塔利耶维奇，圣彼得堡市，1998 年，第 374 页，图书分类学：第 342 ~ 374 页。

261. 萨乌什金．弗．弗，经济活动范畴打击有组织犯罪的问题［正文］：学位论文……法律学副博士/萨乌什金·弗拉基斯拉夫·弗拉基米罗维奇，莫斯科市，2005 年，第 172 页，图书分类学：第 155 ~ 166 页。

262. 萨伊基托夫．乌．杰，腐败是经济范畴的有组织犯罪因素［正文］：学位论文……法律学副博士：12.00.08/萨伊基托夫·乌马拉特·杰米尔苏尔塔诺维奇，马哈奇卡拉市，1998 年，第 196 页，图书分类学：第 178 ~ 196 页。

263. 斯梅塔宁，安．尤，国家打击影子经济的机制与俄罗斯的经济安全［正文］：学位论文……经济学副博士：08.00.05/斯梅塔宁·安德烈·尤里耶维奇，莫斯科市，2007 年，第 205 页，图书分类学：第 188 ~ 197 页。

264. 斯米尔诺夫．亚．亚，打击影子经济的国家政策［正文］：学位论文……经济学博士：08.00.05/斯米尔诺夫·亚历山大·亚历山德罗维奇，莫斯科市，2002 年，第 288 页，图书分类学：第276~288页。

265. 斯杰比切娃．奥．亚，俄罗斯影子经济调节机制的发展［正文］：学位论文……经济学博士：08.00.05/斯杰比切娃·奥莉加·亚历山大罗夫娜，坦波夫市，2008年，第300页，图书分类学：第287~300页。

266. 塔拉索夫．米．耶，国家对影子经济的影响［正文］：学位论文……经济学博士：08.00.01/塔拉索夫·米哈伊尔·耶果洛维奇，莫斯科市，2001年，第360页，图书分类学：第339~349页。

267. 特列季亚科夫．弗．伊，有组织犯罪与犯罪收入合法化［正文］：法律学博士学位论文：12.00.08/特列季亚科夫·弗拉基米尔·伊万诺维奇，顿河罗斯托夫市，2009年，第363页，图书分类学：第325~352页。

268. 乌舍维．米．彼，国家抑制影子经济部门的作用：地区的观点［正文］：学位论文……经济学副博士：08.00.05/乌舍维·米哈伊尔·彼得洛维奇，圣彼得堡市，2004年，第180页，图书分类学：第168~176页。

269. 哈尔奇拉娃．戈．巴，犯罪生意的经济学观点及限制可能性［正文］：学位论文……经济学副博士：08.00.01/哈尔奇拉娃·戈恰·巴塔耶维奇，莫斯科市，2003年，第144页，图书分类学：第132~144页。

270. 什克瓦洛夫．阿．阿，现代世界经济联系系统中未被控制的犯罪经济［正文］：学位论文……经济学副博士：08.00.14/什克瓦洛夫·阿列克塞·阿列克塞耶维奇，圣彼得堡市，2006年，第164页，图书分类学：第124~145页。

电子资源

271. 戈尔基娜．利．阿，俄罗斯影子经济结构及规模［电子资源］/利．阿．戈尔基娜//生意的安全性，2009 年，№.2，访问《顾问 +》法律公正系统（访问日期：2012 年 4 月 17 日）。

272. 比克波夫．阿，谁是索罗金先生？［电子资源］/阿．比克波夫，利．比拉洛夫//在线生意，URL：http：//www. business - gazeta. ru/article/60359/（访问日期：2012 年 5 月 30 日）。

273. 标识器［电子资源］//维基百科：自由百科全书，URL：http：//www. ru. wikipedia. org/wiki/标识器（访问日期：05. 02. 2012）。

274. 城市聚集地［电子资源］//维基百科：自由百科全书，URL：http：//www. ru. wikipedia. org/wiki/城市_ 聚集地（访问日期：2012 年 4 月 8 日）。

275. 鞑靼斯坦城市聚集地［电子资源］//维基百科：自由百科全书，URL：http：//www. ru. wikipedia. org/wiki/等级：城市_ 聚集地_ 鞑靼斯坦（访问日期：2012 年 4 月 8 日）。

276. 喀山聚集点［电子资源］//维基百科：自由百科全书，URL：http：//www. ru. wikipedia. org/wiki/喀山_ 聚集地#cite_ note =0（访问日期：2012 年 4 月 8 日）。

277. 城市地位［电子资源］//维基百科：自由百科全书，URL：http：//www. ru. wikipedia. org/wiki/地位_ 城市（访问日期：2012 年 5 月 5 日）。

278. 根据俄罗斯联邦总统 2009 年 11 月 28 日№ПР - 3169 委托书确定的经济范围刑法完善概念［电子资源］/自主非商业机构《法律及经济研究中心》（莫斯科市）［及其他资源］；利．米．格里戈里耶夫［及其他人员］，URL：http：//www. insor - russia. ru/

files/modernUK. pdf（访问日期：2012 年 5 月 20 日）。

279. 根据 2010 年的成果，鞑靼斯坦共和国国家费率委员会主要活动结果报告及 2011 年的主要任务［电子资源］，URL：http：/www. kt. tatarstan. ru/rus/file/pub/pub_ 72087. pdf（访问日期：2011 年 10 月 9 日）。

280. 启发法［电子资源］//科学院词典与百科全书，URL：http：//www. dic. academic. ru/dic. nsf/ruwiki/703585（访问日期：2012 年 5 月 30 日）。

281. 2009 年居民消费支出结构：计算 2009 年消费价格指标的居民消费支出结构［电子资源］//High Technologies：互联网－百科全书№1. 自由百科全书网站，URL：http：//www. htfi. org/？p = 692（访问日期：2011 年 10 月 9 日）。

282. 塔拉卡诺娃．阿．鞑靼斯坦白酒市场［电子资源］/阿．塔拉卡诺娃，URL：htth：//www/g9e. ru/retail/article/1180417839（访问日期：2011 年 10 月 9 日）。

附录1 关于鞑靼斯坦职业有组织犯罪组织[①]的资料[②]

喀山市

1. 犯罪团伙“三下五除二”

鞑靼自治苏维埃社会主义共和国最高法院1980年4月14日判决。根据俄罗斯苏维埃联邦社会主义共和国刑法第77、102条和其他条款对28名罪犯判刑，判处27名罪犯承担知情不举罪及其他罪行。4人被处以极刑（绞刑），其中2名罪犯被执行极刑，另2名罪犯由绞刑改为长期监禁。

上述罪犯被指控犯有4起凶杀罪，15起杀人未遂罪，36起抢劫及其他犯罪案件。

武器[③]：10支（3支手枪和左轮，7支锯霰弹枪），弹药。

---

① 我们将犯罪团伙、匪帮、非法武装团伙，极端主义组织列为该组织范围。

② 该组织的成员及首领已被追究刑事责任。

③ 此处与以下考虑的不仅仅是被没收的武器，而且还包括有组织犯罪团伙（根据案件材料）使用的武器，因为实施具体犯罪活动后，罪犯经常将武器扔掉，因此犯罪团伙被破获前，并非所有的武器均能被没收。

犯罪活动时间：1974～1978年，该犯罪团伙于1978年被破获。

该犯罪团伙是在分片街头流氓青年团伙的基础上成立的，这些青年在地下体育馆共同从事重竞技运动，敲诈玻璃器皿验收员及啤酒商贩的未核算资金。

犯罪活动范围：多种犯罪（其中包括从影子经济主体敲诈资金）。

2. 犯罪团伙“抽彩骗子”

鞑靼斯坦共和国最高法院2001年6月8日判决。根据俄罗斯联邦刑法第210条第1款、第2款和其他条款对26名罪犯判刑。

犯罪活动时间：1998～2000年。

成立该犯罪团伙是为了在喀山市的3个市场实施具体的欺诈活动。

犯罪活动范围：招引路人参与“顶针”游戏进行诈骗。

3. 犯罪团伙“哈迪申斯基”[①] 及其组成部分匪帮

鞑靼斯坦共和国最高法院2002年1月23日判决。根据俄罗斯联邦刑法第210条第1款、第2款，第209条第1款、第2款和其他条款，联邦刑法第1，2部分第210条，第1，2部分第209条和其他条款对13名罪犯判刑，其中2名罪犯被判终身监禁。

上述罪犯被指控犯有针对18人的凶杀罪及杀人未遂罪、抢劫、敲诈，其他重罪及其他特殊重罪。

武器：17支（其中包括15支手枪和左轮，1支枪管锯短的枪，其他武器），弹药。

---

① 在内务部机关该团伙被赋予规定的名称“哈迪塔克塔什”，这个名称是根据该团伙势力范围的街道名称而命名的。我们避免使用该名称，因为该名称影射鞑靼斯坦著名诗人的名字，此外，犯罪团伙的参与者自称为《哈迪申斯基》。

犯罪活动时间：1993～1999年[1]，该犯罪团伙于1999年被破获，刑事案件于2000年被移送法院。

该犯罪团伙是在街头流氓青年团伙的基础上成立的。

犯罪活动范围：多种犯罪（其中包括操控商业企业，组织卖淫及从事毒品买卖）。

4. “兹万卡”匪帮

鞑靼斯坦共和国最高法院2002年11月12日判决。根据俄罗斯联邦刑法第209条第1款、第2款和其他条款对9名罪犯判刑，其中1名罪犯被判终身监禁。

上述罪犯被指控犯有针对11人的凶杀罪及杀人未遂罪，13起抢劫和敲诈，其他犯罪。

武器：不少于8支（2支自动步枪，4支手枪，卡宾枪，枪管锯短的枪），弹药。

犯罪活动时间：1999～2000年，该犯罪团伙于2000年被破获。

该匪帮成立于鞑靼斯坦奇斯托波尔市，其成员原先即彼此相识，共同来到喀山市从事犯罪活动。他们在鞑靼斯坦和楚瓦什境内实施犯罪活动。

犯罪活动范围：多种犯罪（大部分为自私自利型暴力犯罪，与此同时该匪帮还实施按订单凶杀、销售毒品、拉皮条等犯罪活动）。

5. “尼基京纳”匪帮

鞑靼斯坦共和国最高法院2005年7月27日判决。根据俄罗斯联邦刑法第209条第1款、第2款第h点、第i点；第105条第2款和其他条款第和其他条款对9名罪犯判刑。

---

① 为标明按时间顺序排列的犯罪团伙活动时间，我们从词法、起源及产生原因的角度确定犯罪现象的犯罪学特征。在此情况下，我们给自己编制报告：从刑法角度看，从1996年，即俄罗斯联邦新的刑法生效之时起，可以对犯罪团伙进行判定。

上述罪犯被指控犯有针对7人的凶杀罪及预谋犯罪。

武器：12支（1支自动步枪，1支自动机枪，9支手枪，火枪），弹药。

犯罪活动时间：2002～2003年，该匪帮于2003年被破获，刑事案件于2005年被移送法院。

成立该匪帮专门实施雇凶杀人，它包括3层组织结构（普通雇佣职业杀手不认识也未见过自己的上司），匪帮的首领具有在阿富汗民主共和国的“热点”战斗经验，曾经在鞑靼斯坦共和国内务部刑侦管理局工作过。

犯罪活动范围：专门实施雇凶杀人（提供杀手服务）。

6. 犯罪团伙“日尔卡”及其组成部分匪帮

鞑靼斯坦共和国最高法院2005年10月24日判决。根据俄罗斯联邦刑法第210条第1款、第2款；第209条第1款、第2款和其他条款对16名罪犯判刑，其中1人被判终身监禁。

上述罪犯被指控犯有针对30人的凶杀罪，其他重罪及特殊重罪。

武器：36支（1支自动步枪，2支手持机枪，33支手枪），弹药，爆炸物及爆破设备（其中包括2只手榴弹）。

犯罪活动时间：1994～2001年，该犯罪团伙于2001年被破获，刑事案件于2004年被移送法院。

犯罪团伙建立在划分区域的街头青年团伙的基础上，他们共同从事体育活动（从1984年开始聚集到一起，从1991年起开始具备明显的犯罪特征）。犯罪团伙在喀山最大的石化企业“有机合成”生产联合体的影子经济活动过程中发挥作用。该团伙包括18个有组织犯罪团伙，其中包括3个从事杀人的匪帮，其中之一执行团伙首领的命令，接受来自俄罗斯其他城市有组织犯罪团伙的杀人订单。有组织犯罪团伙之一专门从“喀山有机合成”开放式股份公司盗窃化工产品。犯罪团伙的影响范围包括喀山、莫斯科市、圣彼得堡市、彼尔姆市、塞瓦斯托波尔市，马里埃尔共和国等。

7. 阿萨杜林和巴尔塔巴耶夫领导的毒品销售贩子犯罪团伙

鞑靼斯坦共和国最高法院 2006 年 3 月 29 日判决。根据俄罗斯联邦刑法第 210 条第 1 款、第 2 款和其他条款对 12 名罪犯判刑。

犯罪活动时间：1995～1996 年。

该犯罪团伙是在少数移民民族亚文化的基础上建立的。

犯罪活动范围：销售毒品。

8. 乌马洛夫．沙．扎和卡雷莫夫．利．利领导的毒品销售贩子犯罪团伙

鞑靼斯坦共和国最高法院 2008 年 2 月 11 日判决。根据俄罗斯联邦刑法第 210 条第 1 款、第 2 款第 a 点、第 d 点；第 228.1 条第 3 款和其他条款对 8 名罪犯判刑。

该犯罪团伙是在少数移民民族亚文化的基础上建立的。

犯罪活动范围：销售毒品。

9.“俄罗斯民族统一”极端主义组织

喀山市苏维埃区法院 2008 年 5 月 26 日的判决。根据俄罗斯联邦刑法第 282.1 条第 1 款、第 2 款和其他条款对 5 名罪犯判刑。

犯罪活动范围：政治极端主义活动。

10.“巴鲁特”匪帮

鞑靼斯坦共和国最高法院 2008 年 9 月的判决。根据俄罗斯联邦刑法第 209 条第 1 款、第 2 款和其他条款对 8 名罪犯判刑。

上述罪犯被指控犯有严重危害人体健康并造成人员死亡的罪行，7 起抢劫罪及其他罪行。

武器：不低于 3 支（手枪，卡宾枪，枪管锯短的枪），弹药。

犯罪活动时间：2005～2006年。

匪帮由大学生组成。他们身着内务部国家道路交通安全检查局道路巡逻队工作人员的制服在鞑靼斯坦，马里埃尔共和国，楚瓦什实施抢劫犯罪。

犯罪活动范围：谋取私利型暴力犯罪。

11.“克瓦尔塔尔”犯罪团伙及其组成部分匪帮

鞑靼斯坦共和国最高法院2008年9月16～17日的判决。根据俄罗斯联邦刑法第210条第1款、第2款；第209条第1款、第2款第a点、第h点、第i点；第105条第2款和其他条款对21名罪犯判刑，其中3人被判处终身监禁。

上述罪犯被指控犯有凶杀罪（其中包括凶杀未遂罪），导致严重危害并造成17人死亡的罪行，12起抢劫罪，其他重罪，及其他特殊重罪。

武器：32支（5支自动步枪，21支手枪及左轮枪，4支火枪，2支枪管锯短的枪），弹药，爆炸物（其中包括13支恩梯炸药块）及爆破工具（其中包括43支手榴弹，2支磁性地雷）。

犯罪活动时间：1997～2005年，该犯罪团伙于2005年被破获，刑事案件于2007年被移送法院。

该犯罪团伙是在划分区域的街道青年流氓团伙的基础上建立的。他们经营喀山市一家台球俱乐部、非法停车场、一家粮食市场、工业品市场，从事影子经济活动；随后在犯罪团伙的基础上建立了首领、组织者及其他有组织集团代表组成的联盟。

犯罪活动范围：多种犯罪（控制游戏厅及俱乐部、粮食市场、工业品市场、汽车市场及汽车停车场的经营；从事合法经营与非法经营的同时，在经济领域频繁实施抢劫和其他传统型普通刑事犯罪）。

12.“56街区”犯罪团伙及其组成部分匪帮

鞑靼斯坦共和国最高法院2008年10月23日的判决。根据俄罗斯联邦刑法第210条第1款、第2款；第209条第1款、第2款和其他条款对11名罪犯判刑。

上述罪犯被指控犯有针对10人的凶杀罪及凶杀未遂罪。

武器：27只（其中包括13只自动步枪，1只手持机枪，12只手枪，1只卡宾枪），配件，弹药，爆炸物（其中包括恩梯炸药块）及爆破工具（其中包括14枚手榴弹）。

犯罪活动时间：1996~2006年，该犯罪团伙于2006年被破获，刑事案件于2007年被移送法院。

该犯罪团伙是在分片街道青年流氓团伙的基础上建立的。他们操控城市汽车维修站、非法汽车停车场、一家粮食市场、工业品市场的经营活动。

犯罪活动范围：多种犯罪（其中包括操控影子非法买卖外币者的活动、粮食市场、工业品市场的影子资金流、游戏厅、其他经营主体的活动，销售毒品）。

13. “黑色房地产经纪人”犯罪团伙

鞑靼斯坦共和国最高法院2009年8月29日的判决。根据俄罗斯联邦刑法第210条第1款、第2款；第159条第4款第a点、第c点，第126条第3款和其他条款对13名罪犯判刑。

上述罪犯被指控犯有针对22个受害人的房屋诈骗罪，敲诈罪以及其他罪行。

犯罪活动时间：2003~2006年，该犯罪团伙于2006~2007年期间被破获，刑事案件于2008年被移送法院。

建立该犯罪团伙的目的是选择不同的参与者，通过熟人收集必要的信息并准备相应的文件以欺诈方式攫取房产。

犯罪活动范围：自私自利型犯罪及自利暴力犯罪（以欺诈及绑

架方式占有他人的财产、住房）。

14.“塔什干支队”匪帮

鞑靼斯坦共和国最高法院2010年2月1日的判决。根据俄罗斯联邦刑法第209条第2款第a点、第h点、第i点，第105条第2款和其他条款对6名罪犯判刑。

上述罪犯被指控犯有针对21个受害人的凶杀罪及凶杀未遂罪，以及其他罪行。

武器：14支（其中包括14支自动步枪及左轮手枪），枪支配件，弹药，爆炸物。

犯罪活动时间：1995～2001年，该犯罪团伙成员于2008年被拘捕，刑事案件于2009年被移送法院。

该犯罪团伙是在划分区域的街道青年流氓团伙的基础上建立的，在“塔斯马”犯罪团伙大部分成员的居住地从事影子犯罪活动。

犯罪活动范围：多种犯罪（其中包括对经济活动主体进行操控）。

15. 彼得罗夫领导的毒品贩子犯罪团伙

鞑靼斯坦共和国最高法院2010年4月19日的判决。根据俄罗斯联邦刑法第210条第1款、第2款第a点、第d点，第228.1条第3款和其他条款对15名罪犯判刑。

犯罪活动范围：销售毒品。

16. “基层”匪帮

鞑靼斯坦共和国最高法院2010年6月29日和2011年3月29日的判决。根据俄罗斯联邦刑法第209条第1款、第2款第c点、第d点、第h点、第i点，第105条第2款和其他条款对12名罪犯（就2起案件）判刑，其中1人被判处终身监禁。

上述罪犯被指控犯有针对10个受害人的凶杀罪以及其他罪行。

武器：17支（其中包括5支自动步枪，11支手枪，枪管截短的卡宾枪），枪支配件，弹药，爆炸物（其中包括6枚手榴弹及反坦克榴弹）。

犯罪活动时间：1997～2007年，该犯罪团伙于2007年被破获，刑事案件于2009年被移送法院。

该犯罪团伙是在分片街道青年流氓团伙的基础上建立的，它对城市的一家食品工业品市场的影子资金流动进行操控。

犯罪活动范围：多种犯罪（其中包括对食品工业品市场的影子活动进行操控）。

17. “珠宝商”匪帮

鞑靼斯坦共和国最高法院2010年7月的判决。根据俄罗斯联邦刑法第209条第1款、第2款和其他条款对12名罪犯判刑。

上述罪犯被指控在鞑靼斯坦和巴什基尔斯坦犯有13起抢劫商店罪。

武器：不少于5支（其中包括自动步枪，4支手枪），枪支配件，弹药。

犯罪活动时间：2005～2008年，该匪帮于2008年被破获。

该匪帮由前军人：陆军特种部队组成，经过专门挑选后专门实施针对珠宝店的抢劫犯罪。

犯罪活动范围：谋取私利型暴力犯罪。

18. “胡萨耶诺夫”匪帮

鞑靼斯坦共和国最高法院2010年2月和2010年8月12日的判决。根据俄罗斯联邦刑法第209条第1款、第2款第a点、第b点，第162条第4款和其他条款对15名罪犯判刑：首先，2名罪犯的单独案件达成庭前和解（此外，还有一起案件的罪犯被采取医疗强制措施），随后13名（主要成员）被判刑。

上述罪犯被指控犯有6起抢劫罪。

武器：不少于13支（其中包括1支自动步枪，3支手枪），弹药。

犯罪活动时间：2005年-2009年，该匪帮于2009年被破获。

该匪帮由鞑靼斯坦各个市区（喀山市、奇斯托波尔市、阿列克谢耶夫区）居民和有组织犯罪团伙“噶扎瓦亚-哈列瓦”“塔塔林斯基”“阿拉克奇诺”“电影胶片”的参与者组成，共同实施抢劫犯罪。加入匪帮的主要条件是新加入者必须自备武器。匪帮的首领曾由于盗窃和抢劫而被刑事判刑。匪帮抢劫携带大额现金（600万~700万卢布）的商人。罪犯在银行的现金收款处附近进行观察，确定受害人后实施抢劫。罪犯身穿内务部特种部队制服，驾驶乌阿斯牌警车和其他汽车在汽车公路上拦截受害人实施抢劫。

犯罪活动范围：自私自利型暴力犯罪（监视跟踪并袭击富商，其中包括袭击现金兑换公司的代表）。

19.“制造伪币者”犯罪团伙

鞑靼斯坦共和国最高法院2010年8月13~31日的判决。根据俄罗斯联邦刑法第1，2部分第210条和第3部分第186条及其他条款对20名罪犯判刑。

犯罪活动时间：2005~2007年，该案件于2006年被立案，案件于2008年12月被移交法院。

该犯罪团伙是在移民民族亚文化的基础上建立的。

犯罪活动范围：主要在经济领域（伪造货币）。

20.“切尔诺娃”匪帮

鞑靼斯坦共和国最高法院2010年9月24日的判决。根据俄罗斯联邦刑法第209条第1款、第2款第a点和第162条第4款及其他条款对4名罪犯判刑。

上述罪犯被指控犯有14起抢劫罪。

武器：1支（左轮手枪）及弹药。同时也使用了冷兵器和作为武器的工具。

犯罪活动时间：2009~2010年，该匪帮于2010年被破获，案件于2010年被移交法院。

该犯罪团伙是由亲属及熟人组成，主要实施具体的抢劫犯罪。团伙的首领过去曾是军人，武装力量的军官。

犯罪活动范围：谋取私利型暴力犯罪（抢劫网吧）。

21. “电影胶片”犯罪团伙及作为其组成部分的匪帮

鞑靼斯坦共和国最高法院2011年4月26日的判决。根据俄罗斯联邦刑法第210条第1款、第2款，第209条第2款第a点、第h点、第i点，第105条第2款及其他条款对15名罪犯判刑。此外，对从“塔斯马控股”开放式股份公司盗窃金额特别巨大的商品的附属有组织团伙的5名罪犯判刑。

上述罪犯被指控犯有10起谋杀罪及谋杀未遂罪，其他重罪及特殊重罪等。

武器：12支（主要为手枪），弹药及爆炸物（包括6支手榴弹）。

犯罪活动时间：1992~2005年，该犯罪团伙于2008年被破获。

该犯罪团伙由划分区域的街道流氓团伙组成，控制与“塔斯马”电影胶片生产企业经营活动相关的影子资金、原料及商品的流通，并操控喀山市的一家粮食服装市场。经营范围包括：鞑靼斯坦共和国的喀山市，布因斯克市（制糖厂）和泽列诺多利斯克市（“波吉斯”生产联合企业，在农村市场经营的游戏机），马里埃尔共和国的伏尔加斯克（赌场），乌里扬诺夫斯克市。

犯罪活动范围：多种犯罪（其中包括操控40多家企业的经营活动；销售毒品：共没收约一公斤的毒品；组织罪犯盗窃“塔斯马控股”开放式股份公司的产品）。

22. 沙耶夫领导的毒品销售贩子组成的犯罪团伙

鞑靼斯坦共和国最高法院2011年5月10日的判决。根据俄罗斯联邦刑法第210条第1款、第2款第a点第d点，第228.8条第3款及其他条款对13名罪犯判刑。

犯罪活动范围：销售毒品。

23.“巴扎洛夫斯基”匪帮

鞑靼斯坦共和国最高法院2011年6月22日的判决。根据俄罗斯联邦刑法第209条第2款第h点、第i点、第105条第2款及其他条款对5名罪犯判刑。

上述罪犯被指控犯有多起针对3人的谋杀罪、严重人身伤害罪及其他罪行等。

武器：10支（其中包括3支自动步枪，1支冲锋枪，4支机枪，2支枪管锯短的枪和步枪），弹药及爆炸物（其中包括梯恩梯炸药块）及爆炸工具（其中包括2只手榴弹）。

犯罪活动时间：1996～1998年为有组织团伙形式，1998－2003年为匪帮形式，匪帮成员于2009～2010年被拘捕，刑事案件于2011年被移交法院。

该犯罪团伙由划分区域的街道流氓团伙组成，在城市的一家粮食服装市场从事犯罪活动。

犯罪活动范围：多种犯罪（其中包括操控粮食服装市场的影子资金流）。

24. 科祖巴耶夫领导的毒品销售贩子组成的犯罪团伙

鞑靼斯坦共和国最高法院2011年7月13日及2011年11月28～

29日的判决。根据俄罗斯联邦刑法第210条第1款、第2款第a点、第d点，第228.1条第3款及其他条款对8名罪犯（就2起案件）判刑。

该犯罪团伙由民族亚文化移民组成。

犯罪活动范围：销售毒品。

25.“喀山爱国主义者前线”极端主义团伙

喀山市航空制造区法院2011年7月26日的判决。根据俄罗斯联邦刑法第282.1条及其他条款对6名罪犯判刑。

极端主义团伙成立的土壤是对中亚移民的民族及种族歧视。

犯罪活动范围：政治极端主义（其中包括根植于极端主义土壤上的普通型犯罪：无赖行为、敲诈、抢劫）。

26.“斯梅塔尼纳”匪帮

鞑靼斯坦共和国最高法院2011年8月1日的判决。根据俄罗斯联邦刑法第209条第1款、第2款第a点、第h点、第i点，第l点，第105条第2款第a点，第c点，第162条第4款及其他条款对8名罪犯判刑，其中1名罪犯被判处终身监禁。

上述罪犯被指控犯有多起针对6人的谋杀罪，谋杀未遂罪，敲诈，抢劫及其他罪行等。

武器：4支（其中包括3支手枪，1支左轮手枪），弹药。

犯罪活动时间：2003～2005年，匪帮于2008年被破获。

该犯罪团伙由刑满释放人员组成。匪帮的组织者被判罪为敲诈，抢劫。犯罪团伙曾袭击鞑靼斯坦境内外的汽车加油站，跑长途运输的司机和商业企业。

犯罪活动范围：谋取私利型暴力犯罪。

27.“塞瓦斯托波尔”犯罪团伙及其成员

鞑靼斯坦共和国最高法院2011年9月19～22日的判决。根据俄罗斯联邦刑法第210条第1款、第2款，第209条第1款、第12款及其他条款对12名罪犯判刑。

上述罪犯被指控犯有多起针对23人的谋杀罪，其他重罪及特殊重罪等。

武器：42支（其中包括没收的32支武器：12支冲锋枪，机枪，手枪，卡宾枪，步枪），武器的配件，弹药，爆炸工具（其中包括7枚手榴弹）。

犯罪活动时间：1992~1996年（明显犯罪期），然后就转为经济领域的合法活动及影子活动，大型贸易（必要时通过其他犯罪组织“29综合体”“塔基里扬诺夫斯基”“48综合体”“基层”“56街区”“污垢”及其他有组织犯罪团伙从事暴力活动）。该犯罪团伙于2008年被破获，刑事案件于2010年被移交法院。

该犯罪团伙由划分区域的街道流氓团伙组成，操控大中小型企业的影子经济活动。活动范围：喀山市，莫斯科市“塞瓦斯托波尔”宾馆的西南位置（此处有犯罪团伙的骨干成员进行活动），圣彼得堡市。

犯罪活动范围：多种犯罪活动（主要为实施大型经济项目，同时获取合法收入与影子收入，从事洗钱和现金兑换；以合法方式和非法方式操控大型生意：工程施工，投资，大型网络贸易，餐馆；控制“大型”体育活动的影子资金流；地区有组织犯罪组织的联合，与俄罗斯大型犯罪组织协调行动）。

28.“托波尔科娃”匪帮

鞑靼斯坦共和国最高法院2011年12月28日及2012年2月7日的判决。根据俄罗斯联邦刑法第209条第1款、第2款及其他条款对2名罪犯（就2起案件）判刑。根据俄罗斯联邦刑法第2部分第209条及其他条款鞑靼斯坦共和国最高法院正在对6名被告进行审判。

上述罪犯被指控犯有谋杀未遂罪，抢劫罪及其他犯罪等。

武器（各个案件）：3 支（3 支手枪），弹药。

犯罪活动时间：1999 ~2005 年，2011 年。

该犯罪团伙由熟人组成，共同实施具体犯罪。

犯罪活动范围：谋取私利型暴力犯罪（抢劫罪）。

29. 萨塔洛夫领导的毒品销售贩子犯罪团伙

鞑靼斯坦共和国最高法院 2011 年 12 月 29 日，2012 年 3 月 19 日及 2011 年 4 月 2 日的判决。根据俄罗斯联邦刑法第 210 条第 1 款、第 2 款第 a 点、第 d 点，第 228 条第 3 款及其他条款对 7 名罪犯（3 起案件）判刑。

该犯罪团伙由民族亚文化移民组成。

犯罪活动范围：毒品销售。

30. 马赫马杜洛耶夫领导的毒品销售贩子组成的犯罪团伙

鞑靼斯坦共和国最高法院 2012 年 4 月 10 日的判决。根据俄罗斯联邦刑法第 210 条第 1 款第 a 点、第 d 点，第 228. 1 条第 3 款及其他条款对 1 名罪犯判刑。根据俄罗斯联邦刑法第 210 条第 2 款第 a 点、第 d 点及第 228. 1 条第 3 款及其他条款，鞑靼斯坦共和国最高法院正在对 6 名被告所参与的第二起案件进行审判（从 2012 年 6 月起）。

该犯罪团伙由民族亚文化移民组成。

犯罪活动范围：毒品销售。

31. “头等品”匪帮

案件正在鞑靼斯坦共和国最高法院的审理中：根据俄罗斯联邦刑法第 209 条第 1 款、第 2 款及其他条款对 4 名被告进行审判。

上述罪犯被指控犯有针对 7 人的谋杀罪，预谋杀人罪及其他犯罪等。

武器：9支（火箭筒，6支手枪，2支猎枪），弹药及爆炸工具（其中包括手榴弹）。

犯罪活动时间：1997～2001年（明显犯罪期），随后开始从事影子活动及经济领域的合法活动，匪帮于2010年被破获，刑事案件于2012年被移交法院。

该犯罪团伙由划分区域的街道流氓团伙组成，在城市的一家粮食服装市场影子经济领域、自发停车场和汽车服务站从事犯罪活动。

犯罪活动范围：多种犯罪（其中包括影子经济活动，勒索）。

32. 阿尔斯拉诺夫．利．阿领导下的毒品销售贩子犯罪团伙

案件正在鞑靼斯坦共和国最高法院的审理中：根据俄罗斯联邦刑法第210条第1款、第2款第a点、第d点，第228.1条第3款及其他条款对7名被告进行审判。

该犯罪团伙由民族亚文化移民组成。

犯罪活动范围：销售毒品。

33. 塔佐夫．斯．阿领导的毒品销售贩子犯罪团伙

案件处于俄罗斯联邦打击毒品买卖管理局预先侦查机关诉讼程序阶段：根据俄罗斯联邦刑法第210条第1款、第2款第a点、第d点，第228.1条第3款及其他条款对18名被告进行审判。

犯罪活动范围：销售毒品。

卡马河畔切尔内市

34. “科布泽夫”匪帮

鞑靼斯坦共和国最高法院1996年8月9日的判决。根据俄罗斯联邦刑法第77条，第146条第3款及其他条款对4名罪犯判刑。

上述罪犯被指控犯有对下卡姆斯克，莫斯科市商业路线的下卡

姆斯克区汽车的抢劫罪及其他犯罪等。

武器：1 支（1 支步枪），弹药及气手枪，冷兵器。

犯罪活动时间：1995 年 9 月至 1996 年 2 月。

该犯罪团伙成立的目的是主要在卡马河畔切尔内市实施具体的抢劫，以及在附近的下卡姆斯克区实施抢劫。

犯罪活动范围：谋取私利型暴力犯罪（抢劫汽车干线上行驶的商务汽车）。

35.“奥奇卡索娃”匪帮

鞑靼斯坦共和国最高法院 1996 年 12 月 4 – 5 日的判决。根据俄罗斯联邦刑法第 77 条第 a 点、第 d 点、第 o 点，第 102 条第 a 点、第 c 点、第 d 点、第 e 点，第 146 条第 3 款及其他条款对 9 名罪犯判刑。

上述罪犯被指控犯有杀人罪及抢劫罪。

武器：4 支（2 支步枪，2 支枪管锯短的枪），弹药。

犯罪活动时间：1993 ~ 1995 年。

该犯罪团伙由彼此相识的人员组成，主要实施抢劫犯罪。

犯罪活动范围：谋取私利型暴力犯罪（入室抢劫）。

36.“利法纳”匪帮

鞑靼斯坦共和国最高法院 1998 年 3 月 18 日的判决。根据俄罗斯联邦刑法第 77 条，第 102 条及其他条款对 11 名罪犯判刑，案件于 1993 年被提起诉讼。

上述罪犯被指控犯有杀人罪，其他重罪及特殊重罪。

武器：3 支（1 支步枪，1 支手枪，1 支枪管锯短的枪），弹药及爆炸工具（其中包括手榴弹）。

犯罪活动时间：1991 ~ 1993 年。

该犯罪团伙由划分区域的街道青年流氓团伙组成。

犯罪活动范围：多种犯罪。

37. “克林采夫”匪帮

鞑靼斯坦共和国最高法院1998年11月16日的判决。根据俄罗斯联邦刑法第77条第3款、第146条第3款及其他条款对7名罪犯判刑。

武器：1支（手枪），弹药及冷兵器。

犯罪活动时间：1996年1～9月。

犯罪活动范围：谋取私利型暴力犯罪。

38. “哈马托夫”匪帮

鞑靼斯坦共和国最高法院1999年9月29日的判决。根据俄罗斯联邦刑法第209条第1款、第2款、第30条第3款第c点、第h点、第i点、第l点、第o点，第105条第2款第a点、第b点，第c点，第162条第3款及其他条款对6名罪犯判刑。

武器：4支（2支手枪，步枪，枪管锯短的枪），弹药及冷兵器。

犯罪活动时间：1992年11月～1999年3月。

犯罪活动范围：谋取私利型暴力犯罪。

39. 哈塔布非法武装“高加索教学营”：卡马河畔切尔内市的突击队员组

鞑靼斯坦共和国最高法院2001年2月21日的判决。根据俄罗斯联邦刑法第208条第2款、第206条第3款及其他条款对3名罪犯判刑。

上述罪犯被指控犯有劫持人质罪，将人质从卡马河畔切尔内市劫往车臣，目的是索要赎金提供给非法武装组织。

武器：在北高加索地区的基地提供，在劫持人质时仅使用冷兵器。

犯罪活动时间：1999 年，犯罪团伙被破获，刑事案件于 2000 年被移交法院。

非法武装团伙的建立基础是瓦哈比派信徒极端主义思想，在北高加索的“高加索”野外基地训练战士，其首领是哈塔布，巴萨耶夫，乌杜果夫，库杰依巴，祖巴依尔和其他恐怖主义团伙的“野外指挥官”。

犯罪活动范围：政治恐怖活动。

40. “29 综合体”犯罪团伙及其成员

鞑靼斯坦共和国最高法院 2006 年 7 月 17 日和 2010 年 5 月 28 日的判决。对 39 人判刑：根据俄罗斯联邦刑法第 210 条第 1 款、第 2 款，第 209 条第 1 款、第 2 款及其他条款对 34 人（2 起案件）的案件移交法院后判刑，其中包括 1 人被判终身监禁；同时还对“40 综合体”有组织团伙（2 起案件）的具体犯罪作出判决（2006 年的判决）。根据俄罗斯联邦刑法第 210 条第 1 款、第 2 款、第 209 条第 1 款、第 2 款及其他条款，还有侦查 2 名犯罪嫌疑人的单独案件（共 5 起案件）处于审判程序中。

上述罪犯被指控犯有针对 30 人的谋杀罪及谋杀未遂罪（准备犯罪），其他重罪，特殊重罪，其中包括经济和经济活动方面的犯罪。

武器（所有案件）：81 支［其中包括 6 支冲锋枪，2 支反坦克火箭筒发射器（带火箭筒），2 支“苍蝇”火箭筒，4 支自动枪，30 支手枪及左轮手枪，13 支卡宾枪，19 支步枪，5 支枪管锯短的卡宾枪，步枪等］，配件，弹药及爆炸物（其中包括 8 支梯恩梯炸药块）及爆炸工具（其中包括 8 支手榴弹，2 支附加火箭筒弹药）。

犯罪活动时间：1993 ~ 2001 年，根据俄罗斯联邦刑法第 210 条第 1 款、第 2 款破获刑事案件，于 2004 年案件被移交法院。

该犯罪团伙由划分区域的街道青年流氓团伙组成，在该城市及其他城市地区的粮食服装市场、酒精及甜酒、白酒生产企业的资金流进行操控。犯罪团伙的活动范围：卡马河畔切尔内市，莫斯科市，伊热夫斯克，鞑靼斯坦的扎卡姆斯克区及萨马拉州的城市，乌克兰（雅尔塔市，尼古拉耶夫市，奥德萨市）。

犯罪活动范围：多种犯罪活动（其中包括活跃的影子经济活动及合法经济活动，洗钱和兑换现金；扎卡姆斯克地区有组织犯罪组织的联合，与俄罗斯大型犯罪组织协调行动）。

41. 非法武装团伙“雷布诺斯洛波德扎马特”（卡马河畔切尔内“伊斯兰扎马特”分部）

鞑靼斯坦共和国最高法院2007年8月2日的判决。根据俄罗斯联邦刑法第208条第2款第a点、第c点，第205条第2款及其他条款对4名罪犯判刑。

上述罪犯被指控犯有对鞑靼斯坦，巴什基尔斯坦，基洛夫州，乌里扬诺夫州及萨马拉州的电线杆及燃气管道进行爆破的罪行。

武器：不少于2支（2支手枪），大量爆炸物及爆炸工具。

犯罪活动时间：2003~2005年，非法武装团伙的组织者及参与者于2005年被拘捕，刑事案件于2006年被移交法院。

非法武装团伙的建立基础是瓦哈比派信徒极端主义思想，该团伙在北高加索的“高加索”野外基地训练战士，其首领是哈塔布，巴萨耶夫，乌杜果夫，库杰依巴，祖巴依尔和其他恐怖主义团伙的“野外指挥官”。

犯罪活动范围：政治恐怖活动。

42. “塔基里扬诺夫”匪帮

鞑靼斯坦共和国最高法院2007年8月27~28日的判决。根据俄罗斯联邦刑法第209条第1款、第2款，对两起案件的21人进行判决：对16人进行判决，其中包括4人被判处终身监禁；根据被破获的第二起犯罪案件，对5人（具有高度熟练的有组织犯罪特征）进行判决。

上述罪犯被指控犯有针对25人的谋杀罪及谋杀未遂罪。

武器：53支（3支火箭筒，1支卡拉什尼科夫手提机枪，22支卡拉什尼科夫冲锋枪，26支手枪，1支卡宾枪），枪支配件（其中包括41支减少射击力量的装置，15支光学瞄准器），弹药（其中包括36支榴弹发射器的榴弹，超过7500发子弹），爆炸物及爆炸工具（其中包括无线电遥控装置）。

犯罪活动时间：1995～2003年，非法武装团伙的组织者及参与者于2003年被拘捕，刑事案件于2005年被移交法院。

该犯罪团伙由划分区域的街道流氓团伙组成，对酒精及酒类产品生产企业的影子资金流和商品流进行操控。

犯罪活动范围：多种犯罪（其中包括控制经济主体的活动及影子经济活动）。

43.“伊斯兰扎马特”非法武装团伙

鞑靼斯坦共和国最高法院2008年2月14日的判决。根据俄罗斯联邦刑法第208条第1款、第2款，第30条第1款，第205条第3款，第206条第3款第a点、第m点，第105条第2款及其他条款对17名罪犯判刑。

上述罪犯被指控准备在喀山市千年庆典前在喀山市，卡马河畔切尔内市，下卡姆斯克市实施一系列恐怖活动；利用宗教敌视杀害9人（周末在森林里私通的人）；从事非法企业活动及将非法收入合法化；其他犯罪活动。

武器：13支（其中包括2支冲锋枪，9支手枪和左轮手枪，2支枪管锯短的枪），枪支配件，弹药，爆炸物（其中包括580克颗粒，2390克火药），爆炸工具（其中包括5支手榴弹），加工工具及弹药组成部分（其中包括1738克颗粒状硝酸铵，霰弹，金属珠，钢螺母及螺栓，铅板，“沙希德”腰带及其他工具）。

犯罪活动时间：2001～2004年，非法武装团伙的组织者及参与者于2004年被拘捕，刑事案件于2006年被移交法院。

非法武装团伙的建立基础是瓦哈比派信徒极端主义思想，在北高加索的“高加索”野外基地训练战士，其首领是哈塔布，巴萨耶夫，乌杜果夫，库杰依巴，祖巴依尔和其他恐怖主义团伙的“野外指挥官”。

犯罪活动范围：政治恐怖活动。

44.“48综合体”犯罪团伙及其成员

鞑靼斯坦共和国最高法院2008年9月15日的判决。根据俄罗斯联邦刑法第210条第2款，第209条第2款及其他条款对15名罪犯判刑。

上述罪犯被指控犯有3起谋杀罪，其他重罪及特殊重罪。

武器：14支（5支冲锋枪，7支手枪，1支步枪，1支枪管锯短的枪），弹药。

犯罪活动时间：1997～2004年，犯罪团伙的参与者于2004～2005年期间被拘捕，刑事案件于2007年被移交法院。

该犯罪团伙由划分区域的街道青年流氓团伙组成，对城市一家粮食服装市场的影子经济流程进行操控，攫取“卡玛斯”开放式股份公司系列工厂的受控经济活动成果。犯罪活动包括操控卡马河畔切尔内、莫斯科市、叶卡捷琳堡市、下诺夫哥罗德市的经营主体。

犯罪活动范围：多种犯罪（其中包括经济领域中的影子经济与合法活动，操控向“卡玛斯”开放式股份公司提供金属的活动，操控轿车销售与下诺夫哥罗德市“卡玛斯”开放式股份公司的影子金融流通和商品流通。

45.“库里钦斯基”匪帮

鞑靼斯坦共和国最高法院2008年10月15日的判决。根据俄罗斯联邦刑法第209条第1款、第2款及其他条款对12名罪犯判刑。

上述罪犯被指控犯有针对6人的谋杀罪、谋杀未遂罪及其他犯罪。

武器：8支（2支冲锋枪，4支手枪和左轮手枪，1支卡宾枪，1支步枪），弹药。

犯罪活动时间：1997～2000年，2000年后该匪帮不复存在。2006年，根据俄罗斯联邦刑法第209条第1款、第2款，该匪帮的活动被确定为刑事案件，2008年案件被移送法院。

该匪帮由划分区域的街道青年流氓团伙组成，对城市的一家粮食服装市场的影子资金流进行操控。

犯罪活动范围：多种犯罪。

46.“布拉金斯基”匪帮

鞑靼斯坦共和国最高法院2010年11月21日的判决。根据俄罗斯联邦刑法第209条第1款、第2款及其他条款对12名罪犯判刑。

上述罪犯被指控犯有针对5人的谋杀罪。

武器：7支（其中包括2支冲锋枪，4支手枪，1支枪管锯短的枪），枪支配件，弹药及爆炸工具（其中包括3枚手榴弹）。

犯罪活动时间：1997～1999年，匪帮的参与者与组织者于2008～2009年期间被拘捕，2010年刑事案件被移送法院。

该匪帮由熟人组成，实施具体的犯罪活动。

犯罪活动范围：谋取私利型暴力犯罪（抢劫）。

47. “拳击手”犯罪团伙及其成员

案件正处于鞑靼斯坦共和国最高法院的审理程序中：根据根据俄罗斯联邦刑法第210条第1款、第2款，第209条第1款、第2款及其他条款的规定对33被告进行判决。

上述罪犯被指控犯有针对25人的杀人及杀人未遂（预谋）罪，严重危害人体健康并造成人员死亡的罪行，或者其他重罪及特殊重罪。

武器：78支（其中包括26支卡拉什尼科夫冲锋枪，24支手枪及左轮枪，17支枪管锯短的步枪，1支步枪），枪支配件，弹药及爆炸物（4支）爆炸工具（其中包括5枚手榴弹，6支其他工具）。

犯罪活动时间：1992~2002年，从2002年起该犯罪团伙开始更多地从事合法经济活动（但是武器军械库仍旧被保留，具有实施暴力活动的可能性）。2008年，根据俄罗斯联邦刑法第1，2部分第210条的规定，该犯罪团伙的活动被确定为刑事案件，并于2010年移送法院。

该犯罪团伙由划分区域的街道青年流氓团伙组成，平日他们共同从事体育活动（拳击）。

犯罪活动范围：多种犯罪（其中包括影子及合法经济活动－销售酒类产品，汽车加油生意，非法嵌入石油管道盗取石油，操控停车场，从“卡玛斯”开放式股份公司盗窃产品等）。

48. 沙依胡特基诺夫及明加利莫夫领导的极端主义团伙

案件处于卡马河畔切尔内市法院的审理中：根据根据俄罗斯联邦刑法第282.1条，第159条，第163条及其他条款的规定对7名被告进行判决（6起主要案件和1起单独案件（由于达成庭前和解协议而被列为单独案件）。

上述罪犯被指控犯有普通刑事犯罪、经济犯罪，犯罪目的是向极端主义活动提供资金支持。

犯罪活动时间：2001～2012 年，极端主义团伙于 2012 年被破获，刑事案件于 2012 年被移交法院。

极端主义团伙的建立基础是激进的伊斯兰思想和民族主义思想。组织者之一先前由于煽动民族仇恨曾被追究过刑事责任。

犯罪活动范围－政治极端主义活动。

49. “管线工”匪帮（《30 综合体》，或者《30 卢布》）

案件处于紧急反应部队预先侦查机关的审理中：根据俄罗斯联邦刑事诉讼法第 217 条（知悉关于被告案件的材料），根据俄罗斯联邦刑法第 209 条第 1 款、第 2 款及其他条款对 11 名被告进行审判。

上述罪犯被指控犯有针对 6 人给健康造成严重危害并致人死亡的谋杀罪，抢劫罪及敲诈罪，其他犯罪。

武器：2 支（1 支冲锋枪，1 支手枪），弹药及爆炸工具（其中包括 1 枚手榴弹），同时也使用了冷兵器及作为武器的物品。

犯罪活动时间：2000～2005 年，匪帮首领由于抢劫被判刑后，匪帮分崩离析，匪帮于 2011 年被破获。

该匪帮由划分区域的街道青年流氓团伙组成。

犯罪活动范围：自私自利型暴力犯罪（身着警察制服在汽车公路上使用武器进行抢劫）。

下卡姆斯克市

50.“塔塔尔”犯罪团伙及匪帮

2007 年 2 月 6 日及 2009 年 7 月 13～14 日的判决。对 35 名罪犯判刑：其中 34 人（根据俄罗斯联邦刑法第 210 条第 1 款、第 2 款，第 209 条第 1 款、第 2 款及其他条款就第一起案件对 29 人判刑，侦查后对另外 5 人判刑），根据具体的谋杀罪对 1 人（侦查后确定的黑社会头目）判刑，对有组织团伙的其他犯罪进行量刑(2009年12月28日)。

上述罪犯被指控犯有针对18人的谋杀罪，谋杀未遂罪，其他重罪及特殊重罪。

武器（包括各个案件）：85支（14支冲锋枪，2支火箭筒，2支手提机枪，49支手枪和左轮，4支卡宾枪，1支步枪，13支枪管锯短的枪），枪支配件，弹药及爆炸工具（其中包括7枚手榴弹）。

犯罪活动时间：1992～2003年，犯罪团伙于2003年被破获，刑事案件于2005年被移交法院。

该犯罪团伙由划分区域的街道青年流氓团伙组成，操控城市市场影子范围活动，城市汽车橡胶轮胎和轮胎产品生产企业的未核算财务、原料及商品流通。

犯罪活动范围：多种犯罪（其中包括操控"下卡姆斯克轮胎"开放式股份公司的影子经营活动，城市市场，出租车司机，私人出租车，其他经营主体，组织卖淫等）。

51. "马姆少夫斯基"匪帮

案件处于紧急反应部队预先侦查机关的审理中：根据俄罗斯联邦刑法第209条第1款、第2款及其他条款对6人进行审判，其余人员的案件处于侦查阶段。此外，对15人组成的有组织团伙的各种犯罪（4起案件）及1人所犯的职业杀人案（共6起案件）进行审判。鞑靼斯坦共和国最高法院2010年4月9日做出判决，下卡姆斯克区法院2009年11月11日，2009年12月29日及2010年3月26日做出判决。

上述罪犯被指控犯有针对7人的谋杀罪、谋杀未遂罪，对人身健康造成严重危害并致人死亡，及其他犯罪。

武器（包括各个案件）：17支（3支冲锋枪，8支手枪，卡宾枪，5 支枪管锯短的枪），弹药及爆炸物（其中包括一公斤梯恩梯炸药）和爆炸工具（其中包括 7 枚手榴弹）。

犯罪活动时间：1997 ~2010 年。

该犯罪团伙由划分区域的街道青年流氓团伙组成，操控城市石油化工企业的影子资金流、原料及商品流通。

犯罪活动范围：多种犯罪（其中包括操控“下卡姆斯克石油化工”开放式股份公司的影子商品流通，城市粮食服装市场的影子商品流通，组织卖淫及销售毒品）。

叶拉布加市

52.“柳比莫夫”匪帮

鞑靼斯坦共和国最高法院 1994 年 11 月 28 日的判决，根据俄罗斯联邦刑法第 77 条，第 102 条对 6 人判刑，匪帮于 1993 年被破获。调查匪帮成员的其他案件正在审理过程中。

上述罪犯被指控犯有杀人罪（其中包括杀害鞑靼斯坦共和国国家委员会的代表），谋杀未遂罪，针对 6 名警察的蓄意谋害罪及其他犯罪。

武器（包括各个案件）：20 支（7 支冲锋枪，10 支手枪，1 支卡宾枪，2 支步枪），弹药，爆炸物及爆炸工具（其中包括 15 枚手榴弹），装甲运输车。

犯罪活动时间：1989 ~1993 年，匪帮于 1993 年被破获，刑事案件于 1994 年被移交法院。

该匪帮的成立是根据区域原则保护和发展企业家柳比莫夫的生意，防止受到叶拉布加市底层人员的侵害。

犯罪活动范围：多种犯罪。

53.“疯狂者”匪帮

鞑靼斯坦共和国最高法院 2008 年 4 月 8 日的判决，对 5 人判刑，其中包括根据俄罗斯联邦刑法及其他条款对3人的强盗行为判刑（34起案件）。

上述罪犯被指控犯有2起杀人罪，谋杀未遂罪，针对警察的蓄意谋害罪，抢劫，盗窃及其他犯罪。

武器：2支（左轮枪，步枪）。

犯罪活动时间：2002～2007年，匪帮于2007年被破获。

该匪帮的成立是为了实施具体的犯罪。

犯罪活动范围：自私自利型暴力犯罪（抢劫）。

阿尔梅季耶夫斯克市

54.“契卡工作人员”匪帮

鞑靼斯坦共和国最高法院1995年2月15日和1996年2月26日的判决，根据俄罗斯联邦刑法第77条，第102条及其他条款对19人判刑。

上述罪犯被指控犯有杀人罪，其他罪行等。

武器：32支（其中包括11支冲锋枪，8支手枪及步枪，13支猎枪及枪管锯短的枪），弹药，爆炸工具（其中包括十枚手榴弹）。

犯罪活动时间：1989～1993年，匪帮于1993年被破获，刑事案件于1994年被移交法院。

该匪帮的成立原因：曾经当过一所学校校长的人在租赁的体育馆招聘训练青年人，企图控制城市。

犯罪活动范围：多种犯罪（其中包括操控经营主体的活动，以及盗窃城市富人的财产，采取各种折磨方式敲诈富人的资金，例如：将人装在棺材里活埋）。

泽列诺多利斯克市

55.“马雷舍夫”匪帮

鞑靼斯坦共和国最高法院1997年6月30日的判决，根据俄罗斯联邦刑法第77条对3人判刑。

武器：2支（其中包括1支手枪，1支左轮枪），弹药。

犯罪活动时间：1996年10月至12月。

犯罪活动范围：谋取私利型暴力犯罪。

56.“杜波洛夫斯基”匪帮

鞑靼斯坦共和国最高法院2002年10月22日的判决，根据俄罗斯联邦刑法第209条第1款、第2款第h点、第i点、第o点，第105条第2款及其他条款对6人判刑。

上述罪犯被指控犯有针对5个人的杀人罪，杀人未遂罪，10起抢劫罪和敲诈罪，13起盗窃罪和其他罪行等。

武器：2支（1支左轮枪，1支步枪），弹药。

犯罪活动时间：2001~2002年。

该匪帮是由杜波洛夫斯基自惩罚所在地刑满获释后创办的。

犯罪活动范围：谋取私利型暴力犯罪。

57.“库利钦斯基”匪帮

鞑靼斯坦共和国最高法院2012年3月29日的判决，根据俄罗斯联邦刑法第209条第1款、第2款第a点、第f点、第h点、第i点，第105条第2款对8人判刑。

上述罪犯被指控犯有针对7个人的杀人罪、杀人未遂罪，对人体健康造成严重危害并致人死亡。

武器：19支（其中包括4支冲锋枪，2支自动枪，11支机枪及左轮枪，2支枪管锯短的枪），枪支配件，弹药，爆炸物（其中包括梯恩梯炸药块）和爆炸工具（其中包括2枚手榴弹）。

犯罪活动时间：1993~1999年期间以有组织团伙形式存在，2000~2002年期间以匪帮形式存在。由于对杀人案进行调查，匪帮成员情况被公布，导致从2002年起匪帮的活动就已经停止。匪帮的成员及组织者于2009～2010年期间被拘押，案件于2011年被移交法院。

该犯罪团伙由划分区域的街道青年流氓团伙组成，操控城市一家粮食服装市场的影子资金流动，在销售城市工业企业“谢尔戈厂”生产联合企业（联邦国营单一制企业）的产品电冰箱、销售捷列诺多尔胶合板厂开放式股份公司的木材加工产品时操控影子商品的流通。

犯罪活动范围：多种犯罪（其中包括敲诈及操控市场、汽车停车场、私人出租车，操控毒品销售贩子进贡资金的影子资金流动）。

布古利马市

58. “库拉金”匪帮

鞑靼斯坦共和国最高法院2006年11月20日的判决，根据俄罗斯联邦刑法第209条第1款第a点，第162条及其他条款对3人判刑。

上述罪犯被指控犯有针对巴夫林区及奥伦堡州汽车公路长途运输司机的4起抢劫罪。

武器：1支（枪管锯短的枪）。

犯罪活动时间：2005年8～9月，匪帮于2005年10月被破获。

犯罪活动范围：谋取私利型暴力犯罪。

努尔拉特市

59. “库亚诺夫斯基”匪帮

鞑靼斯坦共和国最高法院2007年3月12日的判决，根据俄罗斯联邦刑法第209条第1款、第2款第a点，第162条第4款对12人判刑。

上述罪犯被指控犯有针对2人的谋杀罪及谋杀未遂罪，敲诈罪，盗窃罪，其他罪行。

武器：不少于 9 支（1 支步枪，5 支火枪，3 支枪管锯短的枪），枪支弹药。

犯罪活动时间：2000～2005 年，匪帮于 2005 年被破获。

该匪帮由铁路员工居住地的青年团伙成员组成。

犯罪活动范围：多种犯罪（其中包括操控路线出租车的车主，私人出租车，汽车零件商店，其他商业机构等。在匪帮的活动中，针对财产所有权的犯罪活动占大多数）。

附件2　鞑靼斯坦大城市的犯罪动态资料[1]

鞑靼斯坦的总体情况

年份	共计	重罪及特殊重罪	使用武器②	凶杀案	刑法第4部分第111条③	共计造成伤亡	使用武器的凶杀案	有组织犯罪团伙	被调查的比例④
1987	25534	–	–	–	–	–	–	–	–
1988	28093	–	–	–	–	–	–	–	–
1994	61907	–	269	662	353	1115	53	–	–
1995	59417	–	239	651	403	1054	64	–	–
1996	52817	26009	167	589	269	858	71	–	–
1997	49322	25105	225	587	222	799	51	–	–
1998	52963	30193	211	613	160	773	58	–	–
1999	72161	42642	187	690	193	883	51	–	–
2000	70238	39091	173	645	251	896	48	991	1,84%

① 鞑靼斯坦共和国内务部研究中心资料（无资料则以破折符号“－”显示）。

② 所有使用武器的犯罪。

③ 引发对健康的严重危害，由于不慎造成受害人死亡。在下列纵行我们列举凶杀案的总数量。

④ 可以确定有组织团伙的犯罪与被侦查犯罪相互间的关系，因为对于未破获的犯罪活动，我们无法判定犯罪团伙成员及其组织水平（我们不列举被侦查犯罪的数量，但在具体计算中予以考虑）。相应地，不允许对该指标的考量造成导致犯罪情况的复杂化，（在发展的某个阶段）多半可以作为护法机关的积极性指标。我们的总结显示：有组织团伙表现的积极性与犯罪侦破率有所升高之间存在着正面的相互关系。因此，我们可以做出其他的结论：这些犯罪活动占未破获犯罪的比例还要更高一些。

续表

年份	共计	重罪及特殊重罪	使用武器	凶杀案	刑法第4部分第111条	共计造成伤亡	使用武器的凶杀案	有组织犯罪团伙	被调查的比例
2001	71266	41148	124	653	306	959	33	954	1,93%
2002	57632	29839	106	589	275	864	25	1062	3,01%
2003	58866	22719	102	605	292	897	33	873	2,47%
2004	63529	19765	88	548	289	837	39	758	2,05%
2005	92232	24529	40	502	288	790	10	832	2,02%
2006	105105	24037	28	426	245	671	12	716	1,58%
2007	81251	19076	21	345	199	544	8	1245	2,84%
2008	81183	19558	18	327	204	531	10	1957	4,78%
2009	70623	16504	24	293	153	446	12	999	2,63%
2010	58769	11909	13	274	178	452	4	290	0,92%
2011	55318	10908	16	280	160	440	6	640	2,25%
峰值年的比值①	-1,3倍	-3,9倍	-12倍	-2,5倍	-1,2倍	-2倍	-9倍	-	-

喀山市

年份②	共计	重罪及特殊重罪	使用武器	凶杀案	刑法第4部分第111条	共计造成伤亡	使用武器的凶杀案	有组织犯罪团伙	被调查的比例
1987	7607	-	-	-	-	-	-	-	-
1988	10323	-	-	-	-	-	-	-	-
1994	19053	-	79	190	114	304	21	-	-
1995	19082	-	100	193	162	355	37	-	-
1996	16468	6924	77	164	97	261	45	-	-
1997	14703	6223	57	144	61	205	20	-	-

① 峰值年：是与总体犯罪指标相比，重罪及特殊重罪及潜伏期重罪数量最多的年份。鞑靼斯坦的峰值年是1999年。

② 鞑靼斯坦内务部研究中心保存有1994年以后至今的资料。我们在卡马河畔切尔内市检察院工作期间收集并保存的鞑靼苏维埃社会主义自治共和国和鞑靼斯坦共和国内务部研究中心去年关于鞑靼斯坦、喀山市及卡马河畔切尔内市的相关研究资料。

续表

年份	共计	重罪及特殊重罪	使用武器	凶杀案	刑法第4部分第111条	共计造成伤亡	使用武器的凶杀案	有组织犯罪团伙	被调查的比例
1998	14885	7844	66	167	46	213	28	–	–
1999	21562	12352	73	203	66	269	27	–	–
2000	20289	11456	67	192	73	265	22	456	2,96%
2001	21287	13039	18	189	71	260	8	429	3,11%
2002	16907	9197	22	163	74	237	9	356	3,95%
2003	18288	8399	14	170	74	244	7	395	3,76%
2004	19807	7362	21	166	74	240	17	334	3,08%
2005	33075	9046	3	167	74	241	2	242	2,05%
2006	45224	9895	4	147	63	210	3	367	2,52%
2007	36539	8128	9	115	47	162	5	712	4,60%
2008	35637	8534	8	100	68	168	4	1084	7,57%
2009	29520	6874	9	91	43	134	5	259	2,19%
2010	23230	4589	2	82	44	126	0	152	1,60%
2011	22452	3708	5	87	46	133	1	241	2,99%
1999年前的倍数	+4%	–3,3倍	–15倍	–2,3倍	–1,4倍	–2倍	–27倍	–	–

卡马河畔切尔内市

年份	共计	重罪及特殊重罪	使用武器	凶杀案	刑法第4部分第111条	共计造成伤亡	使用武器的凶杀案	有组织犯罪团伙	被调查的比例
1993	12598	3122	92	64	49	113	–	–	–
1994	12778	3660	59	104	36	140	10	–	–
1995	10035	–	46	83	32	115	5	–	–
1996	8750	3883	24	104	27	131	6	–	–
1997	8307	4574	38	84	26	110	5	–	–
1998	9712	5824	32	97	18	115	7	–	–
1999	12882	7620	31	109	18	127	10	–	–

续表

年份	共计	重罪及特殊重罪	使用武器	凶杀案	刑法第4部分第111条	共计造成伤亡	使用武器的凶杀案	有组织犯罪团伙	被调查的比例
2000	11943	6133	25	84	33	117	8	96	1,01%
2001	12031	6180	27	89	41	130	8	174	1,97%
2002	9429	4313	20	63	35	98	3	213	3,34%
2003	8851	3473	14	70	35	105	5	195	3,37%
2004	9939	3152	11	81	31	112	9	132	2,08%
2005	15690	4277	3	58	32	90	1	290	4,25%
2006	16501	4198	9	43	24	67	3	123	1,71%
2007	11931	3153	0	37	17	54	0	288	4,46%
2008	13099	3463	4	51	20	71	4	610	10,52%
2009	11152	2804	3	39	14	53	1	515	8,44%
2010	9784	1679	2	26	13	39	1	48	1,01%
2011	8327	1607	2	39	10	49	1	95	2,34%
1999年前的倍数	-1,5倍	-4,7倍	-16倍	-2,8倍	-1,8倍	-2,6倍	-10倍	-	-

新兴城市建设期间卡马河畔切尔内市的犯罪动态信息①

年份	犯罪数量	居民人数	每一万名居民的犯罪系数	凶杀案
1970	680	8万人	85	无资料
1981	3267	37万4千人	87	无资料
1984	3860	43万3千人	89	无资料
1985	4267	47万8千人	89	无资料
1986	4176	48万2千人	87	15
1987	3933	49万1千人	80	16

① 我们在卡马河畔切尔内市检察院工作期间收集并保存的关于鞑靼苏维埃社会主义自治共和国（后来为鞑靼斯坦共和国）内务部的资料。提供城市及图卡耶夫区（郊区）的犯罪资料，那时该区行政隶属于卡马河畔切尔内市管辖。

续表

年份	犯罪数量	居民人数	每一万名居民的犯罪系数	凶杀案
1988	4955	50 万 1 千人	99	无资料
1989	7398	51 万 1 千人	145	无资料
1990	8429	54 万人	156	无资料
1991	11709	54 万 5 千人	215	28
1992	13980	55 万人	254	77
1970 年前的增长速度	+1956%	+588%	–	–
1987 年前的增长速度①	+255%	+12%	–	+381%

下卡姆斯克市

年份	共计	重罪及特殊重罪	使用武器	凶杀案	刑法第 4 部分第 111 条	共计造成伤亡	使用武器的凶杀案	有组织犯罪团伙	被调查的比例
1994	3823	–	24	52	13	65	5	–	–
1995	3328	–	9	45	27	72	3	–	–
1996	2995	1866	23	31	26	57	5	–	–
1997	3080	1686	28	42	15	57	3	–	–
1998	3209	1770	26	46	10	56	11	–	–
1999	4690	2908	17	54	5	59	5	–	–
2000	5623	3666	27	40	22	62	5	37	1,02%
2001	6022	3822	17	53	31	84	5	24	0,61%
2002	5617	3364	12	42	20	62	3	252	7,80%
2003	5613	2062	12	41	15	56	4	55	1,74%
2004	5942	1474	10	26	18	44	1	66	2,07%
2005	7229	1540	5	32	15	47	2	72	2,13%
2006	6940	1306	1	21	16	37	0	5	0,15%
2007	4075	792	0	20	17	37	0	1	0,04%

① 在城市居民人数变得稳定(近五十万人)的期限前。

续表

年份	共计	重罪及特殊重罪	使用武器	凶杀案	刑法第4部分第111条	共计造成伤亡	使用武器的凶杀案	有组织犯罪团伙	被调查的比例
2008	5410	880	0	19	12	31	0	26	1,11%
2009	4317	891	1	21	4	25	1	54	2,18%
2010	3555	781	0	26	10	36	0	0	0%
2011	3834	933	0	20	11	31	0	62	2,89%
1999年前的倍数	-1,2倍	-3,1倍	-17倍	-2,7倍	+120%	-1,9倍	-5倍	-	-

图书在版编目（CIP）数据

大城市中的影子经济与有组织犯罪／（俄罗斯）伊尔杜斯·萨伊多维奇·纳菲科夫著；胡明译．—北京：中国法制出版社，2017.5

ISBN 978－7－5093－8507－4

Ⅰ．①大…　Ⅱ．①伊…　②胡…　Ⅲ．①经济犯罪－研究　Ⅳ．①D914.04

中国版本图书馆 CIP 数据核字（2017）第 086204 号

责任编辑：金风　　　封面设计：杨泽江

大城市中的影子经济与有组织犯罪

DACHENGSHI ZHONGDE YINGZI JINGJI YU YOUZUZHI FANZUI

著者／（俄罗斯）伊尔杜斯·萨伊多维奇·纳菲科夫

译者／胡明

经销／新华书店

印刷／北京京华虎彩印刷有限公司

开本／640 毫米×960 毫米　16 开　　　印张／16.75　字数／184 千

版次／2017 年 6 月第 1 版　　　2017 年 6 月第 1 次印刷

中国法制出版社出版

书号 ISBN 978－7－5093－8507－4　　　定价：56.00 元

北京西单横二条 2 号　　　值班电话：66026508

邮政编码 100031　　　传真：66031119

网址：http：//www.zgfzs.com　　　**编辑部电话：66070046**

市场营销部电话：66033393　　　**邮购部电话：66033288**

（如有印装质量问题，请与本社编务印务管理部联系调换。电话：010－66032926）